konkret

Ulrike Meinhof

Dokumente einer Rebellion

10 Jahre konkret - Kolumnen

mit einem Beitrag
Wahres über Ulrike
von Renate Riemeck

und einer Vorbemerkung von
Klaus Rainer Röhl

sowie einem
Personen- und Sachregister

konkret Buchverlag · Hamburg

Reihe „konkret faksimile"

Herausgeber und Redaktion: Klaus Rainer Röhl und Hajo Leib
Umschlag: Klaus Küntzel, Hamburg
Foto: „konkret"

1.–15. Tausend, Juni 1972
„Dokumente einer Rebellion"
© konkret-Verlag GmbH und Co. KG.
Röhl + Steffens GmbH & Co. KG.
Hamburg 1972
Gesamtherstellung: Clausen & Bosse, Leck

ISBN 3-920586-10-7

Klaus Rainer Röhl

Vorbemerkung

Warum haben wir die Reihe *konkret*-Faksimile ausgerechnet mit Ulrike Meinhof begonnen? Warum entschloß sich der *konkret*-Verlag, die Kommentare zu drucken, die Ulrike Marie Meinhof ein Jahrzehnt lang in *konkret* veröffentlichte, obschon wir die letzten zwei Jahre Ulrike Meinhofs, ihre Teilnahme an einem selbstausgerufenen Guerillakrieg, die Anwendung von Gewalt gegen Menschen und ihre Rechtfertigung als „Konzept" einer „Roten Armee", scharf ablehnen und in der linken Szene offen bekämpfen?

Weil wir glauben, daß die Öffentlichkeit nach einer „Presseberichterstattung", die den Tatbestand der Aufforderung zum Lynchmord streift und einer romantischen Märtyrerlegende, an der die Individualisten von Heinrich Böll bis zum jüngsten Mitglied der Schwarzen Hilfe fleißig spinnen und weben, daß diese Öffentlichkeit ein Recht hat zu erfahren, wer diese bedeutende und sprachsichere deutsche Kolumnistin wirklich war, was sie gewollt, geschrieben und erreicht hat, bevor sie aus der Realität ins Dunkel einer zweiten Existenz ausgestiegen ist.

Bevor das eintrat: daß sie, mitgezerrt eher als mitgerissen, den Kontrakt mit der Gesellschaft aufkündigte, die zu verändern sie ein Jahrzehnt erfolgreich sich bemüht hatte.

Wie erfolgreich, das wird gerade an den Tagen, in denen diese Zeilen geschrieben werden, durch die Unterzeichnung der Ostverträge, die Paraphierung des Verkehrsvertrags mit der DDR, der Aussicht auf den Beginn einer Europäischen Sicherheitskonferenz, deutlich.

Gerade in diesen Tagen jährte sich die Baaderbefreiung zum zweiten Mal. Zwei Jahre, in denen jedermann Ulrike Meinhof duzt, „Ulrike" nennt, während wohl niemand von *Andreas* oder *Gudrun* spricht. Zwei Jahre, in denen sich Linke und Liberale an „Ulrike" aufrichten und innerlich erheben, weil sie sich selber einen Augenblick lang großartig finden, indem sie Ulrike Meinhof großartig finden. Zwei Jahre, von denen man mit Sicherheit nur weiß, daß sie an der Baaderbefreiung beteiligt war; daß sie Quartier beschafft hat, daß an einem der gestohlenen Gruppen-Autos ihre Fingerabdrücke gefunden, daß auf ihrer Schreibmaschine falsche Papiere ausgefüllt wurden. Daß sie bei einem Dokumenten-Einbruch beteiligt war, ist nur durch die Zeugenaussage des betroffenen Ruhland gesichert. Zwei Jahre ferner, von denen nicht feststeht, wie weit Ulrike freiwillig oder erpreßt bei der Räuber-Inszenierung des Andreas Baader mitspielt, des Mannes, der der Bundesrepublik den Volkskrieg erklärte, was nur bedeuten kann, daß er dem Volk den Krieg erklärt hat, gesiegelt mit seinem einmaligen Daumenabdruck, in BILD.

Während Baader sich nur mit dem Daumen oder mit dem Zündholz artikulieren kann, schrieb Ulrike Meinhof mit dem Kopf.

Mit ihrer Schreibmaschine und am Redaktionstisch von *konkret* beeinflußte sie zehn Jahre lang nachhaltig eine ganze Generation von jungen Multiplikatoren: Studenten, Schüler, Jugendfunktionäre, Pfarrer, Fürsorger, Gewerkschafter, Schriftsteller, Journalisten, ihre Gedanken wurden vervielfältigt von Studentenzeitungen, Schülerzeitungen, Jugendzeitungen, Jugendgruppen, Verbänden, Klubs, Arbeitskreisen. Aus ihnen rekrutierten sich später die Kader einer realistischen und weitsichtigen Reformpolitik, der Reform der Systemveränderung. Sie beeinflussen schon heute nachhaltig die Politik und werden sie morgen bestimmen. Es ist eine historische Jämmerlichkeit, die den Namen Tragik nicht verdient, daß sie in dem Augenblick, in dem die ersten Schritte zur Verwirklichung einer Politik gemacht wurden, für die sich *konkret* und Ulrike seit 1955 eingesetzt hatten, den Weg in politische Umnachtung angetreten hat.

Historisch gesehen war ihre Aufgabe freilich erfüllt, das Etappenziel einer Politik erreicht, deren Schwerpunkt die Friedenssicherung, der Ausgleich mit dem Osten, die Herstellung guter Beziehungen zum deutschen Nachbarstaat gewesen war. Selbst dem innenpolitischen Ziel, die grundgesetzlichen Freiheiten zu sichern oder wiederherzustellen, das KPD-Verbot aufzuheben, die Mitbestimmung in den Betrieben zu erweitern und die Frauen aus ihrer Pariarolle zu befreien, sind wir zumindest näher gerückt. Vor allem aber ist das *Bewußtsein* breiter Kreise der

Bevölkerung, die in den 50er Jahren lethargisch dahindämmerte, gegen eine Beschneidung des einmal Erworbenen aufs äußerste sensibilisiert. Auch dazu hat Ulrike Meinhof beigetragen.

Nur auf dem Hintergrund ihrer Kolumnen kann man die besondere Personalisierung der Hetzkampagne gegen die „ehemalige *konkret*-Redakteurin" verstehen.

Die Rädelsführertheorie von der Chefideologin Ulrike, an der nicht nur die Springer-Presse arbeitet, sondern (positiv verkehrt) auch die Sympathisanten der liberalen Presse und in den Fernseh- und Funkanstalten, richtet sich nicht gegen die Baadergruppe und ihre Terrorakte. Baader selbst, ein wild um sich blickender, wirres Zeug redender Warenhausbrandstifter, gäbe doch ein viel idealeres Feindbild her als die Frau, bei der auch die BILD-Zeitung weiß, daß sie mehr das Bild einer Jeanne d'Arc als das einer Hexe provoziert.

Ulrike Meinhof wird zur Rädelsführerin und als Zentralfigur stilisiert, nicht um eine desperate Räubertruppe zu treffen, sondern um ihre politische Vergangenheit zu diffamieren und die Zeitung *konkret* und andere Linke zu kriminalisieren. Was sie jemals gefordert und vorgeschlagen hat, von dem das meiste heute verwirklicht oder doch in Angriff genommen ist – es war der Anfang vom Ende. Wer Verträge abschließt, mit der DDR spricht, der zündet eines Tages auch Häuser an, legt Bomben und schießt mit Dum-Dum-Geschossen! – so lautet die Lehre, und von dieser Lehre ist es nicht weit zu der Nutzanwendung, daß alle, die die Gesellschaft für veränderungsbedürftig halten, Jungsozialisten und junge Kommunisten und Jungdemokraten, als potentielle Gewaltverbrecher zu behandeln sind: War nicht Gustav Heinemann einst der Anwalt Ulrike Meinhofs im Strafprozeß gegen Strauß? Haben nicht Sozialdemokraten Sympathien geäußert, Funkredakteure Bekanntschaften gepflegt und Professoren und Pfarrer – ist nicht alles durchsetzt, so bleibt in letzter Konsequenz nur noch eine einzige Möglichkeit, die CSU. Noch sicherer wäre „Brandt an die Wand!", er hat Deutschland verraten,

wie es die Meinhof gefordert hatte. Leider ist Ulrike Meinhof an dieser Propaganda nicht unschuldig.

Zu dem gleichen Zeitpunkt, da die Erben Rudi Dutschkes den langen, mühsamen Marsch in die politische Praxis begingen, trat Ulrike Meinhof mit einem von vornherein verlorenen Haufen den Marsch in die entgegengesetzte Richtung an. Ein Marsch nicht nur durch die Institutionen, auch kein Marsch durch die Städte und Provinzen eines die Partisanen wie das Wasser den Fisch umgebenden Volkes, sondern den Marsch zu den bürgerlichen Bekannten Ulrikes, des einzigen Mitglieds der Gruppe, die sich durch lange politische und menschliche Praxis hunderttausende Leser, hunderte von persönlichen Bekannten zu Freunden und Anhängern gemacht hatte. Sie waren gut genug als nützliche Idioten des Guerillaterrorismus, erste Hilfe und Deckung zu geben, eine private, meist ratlose Hilfe für die geschätzte Freundin, die später zu politischer Solidarität umgemünzt wurde.

Die vielen Freunde und Bekannten Ulrikes wußten, warum sie dieser Frau ihre Freundschaft oder ihre Bewunderung entgegenbrachten; sie haben ein gutes Recht, Ulrike Meinhof heute gegen die Lynchkampagne einer neuen Stürmerpresse in Schutz zu nehmen, sie haben aber auch das Recht – und die Pflicht –, ihr weiteres Verbleiben in der zum Schaden aller Linken operierenden Privatarmee zu kritisieren.

Daß Ulrike Meinhof den Schießbefehl nicht gegeben hat, kann mit Sicherheit aus vielen Hinweisen geschlossen werden; daß sie vor der letzten Konsequenz jener leichtfertigen „Bullen"-Metapher, dem „Bullenabknallen" entsetzt zurückgeschreckt ist, darf als Beleg gelten. Daß sie die Truppe auch nach dem sechsten Toten nicht verläßt, dafür bleibt sie eine Erklärung schuldig.

Eines Tages wird Ulrike Meinhof vor dem Strafgericht eines Landes oder vor dem Forum einer linken Öffentlichkeit ihr Verhalten während der letzten zwei Jahre zu rechtfertigen haben. Die hier vorliegenden Texte werden dabei mit Sicherheit nicht Dokumente der Anklage, sondern der Verteidigung sein.

Im Herbst 1959 besucht der sowjetische Ministerpräsident Nikita Chruschtschow *die USA. In seiner Rede vor der UNO-Vollversammlung schlägt er eine allgemeine kontrollierte Abrüstung vor. Die Gespräche zwischen Präsident* Eisenhower *und* Chruschtschow *lassen Ulrike Meinhof hoffen:*

Der Friede macht Geschichte

Zwei Ereignisse des Monats September haben die Bevölkerung unseres Planeten in atemberaubende Spannung versetzt, haben auf dem Feld wissenschaftlicher und politischer Bemühungen Perspektiven eröffnet, deren eine der Menschheit bisher nur im Traum erschienen, deren andere den Menschen bis vor kurzem als Illusion im Gewand der Hoffnungslosigkeit vorgekommen war. Es ist gelungen, ein von Menschenhand gemachtes Ding auf den Mond zu schießen, und es ist gelungen, das Startzeichen für eine neue Konzeption internationaler Verhandlungen über die Fragen von Entspannung, Frieden und Koexistenz in breitester Front von Camp David aus abzugeben.

Und wenn sich Adenauer von der sowjetischen Mondrakete nicht imponieren lassen will, so stellt er nur einmal mehr die spießbürgerliche Mediokrität seiner politischen Intentionen unter Beweis, und auch die Reise des Herrn Strauß nach Kanada zum Zweck des Studiums von Waffen der Luftverteidigung und von Verhandlungen über eine rüstungswirtschaftliche Zusammenarbeit erscheint nur noch als hilfloses Störmanöver am Rande der Weltpolitik, konnte nur noch als taktlos empfunden werden.

Chruschtschow reiste nach Amerika. Der Ministerpräsident und Erste Sekretär der Kommunistischen Partei der Sowjetunion war Gast in der Hochburg des kapitalistischen Westens, dem Ursprungsland des MacCarthysmus.

Einen ersten Begriff für die Bedeutung dieses Besuches wird man kaum anders gewinnen können, als aus der Konfrontation mit historisch gewordenen Leitbildern der Ost-West-Politik, von denen sich diese Reise mit der Wende, die sie auf höchster Ebene eingeleitet hat, abhebt:

Konnte man noch bis vor kurzem in den Veröffentlichungen des Foreign Office ebenso wie in den Spalten des Rheinischen Merkur den innenpolitischen Gegner als „Ko-Existenzler" entlarvt sehen, so bewarben sich jetzt während der Reise Chruschtschows durch Amerika die Staatsmänner dieses Landes um das Monopol jener Ideen der ehemals Beschimpften, wetteiferten mit Chruschtschow um die Glaubwürdigkeit bei der Proklamation eines Gedankengutes, dessen Realisierung die Möglichkeit eines

Krieges endgültig ausschalten wird, dessen Verkündung der Ära des Kalten Krieges den Gnadenstoß versetzt hat. Weiter: Das Gefühl des Gruselns, das manch einem Amerikaner noch gekommen sein mag, als er den Chef des Kreml leibhaftig erblickte, schlug um im Verlauf von wenigen Tagen in den jubelnden Applaus für den Staatsmann eines anderen mächtigen Landes, mit dem man sich eingelassen hat, weil die Entscheidung gegen den Krieg für Koexistenz gefallen ist. Der Gegner wurde zum Partner; die Einsicht, daß es besser mit, m i t einander zu leben, will man ü b e r leben, ist durchgebrochen; der Wille zur Verhinderung des Krieges hat gesiegt über den Unwillen gegenüber der Weltanschauung des Kommunisten.

Chruschtschow hat sich bemüht, dem amerikanischen Volk und seinen Politikern deutlich zu machen, daß die Sowjetunion den Abbau des Kalten Krieges ernstlich wünscht, und ist schließlich auf Verständnis und Sympathie gestoßen. Daß er dabei von realen Interessen wirtschaftlicher und politischer Art geleitet war, das gibt seinen teils freundlichen, teils unwirschen Reden die Basis, hebt sie aus dem Bereich der Willkür auf die Ebene der Notwendigkeit, entzieht etwaigen Befürchtungen vor Vertragsbrüchen und Aggresionsmanövern den Boden.

Eisenhower ist es gelungen, die innenpolitischen Querulanten zum Schweigen zu bringen, und er hat seinen Gast empfangen wie einen Freund, mit dem es eine gemeinsame Aufgabe zu lösen gilt. Am Beispiel der Gespräche in Camp David hat er die Wende der amerikanischen Politik demonstriert, dem Willen für Frieden, Entspannung und Koexistenz im eigenen Land zum Durchbruch verholfen.

Wichtiger noch als dieser Wandel der politischen Leitgedanken sind die Verhandlungsgegenstände von Cap David, Vorschläge und faktische Zugeständnisse, die beim Besuch Chruschtschows in Amerika zur Sprache kamen und ausgehandelt wurden.

Chruschtschow eröffnete das Gespräch, als er vom Rednerpult der UNO-Vollversammlung herab seinen sensationellen Vorschlag zu einer allgemeinen, kontrollierten Abrüstung vortrug, der geeignet wäre, das Spiel mit dem Weltbrand endgültig und für immer auszuschalten. Vor

7

Der Friede

dem gleichen Forum und vom gleichen Podium aus hatte ein Jahr zuvor John Foster Dulles den militärischen Aufmarsch der USA im Vorderen Orient zu rechtfertigen gewagt, hatte die berühmte Anklage der „indirekten Aggression" vor diesem juristischen Welttribunal erhoben. Wo die UNO noch vor einem Jahr zu Gericht saß über Brandstifter und Kriegsstrategen, wurde sie im September 1959 zum Diskussionsplenum für den umfassendsten und endgültigsten Friedensplan, der seit dem Ende des zweiten Weltkrieges, der überhaupt je ausgedacht wurde. Fast schüchtern nimmt sich daneben der Dreistufenplan des britischen Außenministers Selwyn Lloyd aus, der doch die gleiche Richtung meint und jene Stationen bezeichnet, die durchlaufen werden müßten, soll Chruschtschows gigantisches Projekt verwirklicht werden: Einstellung der Atomwaffenversuche, Beendigung der Produktion von Kernwaffen, Umwandlung der vorhandenen Atombombenvorräte für friedliche Zwecke, Reduzierung der herkömmlichen Waffen, Einrichtung eines Inspektionssystems zur Sicherung gegen Überraschungsangriffe, internationale Kontrolle der Militärhaushalte. Der Plan Großbritanniens, der Abrüstungsvorschlag Chruschtschows und die, wenn auch zurückhaltende, so doch wohlwollende Resonanz, die beide Entwürfe in amerikanischen Regierungskreisen fanden, sind ein Erfolg für jene, die zu Hunderttausenden und Millionen seit Jahren diese Forderungen vertreten, sind Zeugnis dafür, daß Zahl und Einfluß derer, die sich an Schlammichte Rüstungsprofite klammern und den eigenen Konkurs zum Untergang der Welt proklamieren oder gar gestalten wollen, geringer ist, als der Lebenswille der Völker im kapitalistischen ebenso wie im kommunistischen Machtbereich.

Der Vorschlag Chruschtschows mutet nur denjenigen phantastisch an, der nicht bereit ist, seine ausgesprochenen und unausgesprochenen Details zur Kenntnis zu nehmen und ihn damit auf eine Stufe mit Adenauers Parole von der „allgemeinen, kontrollierten Abrüstung" stellt, die noch nie präzisiert und bislang nur bei der Ablehnung von Teilabrüstungsvorschlägen als Alternativforderung vorgetragen wurde. Allgemeine kontrollierte Abrüstung, wie sie jetzt durch Chruschtschow in die Debatte geworfen wurde, ist keine Alternative zum Rapacki-Plan und ähnlichen Entwürfen, sondern die Perspektive, das Ziel dieser Einzelvorschläge, in das sie schließlich zum Zwecke der Befriedung unserer Erde einmünden sollen. Joachim Besser, der mit seinen Kommentaren in der „Welt" zu Chruschtschows Reise gründlich bewies, daß er den Nikita nicht leiden kann, gibt die Antwort, die einzig realistisch und einzig anständig ist: „Es liegt jetzt an den Staatsmännern des Westens, Chruschtschow auf die Probe zu stellen."

Wurde in Genf dem Dulles-Kurs endgültig abgeschworen, so hat sich im Weißen Haus eine Alternativkonzeption durchgesetzt, deren Umrisse aus den Camp-David-Gesprächen und den nachfolgenden Pressekonferenzen in Washington und Moskau schon heute klar erkennbar sind. Neben der Hauptforderung nach einer globalen Abrüstung stehen Detailfragen, deren Kristallisationspunkt nach wie vor das Aufmarschfeld der großen Antipoden ist: der Raum Mitteleuropa, der Krisenherd Deutschland, der Angelpunkt einer neuen Phase internationaler Politik — Berlin. Verhandlungen über einen Friedensvertrag mit Deutschland sind in greifbare Nähe gerückt, wobei die DDR als eigenes Staatswesen mit eigenen Interessen voll anerkannt wird, die Gespräche über Berlin haben eine gemeinsame Voraussetzung gefunden, indem nun auch Eisenhower wörtlich erklärte, die Lage dieser Stadt sei „unormal" und zugleich eine Lösung, nicht länger vom Verbleiben alliierter Truppen in Berlin abhängig machte. Auf dem Sektor von Handel und Wissenschaft wurden bereits konkrete Abkommen angebahnt, die nur noch formuliert und unterzeichnet werden müssen. Embargobestimmungen sollen aufgehoben werden, die wissenschaftliche Zusammenarbeit einschließlich der Atomforschung soll intensiviert werden. Wirtschaft und Wissenschaft aber sind bekanntlich nicht geringe Triebkräfte im Rücken politischen Handelns, sind nicht selten Wegbereiter und Motor zugleich, sind in der gegenwärtigen Phase der Ost-West-Verhandlungen Brücken der Verständigung. Es gibt kein Berlin-Ultimatum mehr, der Weg ist frei für einen Friedensvertrag mit Deutschland, die Zeichen der Zeit stehen auf Abrüstung, global und territorial beschränkt, atomar und konventionell, weltweit und an jedem Ort.

macht Geschichte

Daß der quengelnde Bündnisbruder in Bonn, dessen politischer Sprachschatz in der Ära Dulles erworben und entsprechend beschränkt ist, in Gestalt von Nachhilfestunden darüber aufgeklärt werden mußte, daß die Berliner trotz allem frei bleiben würden, und daß ein Friedensvertrag der Sowjetunion mit der DDR für die USA nicht verbindlich, ein Friedensvertrag der vier Siegermächte mit Deutschland allerdings durchaus verbindlich sein werde, brachten nur noch den alten Jargon zum Vorschein, der das Vergangene nicht zu bannen, die Kalten Krieger höchstens im Föhn der Entwicklung noch ein wenig zu trösten vermag.

Man hat sich in Bonn redlich bemüht, um aufzuhalten, was nicht aufzuhalten ist, um retardierende Momente einzubauen, wo nach allen Regeln der Kunst sie keinen Platz und keine Wirkung mehr haben. So passierten das Gezänk Adenauers um die englischen Disengagementpläne und um Rapackis Entwurf einer kernwaffenfreien Zone in Mitteleuropa, die Reise von Strauß nach Kanada und die Aufmärsche der Vertriebenenorganisationen unter Leitung von Bundesministern als anachronistische Züge von ewig Gestrigen am Rande der internationalen Ereignisse; sie mochten der „Welt" die Schlagzeilen liefern, die Welt vermochten sie nicht zu erschüttern.

Auf dem Podium internationaler Verhandlungen ist die Bundesrepublik schon heute in die Rolle des Angeklagten versetzt worden, und die innenpolitische Opposition hat die USA, Großbritannien und die Sowjetunion als Staatsanwälte auf ihrer Seite. Das liegt angesichts des bestehenden Starrsinns der Bundesregierung durchaus in unserem nationalen Interesse, so lange, bis es gelungen ist, auch dort einen Kurswandel zu erzwingen, der Vernunft des Friedens Gehör zu verschaffen. Dennoch: Was heute versäumt wird, kann morgen kaum mehr nachgeholt werden. Die Interessen der Bundesrepublik werden in einem Friedensvertrag nur dann ihren Niederschlag finden, wenn unsere Regierung sie selbst vertritt; und hat sie auch den Fortschritt und Sieg einer Politik der Entspannung, des Friedens, der Koexistenz nicht verhindern können, so ist die Last der Verantwortung für die Zukunft der Bundesrepublik ihr doch nicht abgenommen.

In dieser Situation hat der Deutschlandplan der Sozialdemokratischen Partei eine neue, hervorragende Aktualität gewonnen, ist die Verantwortung der Oppositionsparteien im Bundestag für das Schicksal Deutschlands und der Welt erneut gewachsen.

Im Oktober findet eine außenpolitische Debatte im Bundestag statt. Will die Regierung sie verhindern, muß sie — daß ist die erste Aufgabe der Opposition — erzwungen werden. Die große Anfrage der SPD war der erste Schritt, in ihr ist bereits der Kernpunkt der Debatte festgelegt: „Welche Schritte gedenkt die Bundesregierung, insbesondere nach den Darlegungen des Bundeskanzlers in seinem an den sowjetischen Ministerpräsidenten gerichteten Brief vom 28. August 1959, zu unternehmen, um einen deutschen Beitrag zu den internationalen Problemen der Abrüstung und Sicherheit zu leisten? An der Seite der SPD stehen die Freien Demokraten mit der Forderung nach „Bonner Initiativen für einen gesamtdeutschen Friedensvertrag" und ihrem Memorandum zur Wiedervereinigung. Es ist notwendig, die atomare Aufrüstung der Bundeswehr erneut zur Debatte zu stellen, den Deutschlandplan der SPD erneut vorzutragen, ihn als Alternative zur Politik der Bundesregierung nachdrücklich ins Spiel zu bringen, einen Beschluß über eine Politik der Entspannung in Mitteleuropa als den deutschen Beitrag zum Frieden in der Welt kompromißlos zu fordern. Chruschtschows Propagandaerfolge in den USA waren nicht zuletzt Erfolge seiner Werbung für ein friedliches Zusammenleben der Nationen und Systeme. Wer es mit solchen Forderungen ehrlich meint, hat den Applaus der Völker verdient; wer diesen Forderungen im deutschen Bundestag auf der Basis realer Pläne Gehör verschafft, kann der Zustimmung von Millionen und aber Millionen Menschen versichert sein. Die Wende ist da, der Friede ist zum bestimmenden Faktor politischen Handelns geworden. In Camp David haben die Kräfte der Vernunft und der Menschlichkeit gesiegt. Die sie schwächen, stehen auf verlorenem Posten. Die sie stärken, haben das Mandat der Geschichte, handeln im Auftrag der Zukunft.

Nr. 19/20, 1959

Im Mai 1960 sollen in Paris die Gipfelgespräche zwischen Eisenhower, Chruschtschow, de Gaulle und McMillan stattfinden. Die sowjetische Friedensoffensive und Unsicherheiten innerhalb der NATO ermutigen Ulrike Meinhof zu optimistischen Perspektiven:

Gipfelschatten

Das Jahr 1960 verspricht ein Stichjahr zu werden in diesem vielgeschmähten, gelobten und immer neu beschworenen 20. Jahrhundert. In diesem Jahrhundert der Einsteinschen Relativitätstheorie und zweier furchtbarer Kriege, des Faschismus und der sozialen Revolutionen, der KZs und der Unabhängigkeitskämpfe. Im Mai 1960 findet in Paris die dritte Gipfelkonferenz der Nachkriegszeit statt. Die dritte, seitdem die Welt in zwei Blöcke gespalten scheint, die erste, seitdem der Kalte Krieg aus der Kategorie einer Politik der angeblichen Weisheit ausschied und zu einem Denunziationsbegriff geworden ist.

Potsdam — Genf — Paris. In Potsdam trafen sich Truman, Attlee und Stalin. In Genf waren es Eisenhower, Eden, Bulganin und Faure, in Paris werden sich Eisenhower, Macmillan, Chruschtschow und de Gaulle gegenübersitzen. Mit den Namen haben sich politische Konzeptionen geändert oder durchgesetzt. In Potsdam wurde die Teilung Deutschlands in vier Besatzungszonen beschlossen, es sollte eine neue Wirtschaftsordnung aufgebaut, die NSDAP verboten und alle aktiven Nationalsozialisten aus den öffentlichen Ämtern entfernt werden. War das Anti-Hitler-Bündnis auch nicht mehr voll intakt, so fanden sich doch in diesen Fragen noch Möglichkeiten der Übereinstimmung. Der Genfer Konferenz war der Abschluß der Pariser Verträge, die die Bundesrepublik in den Westblock militärisch integrierten, vorangegangen. So gab man sich lächelnd und erreichte nichts. Die Pariser Konferenz wird stehen im Zeichen einer brüchig gewordenen NATO, den Abrüstungsvorschlägen Chruschtschows, der Gespräche von Camp David, mit denen die Aufrichtigkeit der amerikanisch-sowjetischen Entspannungsabsichten bezeugt wurde, nicht zuletzt aber auch im Zeichen des Algerienkrieges, der französischen Atombombe und den deutsch-amerikanischen Spannungen.

Die Gipfelkonferenz beginnt am 16. Mai. Zuvor aber reist noch nahezu die gesamte internationale höchste Prominenz kreuz und quer über den Erdball, bis hin zur Frühjahrstagung des NATO-Rates in Istanbul. Diese Reisefreudigkeit der Staatsmänner dient aber nicht nur der Vorbereitung der Pariser Konferenz, sie ist zugleich der Versuch einer Vorwegnahme jener Situation, wie sie die Gipfelkonferenz erst schaffen soll: Man weiß, daß die Chance zum Ausgleich von Konjunkturtälern nicht mehr

in einer forcierten Rüstungspolitik liegen wird und versucht deshalb rechtzeitig Handelsbeziehungen zu knüpfen, Absatzmärkte zu erschließen, Freunde und Kunden zu werben.

Erinnern wir uns der Entwicklung der letzten zwei Jahre, durch welche die heutige Situation vorbereitet wurde: Man wird von einer diplomatischen Offensive der Sowjetunion sprechen können, die im Januar 1958 einsetzte, als die Sowjetregierung „an alle Regierungen der Welt" eine „Botschaft" richtete, in der eine Zusammenkunft führender Staatsmänner zur Regelung von Streitfragen vorgeschlagen wurde. Es folgte das Memorandum vom 19. 3. 58, das der sowjetische Botschafter Smirnow sechs Tage vor dem Beschluß der CDU-Mehrheit des Bundestages, die Bundeswehr mit Massenvernichtungsmitteln auszurüsten, in Bonn überreichte. Es folgte das Aide-Memoire der Sowjetregierung vom 9. Juli 1958 zur Konstituierung einer Expertenkonferenz über die Einstellung der Kernwaffenversuche, während gleichzeitig in der Bundesrepublik die Anti-Atombewegung durch das Karlsruher Urteil zur Volksbefragung stillgelegt und die Diskussion über eine kernwaffenfreie Zone in Mitteleuropa aus der politischen Auseinandersetzung verbannt wurde („Potentielle Kriegsverbrecher" nannte Strauß die Freunde des Rapacki-Planes). — Im Oktober stellten auch die USA freiwillig ihre Kernwaffenversuche ein, während man im Bundesverteidigungsministerium mit dem Ankauf von Honest-John-Raketen begann und Bundeswehrsoldaten zur Umschulung auf Atomkanonen nach Amerika und Nordafrika schickte. Die Folge war die Berlin-Note der Sowjets vom 27. November 1958.
Dem Noten„krieg" folgte Mikojans Besuch in die USA, Macmillans Reise nach Moskau, Chruschtschows Auftreten in Washington, die Weltreise des amerikanischen Präsidenten, und es werden folgen die Konsultationen der Staatsmänner untereinander und schließlich die Gipfelkonferenz.
Eisenhower, Macmillan, de Gaulle und Chruschtschow im Mai in Paris. Mit vier verschiedenen Konzeptionen kommen sie dorthin und werden von unzählbaren, verschiedensten Erwartungen der Völker, Staatsmänner und Parteien begleitet. Dem Chef der Konservativen Partei Englands war es schon im Wahlkampf des Vorjahres ge

westwärts

lungen, den Eindruck zu erwecken, als wäre seine Regierung die bestgeeignete für Friedensverhandlungen. Dem ungleich besseren Wahlprogramm der Labours gelang es nicht, sich mit einer klaren politischen Alternative vom Programm der Regierung deutlich abzusetzen. Die Konservativen selbst usurpierten alles, was abrüstungsmäßig wünschenswert scheint und von der englischen Öffentlichkeit mit Nachdruck gefordert wird. Macmillan ging so weit, sich mit Cruschtschows Vorschlag zur totalen Abrüstung zu identifizieren, indem er ihn vollinhaltlich unterstützte. Dies scheinbar wahltaktische Manöver war realistisch genug, um sich in seinen Hauptbestandteilen bis heute behaupten zu können: Mit der allgemeinen Forderung nach einer Politik der Entspannung, mit der Beibehaltung des Verzichts auf Kernwaffenversuche und mit der Bereitschaft zur Abrüstung. Die Schwerpunkte der englischen Wirtschaftspolitik liegen im Commonwealth und nicht auf dem klein-europäischen Kontinent. Westeuropäische Integrationsbestrebungen können sich nur einschränkend auf seine Souveränität innerhalb des noch heute zu einem Teil bestehenden Weltreiches auswirken. Weiter: England kann sich als das traditionelle Land der parlamentarischen Demokratie durch einen Partner, wie es die Bundesrepublik heute wäre, oder auch durch Frankreich, gar Spanien, im Kampf für die Erhaltung der sogenannten freien Welt nur kompromittiert fühlen. Und schließlich ist Großbritannien so wie Frankreich und Belgien in Afrika engagiert, muß freie Hand haben für Investitionen und eine, wenn auch nur scheinbare goodwill-Politik in Südafrika, will es dem Werben der Ostblockstaaten um die Sympathie der afrikanischen Unabhängigkeitskämpfer nicht nur ideell, sondern auch materiell etwas entgegensetzen. Diese außenpolitischen Interessen Großbritanniens bedingen die Position Macmillans für Paris, versprechen einen Einsatz für den heute nicht nur notwendig, sondern auch möglich gewordenen Ausgleich mit dem Osten.

Über die Veränderungen in der amerikanischen Außenpolitik ist seit Camp David genug gesagt und geschrieben worden. Eisenhowers Weltreise war der Versuch, den amerikanischen Versöhnungswillen vor aller Welt glaubhaft zu machen, zugleich stand sie in dem Bemühen, mit einer neuen Politik jene Gewinne zu erzielen, die die „Konzeption Dulles" nicht einzubringen vermochte.

Weil man die eingegangenen NATO-Verpflichtungen materiell nicht mehr einzuhalten imstande ist, sie aber zugleich ideell noch nicht zu kündigen wagt, will man sie abschieben auf die europäischen Partner, wo sie, dies bleibt zu hoffen, sich selbst angesichts einer verwirrten Europapolitik von selbst annullieren werden. Dies bestimmt auch die Deutschlandpolitik der Amerikaner. Die Bundesrepublik, die sie sich in zehn Jahren nicht ohne erhebliche Kosten hochgepäppelt haben, stellt sich ihnen zwar in die Quere, versucht gewonnene Positionen wieder zu beseitigen (Adenauer hatte die Stirn, in seiner Berliner Erklärung hinter die westliche Konzeption auf der Genfer Außenministerkonferenz des Vorjahres und damit um ein ganzes Jahr Weltpolitik wieder zurückzugehen), aber so sicher wie die Freiheit Berlins nie ernstlich bedroht war, so gewiß ist der gegenwärtige Status dieser Stadt ein Handelsobjekt zwischen Ost und West, geeignet, als solches in Ost-West-Verhandlungen nützlich zu werden. Denn Amerika will keinen Krieg, schon gar nicht um Berlin. Amerika braucht Frieden. Berlin übrigens auch!

De Gaulle, der französische Partner der diesjährigen Konferenz, hat, soweit er die Regierungskrisen durch sein come-back beseitigte, auch die Republik abgeschafft, ohne damit freilich innenpolitisch einen zuverlässigen Rückhalt erreicht zu haben. Der Algerienkrieg geht weiter. Europa interessiert nur noch wirtschaftlich, nicht mehr politisch, und militärisch nur insoweit, als es zur vierten Atommacht unter französischer Führung werden könnte. Eine Vormachtstellung, für die Europa nur das Vehikel, nicht eigentlich das Ziel sein soll. Rechte, nicht Pflichten werden angestrebt. — De Gaulle wünscht für die Gipfelkonferenz einen völkerrechtlich verbindlichen Paragraphen über die Nichteinmischung in die inneren Angelegenheiten fremder Länder, um den Algerienkrieg als französischen Hausstreit behandeln zu können. Er braucht für diese Absichten ein gutes Einvernehmen mit Chruschtschow, der seinerseits die Ostblockstaaten, insbesondere die DDR, vor etwaigen westdeutschen Interventionen — im Osten spricht man sogar von „Aggressionen" — völkerrechtlich schützen will. Beide, Chruschtschow und de Gaulle, sympathisieren nicht mit der Entwicklung der Bundesrepublik, mögen auch ihre Gründe verschiedener Herkunft sein. De Gaulle, der Nationalist, fürchtet das Bonner Hegemoniestreben, Chruschtschow, der Führer des Ostblocks, fürchtet einen westdeutschen Expansionswillen. Auf der anderen Seite steht die angebliche Achse Bonn—Paris. Zusammengeschweißt durch eine gemeinsame Frontstellung gegenüber den USA, die zum Unwillen de Gaulles den Algerienkrieg nicht unterstützen, aber erhöhte Leistungen innerhalb der NATO zum Zweck der eigenen Entlastung fordern und die entgegen dem erklärten Willen Adenauers eine Veränderung der Situation Berlins zugunsten einer Befriedung Mitteleuropas anstreben. Das Bündnis Bonn/Paris hat insofern rein negativen Charakter, auf das man trotz aller „Berlin-bleibt-frei"-Beteuerungen de Gaulles kaum setzen kann. Der harte Nationalismus Frankreichs, dem nahezu jedes Mittel zur Durchsetzung seiner Ziele recht ist, divergiert hinsichtlich seiner innen- und außenpolitischen Ambitionen und bietet damit Einbruchstellen für eine Entspannungspolitik, trotz gleichzeitigen Abbaus der Demokratie im Innern des Landes.

Chruschtschow, der Kommunist, der Bauer und Anekdotenerzähler, Führer jenes Landes, das schon, als es in seiner heutigen Façon entstand, die Diplomaten europäischer Provenienz vor den Kopf stieß fas zinierte vor seiner Amerikareise die Welt durch den Schuß zum Mond, überraschte sie heute durch die Reduktion der sowjetischen Armee um 1,2 Millionen Mann. Freilich, er tauscht die Soldaten gegen eine Waffe offenbar gigantischen Ausmaßes, und unsere anti-ostbeflissene Presse hat allerdings recht, wenn sie in dieser Verringerung der Truppenstärke keine Verminderung des militärischen Potentials der Sowjetunion sieht. Aber ein Land, das den Weltkommunismus auf seine Fahnen geschrieben hat und dem man seit Jahrzehnten unterstellt, es wolle diese Welteroberung durch militärischen Vormarsch erzwingen, gewinnt mit seinen Beteuerungen für eine, wie man dort sagt, „friedliche Koexistenz" an Glaubwürdigkeit, wenn es eben jenen Teil seines militärischen Potentials verringert, der für die Besetzung fremder Länder der entscheidende Faktor wäre. — Die Sowjetunion kann am wenigsten durch innere Schwierigkeiten und Zwistigkeiten mit ihren Bündnispartnern bei der Vertretung einer offensiven Friedenspolitik gestört und irritiert werden.

Was sie will, ist klar. Sie will Abrüstung im Interesse einer Hebung des Ansehens ihres Systems, sie will eine gesamtpolitische Stärkung der DDR.
Was bleibt, ist die Frage nach dem Verhalten der Bundesrepublik. Deutschland ist nicht der Nabel der Welt, auch wird er es nicht dadurch, daß man ihn anstarrt, als wäre er es. Deutschland ist aber nach wie vor ein Krisenherd, und als solcher hat jede deutsche Politik die Chance, einen Beitrag für eine Besserung der weltpolitischen Lage zu liefern. Und was tut Bonn? Es rüstet atomar auf. — Gleichzeitig konnte unter der Führung von Bundesministern eine Reaktion gedeihen, die schließlich die Schatten einer unseligen Vergangenheit wieder an Häuserwände schmiert, und die Regierung bereitet sich vor, das bißchen Demokratie, das es hierzulande noch gibt, per Notstandsgesetz abzuschaffen, bereitet sich vor, alles, was gemäß einem wohlmeinenden Grundgesetz frei sein soll, durch eine Bundestagsmehrheit zu beseitigen. Es ist die gleiche Partei, die allen Wiedervereinigungsbemühungen, Abrüstungsforderungen und Disengagementsplänen nur ein hartes Nein entgegenzuhalten weiß. Indes — man hat begriffen, daß der eigene außenpolitische Starrsinn nicht mehr zum Zuge kommen kann, daß das Veto der Bundesrepublik die Entwicklung dieses Jahres nicht aufhalten wird. Also schlägt man zu. Man sieht eine Zeit auf sich zukommen, wo der durch Soraya- und Anastasia-Skandale dumm gemachte Bundesbürger den Zusammenbruch dieser Politik begreift und angesichts weltweiter Entspannungsbemühungen des Auslands einen Rüstungsetat von 11 Millarden DM auf seine Kosten nicht mehr hinzunehmen bereit ist. So plant man die Beseitigung aller demokratischen Rechte des Bürgers, um zu tun, was in solchen Fällen immer geschieht: um gegen Interessen und Wille des Volkes regieren zu können. Und die Folgen dieser Politik? Keine kernwaffenfreie Zone in Mitteleuropa, kein Dokument über die deutschen Interessen für die Gipfelkonferenz, und schließlich: Atomwaffen für die DDR; zwei deutsche Staaten, zweimal deutsche Atomwaffen. Und dann? Deutschland hat die Wahl zwischen einer konstruktiven Friedenspolitik und einer Politik, die sich erneut schuldig macht, nach zwei Weltkriegen und 12 Jahren Faschismus.

Nr. 3/1960

Im Januar 1960 legt der Bundesinnenminister Gerhard Schröder (CDU) den Entwurf eines Notstandsgesetzes vor. Ulrike Meinhof zieht Vergleiche zwischen Bismarcks Sozialisten- und Hitlers Ermächtigungsgesetzen:

Notstand? Notstand!

Deutschland 1960 — jeder Dritte vergleicht es mit dem Deutschland von 1933; was vor zehn Jahren als eine Ungeheuerlichkeit hätte abgewiesen werden müssen, wird heue schon als abgegriffene Münze beifällig weitergegeben. Professoren fliegen „wie damals" aus Amt und Würden, Militärs gelten soviel wie Politiker, Sozialdemokraten sitzen in der Klemme zwischen den Kompromissen ihres Vorstandes und eigener Oppositionshaltung, die Verfassung gilt als manipulierbar und veränderlich, der Präsident ist erneut der supraparteiliche Propagandist reaktionärer Programme, das Vertrauen in die Judikative ist zutiefst geschwächt, und noch ist kein Ende abzusehen von jener Kette aus zweitem Fernsehprogramm, einer Bundeswehrdenkschrift, einem Lücke-Plan, einer Speidel-Rede, einer Wehrpflichtnovelle und Gesetzesvorlagen in ministeriellen Schubfächern contra Presse, Parlament und Parteien.

Vom Schlimmsten unter ihnen soll die Rede sein, von dem Entwurf zur Ergänzung des Grundgesetzes „Für den Fall eines Notstandes". Mit der ersten Lesung dieses Gesetzes im deutschen Bundestag in den letzten Tagen dieses Monats soll die junge deutsche Demokratie in eine neue Phase eintreten. Es soll enden die Zeit der Manipulation des Grundgesetzes, es soll beginnen die Phase der legalen christlich-demokratisch-rüstungsindustriellen Statthalterschaft auf Dauer.

Wir wollen nicht in den Streit um den Art. 48 der Weimarer Reichsverfassung einsteigen, ob Hitler vermittels oder trotz dieses Artikels zwölf Jahre deutschen Faschismus institutionalisieren konnte. J e d e n f a l l s gab es ihn und wurde Mißbrauch mit ihm getrieben und j e d e n f a l l s kam das „Gesetz zur Behebung der Not von Volk und Staat", das Ermächtigungsgesetz, unter Berufung auf diesen Artikel zustande, so daß der konservative Staatsrechtler Carl Schmitt absichtslos zynisch kommentieren konnte: „Die deutsche Revolution war legal, d. h. gemäß der früheren Verfassung formell korrekt. Sie war es aus

Disziplin und deutschem Sinn für Ordnung".

Dieser „deutsche Sinn für Ordnung", auf welchem die Hypothek von sechs Millionen vergasten Juden liegt und die schrecklichste aller Neuordnungen Europas, soll nunmehr erneut in Kraft treten, indem das Notstandsgesetz — vorgeblich der Ordnung halber — die Vorbehalte der westlichen Alliierten gemäß Art. 5 der Pariser Verträge zugunsten der vollen Souveränität der Bundesrepublik aufheben soll. Nur als Vorwand aber kann diese Berufung auf den Deutschlandvertrag hingenommen werden, denn dieser bezieht sich ausschließlich — darin waren sich die Interpreten bei Unterzeichnung des Vertrages bis hin zum Bundeskanzler einig — auf den Schutz vor einer „äußeren" Bedrohung — und zwar der Streitkräfte, während die Vorlage der Bundesregierung auch den Fall „Innerer Krisen" berücksichtigt, ja, geradezu bevorzugt.

Legion ist die Zahl der Minister-, Kanzler- und Präsidentenreden, in denen seit der letzten Jahreswende vor „inneren Krisen" gewarnt und in denen das, was darunter verstanden werden soll, bezeichnet wurde. Schröder spricht unverhüllt von „politischen Streiks" (DIE WELT vom 19. 1. 60); Lübke beschwört den „Arbeitsfrieden" als eine wesentliche Grundlage unseres Wohlergehens (Bulletin des Presse- und Informationsamtes der Bundesregierung, 5. 1. 60); Wirtschaftsminister Ehrhard versteigt sich zu der unglaublichen Erklärung „Das sind die Feinde des deutschen Volkes, die der Neigung des Volkes entgegenkommen, sich im Maßlosen zu verlieren", womit nichts anderes als Forderungen nach Arbeitszeitverkürzung und Lohnerhöhung gemeint ist (Bulletin, 31. 8. 60); Katz, der Vizepräsident des Bundesverfassungsgerichtes sprach sich am direktesten aus: „Ich bin mir nicht sicher, ob ein totaler Metallarbeiterstreik von vier Monaten, wie ihn die Vereinigten Staaten erst jetzt durchgemacht haben ... von

Notstand?

Deutschland als einem Export- und Industrieland ohne Krisenzustand verdaut werden könnte, ob etwa ein Streik solchen Ausmaßes hier nicht schon einen Zustand der inneren Krise und des inneren Notstandes hervorrufen könnte". (Frankfurter Allgemeine vom 4. 12. 59). — Gewerkschaftler als Volksfeinde, Streiks als Aufruhr, Lohnkämpfe als Notstand — das ist die Sprache von Sozialistengesetz und März 33, das gipfelte in Festungshaft und KZ, das endete einst in Versailles und in Nürnberg.

Der Entwurf selbst aber enthält neben diesen ebenso waghalsigen wie von offenbarer Zukunftspanik diktierten Apologien seiner Anwendung eine Fülle von Bestimmungen, die sich selbst als Staatsstreichpläne demaskieren: Der Ausnahmezustand wird vom Bundestag mit einfacher Mehrheit beschlossen und vom Bundespräsidenten verkündet. „Stehen der Beschlußfassung des Bundestages unüberwindliche Hindernisse entgegen — der Beschlußfassung (!) nicht dem Zusammentreten (!) — so kann bei Gefahr im Verzug der Bundespräsident mit Gegenzeichnung des Bundeskanzlers den Ausnahmezustand anordnen und verkünden. Der Bundespräsident soll zuvor die Präsidenten des Bundestages und des Bundesrates hören". Ohne Kontrolle durch die Legislative, ohne Mitbestimmung des Bundesrates, ungeachtet aller Volkssouveränität und Eigenständigkeit der Länder können Präsident und Kanzler nach eigenem Ermessen, nach Willkür und Laune den Ausnahmezustand verkünden. — „Zur Abwehr einer drohenden Gefahr für den Bestand oder die freiheitliche demokratische Grundordnung des Bundes oder eines Landes ...".

Auch der Artikel 48 WRV setzte Grundrechte außer Kraft — zuviele schon damals, das hat sich inzwischen herumgesprochen. Von Bonn aus aber geht man weiter: nicht nur die Freiheit der Person, nicht nur Meinungsfreiheit, Versammlungsfreiheit, das Recht, Vereine und Gesellschaften zu gründen, das Recht auf Eigentum werden aufgehoben, sondern auch — und hier erst recht beginnt der Skandal des Regierungsentwurfes: Art. 5,3 GG die Freiheit von Kunst und Wissenschaft, Forschung und Lehre; Art. 9,3 GG: Das Recht zur Wahrung und Förderung der Arbeits- und Wirtschaftsbedingungen Vereinigungen zu bilden; Art. 11 GG: Freizügigkeit im Bundesgebiet für alle Deutschen; Art. 12 GG: Das Recht, Beruf, Arbeitsplatz und Ausbildungsstätte frei zu wählen, wo es weiter heißt: Niemand darf zu einer bestimmten Arbeit gezwungen werden ... Frauen dürfen nicht zu einer Dienstleistung im Verband der Streitkräfte durch Gesetz verpflichtet werden ... Zwangsarbeit ist nur bei einer gerichtlich angeordneten Freiheitsentziehung zulässig. — Soviel hatte man in Weimar nicht riskiert: Die Gewerkschaften zu verbieten, Zwangsarbeit einzuführen, Frauen zu mustern und zu rekrutieren. —

Soviel wurde in Weimar nicht vorausgeplant: Die Freiheit von Kunst und Wissenschaft aufzuheben, Forschung und Lehre gleichzuschalten. Auf welche Zeiträume richtet man sich ein? Akademischer Nachwuchs im Gleichschritt kann nicht aus dem Boden gestampft werden und wird es nicht für zwei Monate. Stehen die Hochschulgesetze von 1960 im Dienst einer Vorbereitung des Ausnahmezustands auf Dauer nach spanischem Vorbild?

Neu im Nachkriegsdeutschland ist auch die spezifische Sinngebung für die Aufgaben einer Armee. Wo der Bundesgrenzschutz nicht ausreicht zur Herstellung innerer Ordnung, sprich: Zur Zerschlagung von Streiks, zum Schießen auf die Bevölkerung, da kommt die Polizei der Länder und Gemeinden zum Zuge, und „für den Fall, daß die Polizeikräfte nicht ausreichen ... dürfen auch die Streitkräfte, deren Einsatz im äußeren Notstand selbstver-

Notstand!

ständlich ist — im inneren Notstand eingesetzt werden".

Soldaten gegen Arbeiter — Soldaten im Einsatz zum Schutz der inneren Ordnung — Soldaten gegen Zivilisten — ist das neu in Deutschland? Nein — neu ist nur eins: Solche Methoden des Umgangs zwischen Staatsmacht und Volk Demokratie zu nennen.

Eigentum kann konfisziert und Wahlen beliebig lange ausgesetzt werden, der Bund übernimmt die Gesetzgebung für die Länder, die Regierung kann unter Auslassung von Bundestag und Bundesrat Gesetze erlassen, beliebigen Inhalts, beliebiger Dauer. Der Bundestag kann zwar alle getroffenen Maßnahmen jederzeit aufheben, stehen jedoch „seiner Beschlußfassung unüberwindliche Hindernisse ..." — der Kreis schließt sich, die Demokratie ist abgetrieben.

Winfried Martini, Schriftsteller und Salonfaschist, bemerkt in seiner neuesten Publikation sehr trefflich, „Die Demokratie sei die ‚Staatsform der Krisenlosigkeit'! oder auch die ‚Staatsform des Optimismus'" (Freiheit auf Abruf, Köln — Berlin 1960, S. 213), und macht sich dann in scheinheilig zivilisierter Manier zum Fürsprecher des Regierungsentwurfs eines Notstandsgesetzes. Anstatt zur Erhaltung der Demokratie einer Politik krisenfester Machart das Wort zu reden, ohne Experimente wie Atomrüstung und Notstandsgesetzgebung — man begreife die Dialektik — wird die Krise herausgefordert und zum Wohl der Regierung, zum Schaden des Volkes durch Terror saniert. Die Katze, schon 1953 aus dem Sack gelassen („Das Ende aller Sicherheit") wirft Junge: was damals aussah wie Demokratie als Wagnis, stellt sich heute dar als Demokratie aus Luxus; will das Volk anders als die Regierung, muß es abdanken, wenn die Regierung versagt, soll das Volk abwandern in Arbeitslager, Armee und Gefängnis.

Blickt man auf „normale" Zeiten zurück, sieht man ab von zwölf Jahren deutschem Faschismus, so hat der Notstandsgesetzentwurf der Bundesregierung nur ein einziges Vorbild: Die Sozialistengesetze des Bismarckreiches. Als aber der deutsche Reichskanzler Fürst Otto von Bismarck im März 1890 zum viertenmal die Verlängerung seiner Gesetze forderte und seine Pläne zur Abschaffung des allgemeinen Wahlrechts und zur Ausschaltung des Reichstages dem Kaiser präsentierte, zwang ihn Wilhelm II. seine Abdankung einzureichen. Eine Liquidierung der Revolution von 1848 schien selbst dem Monarchen, der keiner unter den geringsten Sozialistenhassern des 19. Jahrhunderts war, wirklichkeitsfremd und damit unerträglich, dies aber nicht zuletzt deshalb, weil es der deutschen Sozialdemokratie während ihres zwölfjährigen Katakombendaseins gelungen war, sich als Opposition unüberhörbar im Spiel zu halten. Vorbildhaft bleibt die Erklärung der sozialdemokratischen Fraktion im Reichstag am 23. Mai 1878 zum Entwurf eines Ausnahmegesetzes.

Ohnmächtig kämpfte die deutsche Sozialdemokratie gegen die Sozialistengesetze des Bismarckreiches, ohnmächtig gegen das „Gesetz zu Behebung der Not von Volk und Staat" im März 33. Weder Liebknecht noch Wels verfügten im deutschen Reichstag über jene Sperrminorität, die das Schlimmste hätte verhindern können; über jene Sperrminorität, die in den Händen der Sozialdemokratie von 1960 über Gedeih und Verderb der deutschen Nachkriegsdemokratie zu entscheiden vermag. Das Ja zum Grundgesetz, das Ja für den Bestand und die freiheitliche demokratische Grundordnung der Bundesrepublik ist das Nein zur Notstandsgesetzgebung der Bundesregierung.

Nr. 18/1960

Im Bonner Haushaltsplan für 1961 machen Kriegsfolge-
lasten und Militärausgaben 53 Prozent des gesamten Etats
aus:

Säbel

Die Beratungen des deutschen Bundestages über den Haushalt für 1961 sind abgeschlossen. Es ist der höchste Etat des Bundes, der in Bonn je verabschiedet wurde: Spiegelbild eines wirtschaftswunderlichen Sozialprodukts, Spiegelbild aber auch eigener historischer Belastungen und fragwürdiger politischer Perspektiven. Zwei Posten fallen auf und erscheinen besonders bemerkenswert:

Die Ausgaben für den sogenannten Verteidigungsbeitrag der Bundesrepublik im Rahmen der Atlantischen Gemeinschaft (sie betragen rd. 12¹/₂ Milliarden DM) und die Ausgaben für die sogenannten Kriegsfolgelasten (mit rd. 11 Milliarden DM). Beide zusammen machen 53% des gesamten Haushaltes aus. (vgl. auch konkret 5/61). Das Feld, der durch diese zwei Posten markierten bundesdeutschen Situation umfaßt Herkunft und Zukunft des Weges, der von uns, die wir schließlich nicht Reisende sind ohne Gepäck, gegangen werden soll. Die Vergangenheit, geistig so wenig bewältigt wie finanziell, ist bekannt oder sollte es wenigstens sein und der Tribut, den wir für sie zu bezahlen haben, ist festgelegt durch das, was irreparabel geschah. Aber neben der Belastung des Haushalts durch einen gewesenen Krieg steht seine Belastung durch einen neuen, der, wie die einen sagen, verhindert werden soll, oder der, wie die andere Seite behauptet, vorbereitet wird.

Überlassen wir diesen propagandistischen Spuk kurzschlüssiger Beweisführung ihren jeweiligen Denkern und Denkesdenkern, den schrecklichen Vereinfachern beiderseits des Brandenburger Tors, fragen wir konkret und gründlich: Welches ist die gesamtpolitisch militärische Konzeption, mit welcher die immense Höhe der sogen. Verteidigungsausgaben, des relativ größten Postens im Etat, begründet wird? Legen wir also den Finger auf diesen Posten und fragen: wie kommt er hierher? Und — wo bringt er uns hin?

Seit ungefähr zwei Monaten spielt Strauß mit offenen Karten. Er hat den Trumpf der stärksten kontinentalen Armee, der Übererfüllung des Solls MC 70 (das den NATO-Mitgliedstaaten atomare Rüstungen empfahl) und der Vorauszahlung von Rüstungsaufträgen an Amerika

in der Hand und hebt an zum Hauptstich nachkriegsdeutschen Europaskats: zur politischen Integration der NATO unter deutscher Führung, zur militärischen Usurpation der bundesdeutschen Demokratie unter seiner eigenen Kanzlerschaft. Allein die nicht unberechtigte Skepsis gegenüber der Durchführbarkeit dieses Programms gibt unserer These den Anschein der Übertreibung.

Was heißt „Politische Integration der NATO"? Und — was heißt „unter deutscher Führung"?

Integration der NATO — dieser Ruf ist nicht neu und wird immer dann umso lauter und beschwörender erhoben, wenn das Dilemma westeuropäischen Einzelversagens besonders evident ist: Algerien und Kongo auf der einen Ebene, EWG und EFTA auf der anderen. Diese hilflose Proklamation des Integrationsgedankens aller beteiligten Länder hat der Bundesverteidigungsminister Franz Josef Strauß in seiner Rede vor dem Economic Club in New York am 16. Januar 1961 — nicht ohne die Beobachter des In- und Auslandes durch diese neudeutsche Diktion zu verwundern — in ein anschauliches Programm umgesetzt. Militärisch, politisch, wirtschaftlich und moralisch fordert er sie. M i l i t ä r i s c h, d. h. Fortsetzung der bisherigen gemeinsamen Rüstungsplanung, Straffung der NATO als militärische Organisation, verstärkte Einbeziehung nationaler Streitkräfte in die gemeinsame Strategie. P o l i t i s c h, d. h. gemeinsames Auftreten der NATO-Staaten in der UNO, d. h. gemeinsames Vorgehen in Sachen Kolonialismus in Afrika, d. h. gemeinsame Planung von Notstand und sogen. zivilem Bevölkerungsschutz im Innern der Länder. Unter w i r t s c h a f t l i c h e r I n t e g r a t i o n will er verstanden wissen, die Schaffung eines gemeinsamen Wirtschaftsraumes, eine gemeinsame Wirtschaftspolitik gegenüber dem Sowjetblock und schließlich die arbeitsteilige Zusammenarbeit in Rüstungstechnik und -wirtschaft. Hinsichtlich der m o r a l i s c h e n E i n h e i t aber müsse die NATO dem „Siegesglauben der Fahnenträger des Weltkommunismus", ein „atlantisches Bewußtsein" entgegensetzen, „das sich in einer gemeinsamen Politik ausdrückt und auch auf die bündnisfreie Welt ausstrahlt". Während der Kalte Krieg

16

und Ketten

— hier finden wir Dauer und Horizont seines atlantischen Programms — solange dauern wird, „wie es einen von der Sowjetunion und von Rot-China mit expansiver Dynamik und revolutionärer Kraft getragenen Weltkommunismus gibt".

Einen Monat später, als das Befremden im In- und Ausland über dies breitbeinige Auftreten des Bonner Bajuwaren in den USA sich beruhigt hatte, immerhin war die Rede mehr großkotzig als konkret, stößt das Bonner Bulletin mit einer Artikelserie nach, die sich „Die atlantische Allianz als politische Gemeinschaft" nennt, aus der Feder eines Dr. H. A. Schwarz-Liebermann von Wahlendorf, „ehemals stellvertretender Direktor in der politischen Abteilung der NATO". Der Aufsatz ist klüger und geschliffener als manches, was man sonst aus der Schule des Kanzlers zu lesen Gelegenheit findet, man fühlt einen Hauch vom Scharfsinn, der hinter den dummdreisten Auftritten ministerieller Klubredner stehen mag. Dieser „von Wahlendorf" fügt Strauß' Konzeption einen weiteren Gesichtspunkt hinzu. Er weist darauf hin, daß die Schaffung einer politischen Gemeinschaft die Aufgabe eines Teils der eigenen nationalen Souveränität notwendig macht des Rechts und der Fähigkeit „to do it alone" und weil die nationale Souveränität unaufhebbar scheint, fordert er sie geistig und schließlich praktisch, indem er zum Ziel die „Integration des Denkens" macht und dieser Integration auch wissenschaftliche Forschung, ja sogar die Erziehung und die Koordination der Universitäten Europas neben Wirtschaft, Technik, Militär und Politik einordnet.

Das ist „Integration": Die Aufhebung aller gewonnenen Souveränität, Emanzipation, Autonomie des Denkens, der Technik, des Lebensstils, der Wissenschaft, der Erziehung, der abendländischen Bildungsstätten. Und in welchem Interesse? Im Interesse eines militärischen Bündnisses, das sich an einen Kalten Krieg klammert, der seinerseits durch das Bündnis gestiftet wird, solange zur Bedingung seines Endes die totale Selbstaufgabe des kommunistischen Partners ansteht. Diese Bedingung aber schafft halsbrecherisch eine sich selbst ad absurdum führende Alternative: Krieg durch Agression oder Krieg durch Zufall. Ein Zeitgefühl tut sich hier kund, das in Deutschland nicht unbekannt war, als man noch mit zwölf anstatt tausend Jahren vorlieb nehmen mußte.

Soweit „Integration". —

Unter deutscher Führung? Ja! Denn dieser Herr von Wahlendorf geht ins Detail, stellt die Frage des institutionellen Verfahrens und führt aus: In der Zusammenarbeit der NATO-Partner habe die Stimme j e d e s e i n z e l n e n S t a a t s b ü r g e r s durch das Medium der öffentlichen Meinung Gewicht, jedoch träten die schwächeren Staaten naturgemäß hinter den stärkeren zurück, ein „gewisses Element der Führung durch die Hauptmächte ist ständige Praxis", und wer nichts zur Lösung beizutragen habe, wird schon aus Anstand schweigen (vgl. Bulletin 18. 2. 1961). Wie tönern die Füße dieses Systems sind, wie ungesichert die Hegemonie der Stärkeren ohne Gefährdung des Ganzen wurde schlagartig deutlich, als in einem kleinen Land wie Belgien die Stimme des „einzelnen Staatsbürgers" seine Regierung stürzte und das Gespenst einer natofeindlichen neuen belgischen Politik die Schlagzeilen diktierte. Diesen Unsicherheitsfaktor zu bannen, weiß man schon jetzt den Trick durch platonische Weisheit. Regierungsvertreter nämlich sollen in Zukunft im Rahmen der NATO ersetzt werden durch „Sachverständige", „mögen sie auch noch im Gewande des Regierungsdelegierten erscheinen"; das „Monopol der Regierungsvertreter" sei zu brechen, sprich also: das Monopol des Staatsbürgers. Die Attrappe steht, der Staatsstreich gegen die Souveränität des Volkes bei Aufrechterhaltung einer ohnmächtigen Staatssouveränität gelingt zugunsten des Diktats sachverständiger Militärberater.

Unter deutscher Führung? Ja! „Die Führung der Hauptmächte ist ständige Praxis" und wer ist Hauptmacht im militärischen Bündnis? Wer die stärkste Armee, die meisten Luftwaffengeschwader, die größten Marineeinheiten, die umfangreichste Rüstungsproduktion, die territorial wichtigste Lage, die militärisch besten Kader ins Bündnis einbringt. Kurz: Hauptmacht unter den kontinentalen NATO-Partnern ist die Deutsche Bundesrepublik, Deutschland diesseits des Eisernen Vorhangs, wir — und die Wiederholung geschieht nicht ohne Bitternis — die wir keine Reisenden ohne Gepäck sind.

Die notstandsgesetzmäßige Gleichschaltung westeuropäischer Dimension erfordert aber nicht nur die Aufgabe eigenen außenpolitischen Handelns der Länder zugunsten

der Weisheit militärischer Sachberater, sie erfordert —
siehe Belgien — auch den atlantischen Gleichschritt der
Völker, denn ganz gegen seinen Willen und Widerstand,
ganz ohne Vorbereitung und Einführung ist ein Volk noch
nie übertölpelt worden. **Das Notstandsgesetz ist vorerst
gescheitert.** Seine Vorlage nach den Wahlen muß jedoch
als sicher angenommen werden. Strauß aber **hatte** augenscheinlich nicht die Geduld eines Wartens auf Schröder.
Er legte den „Plan eines nationalen Leitungsstabes" vor,
um „den Notstandskarren wieder flottzumachen", wie das
Organ der Bundeswehr „Wehrkunde" liebevoll erläutert
März 1961, Seite 154), seinem Inhalt nach aber mehr
noch, um auch alle zivilen Bereiche des Lebens, Denkens
und Handelns einem militärischen Führungsgremium unter-
zuordnen; — Wo das Rasseln der Säbel nicht ausreicht,
rasselt Strauß auch mit Ketten. —

Usurpation der deutschen Demokratie unter Strauß' Kanzlerschaft? Allerdings. Oder gibt es einen zweiten Minister
in Bonn, dem zugemutet werden kann, die Brutalität dieses
Programms mit vergleichbar expansiver Dynamik und
revolutionärer Kraft durchzuführen und weiterzutreiben?
Die Inkarnation des deutschen Militarismus hat in ihm
eine Gestalt gewonnen, die Bewunderung verdient wie
die Härte spanischen Stierkampfs,
wie das Toben des auf Rot rasend reagierenden Stiers
— Strauß hätte sie verdient, wäre er so stark wie er
auftritt, so fähig im Zuschlagen, wie sein Vater im ehren-
werten Handwerk. Aber weder die Berufung des Chef-
theoretikers der Verbrannten Erde im Osten Europas zum
Generalinspekteur der Bundeswehr noch die Beteuerung,
die Vereinigten Staaten müßten an der Elbe von deutschen
Armeen mit Atomwaffen „geschützt" und „verteidigt"
werden (vgl. Bulletin, 10. u. 11. 3. 61), konnten und können
die USA über die Gefährlichkeit des Partners hinweg-
täuschen, erhellen solche Beschwörungen doch erst die
Größe des Anspruchs, den Wahnwitz des Plans. Nicht zuletzt deshalb sind Umdispositionen der amerikanischen
Verteidigungspolitik im Gange, nicht zuletzt geshalb fiel
bei der Neuerörterung der amerikanischen NATO-Politik
im Blick auf Bonn der Satz: „Wir können es uns nicht
gestatten, unseren Alliierten zu erlauben, uns in einen
Atomkrieg hineinzureiten" (Arnolf Wolters, Chef des
„Washington Center of Foreign Police Research). Es träfe
die deutsche Konzeption in ihrem Lebensnerv, entscheidet
Washington wie geplant. Harmloser aber würden da-

durch die kleinstädtischen Großraumplaner nicht. Nur
wäre es freilich eine Hoffnung.

Fassen wir zusammen:

1. Hauptziel der deutschen Verteidigungspolitik ist die
Homogenisierung Westeuropas hinsichtlich Wirtschaft,
Technik, Politik, Wissenschaft und Gesetzgebung im
Magnetfeld der NATO unter deutscher Führung bei
Ausschaltung parlamentarischer, ja sogar regierungs-
amtlicher Mitbestimmung.

2. Der Zeitraum dieser Planung dauert von jetzt bis zum
Zusammenbruch des eigentlichen Partners, ist also un-
beschränkt bemessen und mag einen Schätzwert von
1000 Jahren vertragen.

3. Diese Periode erfordert die Ausrichtung allen Lebensstils, aller Werte, aller Weltanschauung auf ein „atlantisches Bewußtsein", das seine gesamte Abzweckung
im Ausbau eines Militärbündnisses mit tausendjährigen
Ambitionen hat.

Es bleibt hinzuzufügen: die Wegbereiter dieser Entwicklung sind die einzige Macht Europas, die — wie der pol-
nische Außenminister Rapacki kürzlich in Wien unwidersprochen bemerken konnte — G e b i e t s a n s p r ü c h e
stellt, wobei es gleichgültig ist, mit welchen Mitteln sie
diese Ansprüche zu realisieren gedenkt. Sie ist darüber
hinaus die einzige Macht in Europa, die noch n i e V o r -
s c h l ä g e   f ü r   e i n e   A b r ü s t u n g   in begrenztem
oder weltweitem Maßstab oder für eine Politik der Entspannung gemacht hat. Es ist die Deutsche Bundesrepublik, die neben den sog. Verteidigungsausgaben als
nächsthöchsten Posten in ihrem Haushalt Kriegsfolgelasten
zu tragen hat.

Quo usque tandem abutere — Herr Strauß — patientia
nostra — et mundi?

Nr. 6/1961

Die Sowjetunion ändert ihre Deutschland-Politik. In den fünfziger Jahren hatte Moskau viermal Vorschläge zur Wiedervereinigung gemacht oder unterstützt. Nun, 1961, erklärt die Sowjetunion die deutsche Frage zur Sache der Deutschen:

Warum eigentlich Friedensvertrag?

Nun ist das Dilemma perfekt. Die Sowjetunion, neben den Vereinigten Staaten das mächtigste Land der Erde, hat die Initiative für eine Lösung der Deutschlandfrage ergriffen und hat mitgeteilt, daß sie eine Änderung des status quo in absehbarer Zeit, vermutlich noch in diesem Jahr, durchsetzen wird. Sie hat mitgeteilt, daß sie einen Friedensvertrag abschließen wird, mit ganz Deutschland oder nur mit der DDR, gemeinsam mit den USA und den westlichen Alliierten des zweiten Weltkrieges oder allein.

Tatsachen, bittere Tatsachen, wie es scheint, aber unabänderliche; es ist der Wille der Sowjetunion und nur Phantasten halten diesen Willen für schwach, nur Schwärmer für phrasenhaft.

Da steht nun Bonn mit seinen zwei Kategorien von Politik, in denen für Deutschland kein Platz ist, mit seinem Positivum, der „deutschen Europapolitik" und seinem Negativum, das seit je alternativlos bekämpft wird, der „sowjetischen Deutschlandpolitik". Da steht es, mit seiner NATO und EWG, seinen Atomwaffen und seiner Armee, mit seiner Hallstein-Doktrin und seinem Reisegesetz und nur mit einem nicht, mit einer deutschen Deutschlandpolitik.

Und deshalb soll allem zuvor von der Schande die Rede sein, in die uns dieses Bonn geleitet hat, und von den Scherben, vor denen Deutschland steht, heute, hic et nunc, angesichts des sowjetischen Memorandums.

Warum Schande? Weil die Initiative zur Lösung der deutschen Frage nun gänzlich ans Ausland übergegangen ist, weil die Hauptaufgabe jeder deutschen Politik, das Mandat, das auch die Wähler der CDU bei der Abgabe ihrer Stimme drei Mal dieser Partei gegeben haben, die deutsche Einheit wieder herzustellen, nicht eingelöst wurde, stattdessen sabotiert, blockiert und verhindert. Wo gibt es eine Regierung, der es zur Ehre gereicht, die Probleme des eigenen Landes nicht gelöst zu haben? Gewiß, die USA loben ihre Satellitenregierungen in Haiti, Kolumbien und Guatemala, die Brasilianer aber schätzen Quadros mehr als Kubitschek und die Kubaner schätzen Castro höher als Batista.

Man soll nicht erzählen, die DDR habe Schuld am Versagen der Bundesregierung. Sitzt Ulbricht in Bonn? Ist Ulbricht der Kanzler der Bundesrepublik? Nein — aber an Ulbricht sei die Bonner Konzeption gescheitert. Welche Konzeption? Die NATO? Die Bundesrepublik ist doch ihr Mitglied! Die EWG? Da klappt doch alles! Wir sprechen von der Wiedervereinigung und diese Wiedervereinigung ist nicht an Ulbricht gescheitert. Weil Ulbricht unserer Meinung nach ein guter Demokrat wäre? Nein, weil man mit ihm harmlos und reibungslos verhandeln könnte? Nein. Weil er es gut mit uns meint? Nein. Sondern weil es überhaupt nichts gab, was an ihm hätte scheitern können, kein Angebot, keine Bedingung, keinen Plan, keine Konzeption, keinen guten Willen. Nichts. Es gab nur den Zweifrontenkrieg: Europa kontra Deutschland, Westintegration kontra deutsche Einheit, und schließlich: Atomwaffen kontra DDR.

Die Bundestagsabgeordneten Dehler und Heinemann haben noch vor drei Jahren dem Deutschen Bundestag jene Abrechnung vorgelegt, die das Versagen der Bundesregierung in Sachen deutscher Einheit unter Beweis stellte. Dort soll hier noch einmal angeknüpft werden.

In der sowjetischen Note vom 10. März 1952 bot Stalin einen Friedensvertrag mit Deutschland auf folgender Gundlage an:

■ Freie gesamtdeutsche Wahlen unter Viermächtekontrolle.
■ Garantie der Menschenrechte und Grundfreiheiten für alle unter deutscher Rechtsprechung stehenden Personen ohne Unterschied der Rasse, des Geschlechts, der Sprache oder der Religion, einschließlich Redefreiheit, Pressefreiheit, das Recht der freien Religionsausübung, der Freiheit der politischen Überzeugung und der Versammlungsfreiheit.

19

Warum eigentlich

■ Gewährung der gleichen bürgerlichen und politischen Rechte aller Bürger, für alle ehemaligen Angehörigen der deutschen Armee, einschließlich der Offiziere und Generale, für alle ehemaligen Nazi mit Ausnahme derer, die nach Gerichtsurteil eine Strafe für die von ihnen begangenen Verbrechen verbüßen.

■ Verpflichtung Deutschlands, keinerlei Koalition — oder Militärbündnisse einzugehen, die sich gegen irgendeinen Staat richten, der mit seinen Streitkräften am Krieg gegen Deutschland teilgenommen hat.

Die Bundesregierung und ihre westlichen Verbündeten lehnten diesen Vorschlag ab. Ein wiedervereinigtes Deutschland müsse sich vorbehalten können, nach eigenem Ermessen, „Verteidigungsbündnisse" abzuschließen. „Zuerst freie Wahlen!" wurde die Gegenthese. „Zuerst", ehe entschieden ist, ob Gesamtdeutschland sich einem westlichen Militärbündnis anschließen würde oder nicht. „Zuerst", das hieß: bedingungslose Freigabe des sowjetischen Besatzungsgebietes, das hieß Friedensvertrag mit den USA und der Sowjetunion, letztlich im Interesse eines westlichen Militärbündnisses. Westintegration contra deutsche Einheit, Europa contra Deutschland . . .

1954 — Berliner Konferenz der vier Außenminister:
Der sowjetische Außenminister W. A. Molotow legt erneut einen Friedensvertragsentwurf vor, der mit Stalins Entwurf vom 10. März 1952 nahezu identisch ist; zu den geringfügigen Veränderungen („geringfügig" werden sie in der westlichen Antwort genannt) gehört, daß Deutschland von der Zahlung der staatlichen Nachkriegsschulden an die USA, Großbritannien, Frankreich und die UdSSR befreit werden solle.
Die Westmächte lehnten ab und die Bundesregierung ließ auf allen Litfaßsäulen des Landes plakatieren: „Freie gesamtdeutsche Wahlen"; „Verfassunggebende Nationalversammlung"; „Gesamtdeutsche Regierung mit völliger Handlungsfreiheit". — Handlungsfreiheit wozu? Für ein neutrales Gesamtdeutschland? Wohl kaum ⌐ Europa contra Deutschland, Westintegration contra deutsche Einheit . . .

Winter 1954/55 — Moskauer Ostblock-Konferenz:
Die Regierungsvertreter der UdSSR, Polens, der Tschechoslowakei, Ungarn, Rumäniens, Bulgariens, Albaniens und der DDR bieten freie gesamtdeutsche Wahlen unter der Bedingung an, daß die Remilitarisierung der Bundesrepublik rückgängig gemacht wird.
Ein halbes Jahr später aber wird die Bundesrepublik durch Unterzeichnung der sogenannten Pariser Verträge Mitglied der NATO und wird von allen NATO-Mächten als die einzige vertretungsberechtigte Regierung des deutschen Volkes anerkannt.

1955 Genfer Außenministerkonferenz:
Der britische Premier-Minister Eden legt den nach ihm benannten Plan zur Herstellung der deutschen Einheit und zum Abschluß eines Friedensvertrages vor. Zwar fordert auch er „zuerst freie Wahlen", schlägt dann aber die Schaffung einer militärisch verdünnten Zone in Europa vor, womit der sowjetischen Forderung durchaus entgegengekommen wäre. Dieser Plan verschwand auf Grund einer Intervention des deutschen Bundeskanzlers — wie Dehler mitgeteilt hat — vom Verhandlungstisch.

Damit war die Phase der Erörterung freier Wahlen in Gesamtdeutschland abgeschlossen. Damit war das Thema Wiedervereinigung von der Tagesordnung internationaler Politik beseitigt und verschwunden. Die Sowjetunion stellte sich von nun an auf den Standpunkt, daß die Wiedervereinigung Sache der beiden deutschen Teilstaaten sei und war von nun an nur noch bereit, über den Abschluß eines deutschen Friedensvertrages zu verhandeln. Was vor dem verkoppelt und eine Einheit war, nämlich Wiederherstellung der deutschen Einheit und Abschluß eines Friedensvertrages, brach auseinander.

Warum diese Trennung? Weil die Bundesrepublik und die DDR bei der progressiven Integration in das westliche und östliche Bündnissystem innerhalb dieser Systeme — nach Meinung der Sowjetunion — zu souveränen Staaten wurden, ihrem Rechtsstatus nach selbständige und

Friedensvertrag?

unabhängig handelnde Regierungen haben und den territorialen politischen Gegebenheiten gemäß als eigene Staatswesen angesehen werden. Ob Adenauer, der Kanzler der Alliierten oder Ulbricht der Türhüter Chrustschows ist, spielt dabei keine Rolle. In dem Maße, in dem Westdeutschland und Ostdeutschland den Charakter der Besatzungszone verloren, den Charakter souveräner Staaten im Verhältnis zu ihren jeweiligen Bündnispartnern und Großmächten gewannen, in dem Maße schwand — nach Meinung der Sowjetunion — der Zwang der Viermächteverantwortung für die Wiederherstellung der deutschen Einheit. Die normative Kraft des Faktischen hat die Bindung an das Potsdamer Abkommen zu einer Sache der politischen Willkür gemacht, die so oder so entschieden werden kann, die auf der einen oder auf der anderen Seite Argumente für und gegen sich hat. Und eine Tatsache ist es, daß Wiedervereinigung und Friedensvertrag heute nicht mehr als Einheit behandelt werden, eine Tatsache ist es, daß die Sowjetunion den Friedensvertrag, nicht aber die deutsche Einheit fordert und betreibt.

Stellt sich die Frage, ob es einer deutschen Initiative heute noch gelingen könnte, die Friedensvertragsverhandlungen zu Annäherungs-Verhandlungen auch in Sachen deutscher Einheit umzuwandeln. Dazu freilich würde gehören, den Mythos, der diesen Begriff umgibt, abzuschütteln, auf Bekenntnisse, Beschwörungen und billige Zurückweisungen zu verzichten, statt dessen nüchtern die Frage zu stellen! Warum eigentlich Friedensvertrag? Denn zu Verhandlungen über einen Friedensvertrag müßte die Bundesregierung bereit sein, will sie diese Verhandlungen zum Nutzen der deutschen Einheit wahrnehmen.

Kriege wollen beendet werden. Durch einen Waffenstillstand zuerst und dann — in zweiter Linie — ist zur Regelung der zukünftigen Beziehungen zwischen den kriegführenden Mächten — wie der Völkerrechtler Schwarzenberger bemerkt — „die weitaus geläufigste Form der Wiederherstellung des Friedenszustandes der Abschluß eines Friedensvertrages. Er ermöglicht es den Kriegführenden, unzweideutig zu bestimmen, ob sie ihre zukünftigen Beziehungen unter Zugrundelegung der bei Beendigung der Feindseligkeiten (Status quo post bellum) oder vor Kriegsausbruch (Status quo ante bellum) bestehenden Verhältnisse regeln wollen."

Will die Bundesregierung behaupten, es gäbe zwischen ihr und und der Sowjetunion keine durch den zweiten Weltkrieg bedingten Streitpunkte? Und wie ist es mit Berlin? Wie ist es mit der polnischen Westgrenze? Wäre nicht ohne diesen Krieg Danzig und Schlesien noch deutsch und Berlin die Reichshauptstadt? Ein besiegtes Land, das sich weigert, über Tatsachen und Streitpunkte zu verhandeln, die durch den von ihm geführten Krieg geschaffen wurden, setzt sich dem Verdacht aus, diese Tatsachen mit den gleichen Mitteln wieder rückgängig machen zu wollen. In welchem anderen Verfahren aber soll über kriegsmäßig bedingte Streitfragen verhandelt werden, als in Friedensvertragsverhandlungen? In diese einzutreten gäbe der Bundesregierung die Chance, ihre eigenen Vorstellungen und die Vorstellungen des deutschen Volkes über den Inhalt eines Friedensvertrages vorzulegen, es wäre die Chance, der deutschen Stimme in den internationalen Verhandlungen Gewicht zu geben.

Alle anderen Möglichkeiten wurden verspielt; noch der Deutschlandplan der SPD wäre eine Verhandlungsgrundlage gewesen und wäre es wohl auch heute noch. Annäherung beider deutscher Staaten plus Friedensvertrag wäre noch heute möglich. Aber es müßte endlich gehandelt werden, sonst wären die Reden von Heinemann und Dehler endgültig Leichenreden und die Wiederherstellung der deutschen Einheit der Traum von Toren und Phantasten. Soll das denn ewig so bleiben: Europa kontra Deutschland, Westintegration kontra deutsche Einheit und schließlich: Atomwaffen kontra DDR?

Nr. 13/1961

21

Ulrike Meinhof bezweifelt den Willen zur Wiedervereinigung, den die Bundesregierung 1962 in ihrem Notenwechsel mit der Sowjetunion manifestiert:

Status quo

Erstaunlich sachlich sind auf den ersten Blick jene beiden Kommentare zur Weltpolitik, die von der Bundesrepublik und der Sowjetunion in Dezember und Februar ausgetauscht wurden und jetzt im Wortlaut vorliegen. Sachlich, freundlich, liebenswürdig. Tenor beider Dokumente ist der expressis verbis geäußerte Wunsch nach einer Änderung von Bestehendem. Man ist sich auf beiden Seiten über die Unhaltbarkeit der Situation einig, nicht nur im Hinblick auf die Sperrmauer in Berlin, die die Sowjets freilich nicht so schlimm finden wie wir, sondern auch und speziell hinsichtlich der gegenwärtigen Praxis deutscher Spaltung und der Existenzform Westberlins.

Während aber die Bundesregierung bestehende Gegebenheiten rückgängig machen möchte, wollen die Russen nur bestehende Zustände legalisieren, Zuständigkeiten und Kompetenzen ins reine zu bringen, auf der Basis des „Status quo Mauer", wie die Amerikaner sagen. Die Sowjets gehen dabei von weltweit bekannten Realitäten aus, die Bundesregierung von weltweit anerkannten Prinzipien des klassischen Völkerrechts. Keines Argumentation ist — wenn man so sagen darf — auf Sand gebaut. Beide Seiten vermögen die Vernünftigkeit ihrer Gedankenführung im Sinne immanenter Logik zu beweisen. Prüfstein aber für den politischen Gehalt der Schriftstücke kann nur ihre Realisierbarkeit sein — sehr pragmatisch, unideologisch und unsentimental; Politik ist die Kunst des Möglichen, bekanntlich.

Und bekanntlich ist die Forderung nach Freien Wahlen nicht realisierbar. Ebensowenig realisierbar wie Freie Wahlen in Korea und Vietnam, weil alle drei Wahlen das weltpolitische Kräftespiel verwirren und damit gefährden würden. Da stellt sich weiter heraus, daß die Freigabe der DDR aus den Händen der Ulbrichts und Sowjets nicht ohne Krieg zu gewinnen ist. Ferner, daß Friedensvertrag und Wiedervereinigung nicht mehr gekoppelt sind, in Reihenfolge und Rangordnung nicht mehr austauschbar wie noch 55. Die Mauer, mit den Mitteln der Politik nicht verhindert, ist auch mit dem Mittel der Erpressung nicht zu beseitigen.

*

Was die Sowjetunion wünscht und was sie schlicht über den Kopf der DDR hinweg anbietet — die anerkannte Existenz zweier deutscher Staaten voraussetzend —, ist eine grundsätzliche Verbesserung der bundesdeutsch-sowjetischen Beziehungen, ungeachtet Mauer, Spaltung, Nato, Atomrüstung, Heusinger, Berlin. Sie bietet: Ausgedehnten, langfristigen, krisensicheren Handel und eine Garantie enger und engster Beziehungen zwischen der Bundesrepublik und Westberlin.

Viel ist das nicht, dennoch überraschend. Aber die Gegenforderung ist ebenfalls nicht hoch: Respektierung der Souveränität der DDR, nicht einmal Anerkennung, nur De-fakto-Hinnahme. Die Bundesrepublik dagegen bietet: Eine allgemeine, nicht näher definierte Verbesserung der Beziehungen und fordert „Freie Wahlen", was bei den gegenwärtigen Gesinnungsverhältnissen in der DDR heißt: Mehrheitliche Entscheidung zur Wiedereinführung des Privateigentums und vermutlich sogar Natointegration; sie fordert: Abschaffung der Mauer, natürlich und — Friedensvertrag nur mit einem Gesamtdeutschland (siehe oben).

Es muß, obwohl es unpopulär ist, dergleichen in Deutschland auszusprechen, festgestellt werden: Das Angebot der Sowjets zielt auf ein die Atmosphäre auflockerndes M i n i m a l programm, ohne bestehende Kräfteverhältnisse zu verschieben, ohne Grundfesten irgendeiner Politik zu erschüttern. Die Bedingungen der Bundesregierung dagegen sind darauf angelegt, ein perfekt westliche Interessen wahrnehmendes, aber ohne Änderung der Kräfteverhältnisse in der Welt nicht durchführbares M a x i m a l programm noch einmal in hübschen Formulierungen darzustellen, womit eine Verständigung kaum begünstigt und das Verhandlungsklima kaum angewärmt wird.

Der diplomatischen, auf bescheidene, aber reale Verhandlungsziele angelegten Offensive des Ostens — nie kommt dergleichen von westlicher, gar deutscher Seite! — wird eine ausschließlich auf propagandistische Effekte orientierte Replik entgegengesetzt. Die Tatsache, daß die propagandistische Position in Deutschland sehr viel günstiger für den Westen ist als auf den meisten anderen Plätzen der Welt, scheint dabei den Blick für die politische, mili-

Mauer

tärische und auch historische Situation und Zukunft Deutschlands und Westeuropas verstellt zu haben.

*

Blieb das sowjetische Memorandum offiziell also unbeantwortet, so hat es in Westdeutschlands öffentlicher Meinung eine Diskussion angeregt, die vier Jahre brach gelegen hat. Was die Bundesregierung vier Jahre lang nicht nötig hatte, ihre eigene Politik vor der Öffentlichkeit zu rechtfertigen, wurde ihr nunmehr abverlangt, und zwar umfassend. Es gibt in der Bundesrepublik gegenwärtig keinen starken Vertreter einer Alternativpolitik mehr, keinen, der verlockend, überzeugend, realistisch, positiv eine andere Politik propagieren könnte oder wollte. Die Oppositionsgeste des SPIEGEL ist angesichts seiner Konzeptionslosigkeit nur kokett. Dies Vakuum hat seit dem Memorandum wieder begonnen, sich mit konstruktiven Plänen aufzufüllen. Die FDP, die einen guten Teil jenen Bürgertums vertritt, das vom orakelten Niedergang der Konjunktur speziell betroffen wäre, an Rüstungsverdiensten nicht maßgeblich beteiligt ist und also in einer Ausweitung des Marktes nach Osten weiter keinen nationalen Verrat erblicken könnte, fordert direkte Verhandlungen mit Moskau über die deutsche Frage. Der Abschluß des deutsch-sowjetischen Kulturabkommens hat wieder Auftrieb bekommen; der Sozialdemokratie nahestehende Zeitungen wie die Frankfurter Rundschau wagen wieder Kritik am Koalitionsprogramm. In linksfreidemokratischen Kreisen sollen Erinnerungen an die Jahre 1952 und 1955 aufgenommen sein. 8 evangelische Persönlichkeiten fordern in einem Memorandum, welches in seiner großen Bedeutung nur mit dem Manifest der Göttinger 18 verglichen werden kann, die Anerkennung der Oder-Neiße-Linie und eine Normalisierung der politischen Beziehungen zu den östlichen Nachbarn Deutschlands. Das sowjetische Memorandum macht Angebote materieller Natur, stellt eine außenpolitische Alternative vor, die aus der Kongruenz einiger gemeinsamer Interessen von Bundesrepublik und Sowjetunon entwickelt ist. Die deutsche Wiedervereinigung spielt im Jahre 1962 nicht einmal mehr propagandistisch eine Rolle. Chrustschow geht einfach von der Existenz zweier deutscher Staaten aus, als sei diese Auslegung der deutschen Situation bereits weltweit anerkannt, und behandelt die Bundesrepublik dabei höchst respektvoll als souveränen, historisch und völkerrechtlich legitimierten e i n e n Staat, als gäbe es keine andere Hälfte Deutschlands. Das Deutschlandproblem existiert nur noch als Entflechtungsproblem, den Rest bestreitet die Bundesrepublik. Insofern ist es keineswegs nur Propaganda, wenn Bonn behauptet, der Osten wolle mit seiner Berlinlösung und seinem Friedensvertrag die deutsche Spaltung verewigen. Verewigen will der Kreml die geschaffenen Tatsachen und das heißt für ihn: Kein kapitalistisches Gesamtdeutschland, kein militärisch-expansives Gesamtdeutschland, kein Antikommunismus von 70 Millionen. Mit der Zerstörung aller Attribute der deutschen Nation, mit welchen sie die Welt das Fürchten lehrte, ist diese Nation selbst in ihrer Einheit zerstört worden. So ist es heute schwerer, Deutschlands Einheit wiederherzustellen, als gute Beziehungen zur Sowjetunion anzuknüpfen.

Aber auch Bonn geht es nicht mehr um die Einheit der Nation. Sein Anspruch auf die 17 Millionen wird nicht aus historischer Verbundenheit, sondern aus moralischer Überlegenheit abgeleitet. Man kann nicht nach Westen das Nationalstaatsdenken aufweichen und nach Osten zementieren wollen. Legte Adenauer faktisch nie Wert auf eine Wiedervereinigung, so hat er nun auch den Anschein zugunsten einer anderen propagandistischen Konzeption aufgegeben.

*

Bonn hat also auch diesmal wieder Nein gesagt, obwohl der „Gedankenaustausch" — ob verbindlich oder unverblindlich, bleibt offen — fortgesetzt werden soll. Das Nein ist geschickter, plausibler und freimütiger als sonst, verpackt in Bedingungen, denen nicht entsprochen werden kann, bemüht, wenigstens den Schwarzen Peter der anderen Seite zuzuschieben. Zu loben bleibt dem Chronisten nur der gemäßigte Ton, und daß man auf jeden Topf einen Deckel fand — aber was nützt der Deckel, wenn der Topf leer bleibt.

Nr. 3/1962

23

Am 8. Februar 1962 tritt der damalige „Stern"- und „Zeit"-Verleger Gerd Bucerius *aus der CDU aus:*

Buci – der Rebell

GERD BUCERIUS MdB und Mitglied der CDU a. D. war seit je mehr Verleger als Politruk, mehr Kaufmann als Bundestagsabgeordneter. Seinen Austritt aus der Kanzlerpartei vollzog er mit dem öffentlichen Bekenntnis zur Politik der CDU (von Wiederbewaffnung, Dullesanlehnung, Kaltem Krieg bis atomarer Aufrüstung und Notstand), sein einziger Vorwurf war mangelnde Toleranz, also die Beschränkung, die christlich-demokratische Kreise seinen verlegerischen Ambitionen auferlegen wollten. Überflüssig, zu sagen, daß eine Partei, in der der Vorsitzende nicht kritisiert werden darf, nicht den klassischen Vorstellungen von Demokratie entspricht; überflüssig zu betonen, welch erschütterndes Zeugnis tiefer Unaufgeklärtheit es ist, wenn Katholiken und andere Christen des Jahres Neunzehnhundertzweiundsechzig sich beleidigt fühlen, wenn Glaubensinhalte profanisiert beschrieben werden, eine Betrachtungsweise, deren Anfänge schon in der zweiten Hälfte des 14ten Jahrhunderts aufzuspüren sind. Ist vielleicht die mancherorts noch angenommene Finsternis des Mittelalters die Finsternis einer fiktiven bundesrepublikanischen Vorstellungswelt?

Gerd Bucerius hat einen geschäftstüchtigen Eklat gelandet. Wohltuend, wo die Luft im muffigen Bonn einem die Nase verstaubt und den Mund austrocknet. Aber auch gut kalkuliert vom Verleger des STERN und der ZEIT. Warum? Als vor rund einem Jahr der STERN seine sensationelle Enthüllungsstory über Korruption Terror, Armut und Diktatur in dem der Bundesrepublik befreundeten Persien mit Farah Diba als Covergirl und gespenstischen Hunger und Lumpenbildern im Innern brachte, da stieg die Auflage des Stern um so viel Exemplare wie der SPIEGEL überhaupt zu verkaufen hat, da stellte sich heraus, daß selbst der lammsgeduldige Bundesrepublikaner, beim Friseur, im Bett, am verregneten Sonntagnachmittag, mal Lust hat, was „andres" zu lesen, nicht immer nur Nato, Ulbricht und Soraya, auch mal etwas Wahrheit ohne Propaganda, eine Linse voll Realität ohne antikommunistischen Filter.

Was nun der CDU sin Uhl, — war dem Buci sin Nachtigall. Was den Kanzlervasallen gegen den Strich, das geht dem STERN-Verleger in die Börse.

Meckert er ein bißchen, steigen die Auflageziffern, aber er hat Ärger mit der Partei. Kuscht er in Bonn, bleibt er CDU-Außenseiter und -Alibi, hat aber Sorgen um die Konjunktur seiner Meinungsmache und Jahresabschlüsse.

Was hätten **Sie** an Bucerius' Stelle getan? Dasselbe natürlich. Ist er also ein Held? Märtyrer und Opfer der „Bonner Militaristen", „Revanchisten", „Kriegstreiber" und wie sie sonst noch alle heißen? Jawohl, das ist er. Subjektiv ist Bucerius der vernüntig kalkulierende Geschäftsmann, kein Oppositioneller, keiner mit einem Verdienst für's Vaterland. Aber dies eine: Daß die Interessen der Pressefreiheit und Meinungsfreiheit überhaupt kollidieren **können** mit den Interessen von Strauß, Adenauer und derengleichen, das macht den Fall Bucerius zu einem Skandal, wie Optimisten sagen würden, zum Symtom, wie die Realisten wissen.

Nichts Gutes also wüßten wir zu berichten und zu halten von Herrn Bucerius, aber sehr viel Schlechtes haben wir gegen seine Parteifreunde, die an Höllenfeuer glauben und entsprechend Liebhaber von Hexenjagden sind.

Nr. 3/1962

24

Im Frühjahr 1962 wird in der westdeutschen Öffentlichkeit, angeführt von der liberalen Publizistik, eine Kampagne für eine neue Deutschlandpolitik geführt. Ulrike Meinhof schreibt:

Tauwetter

In Deutschland wird wieder diskutiert. Über eine internationale Behörde zur Verwaltung der Verbindungswege zwischen der Bundesrepublik und Westberlin, über die Oder-Neiße-Grenze, über diplomatische Beziehungen zu Polen und einen cordon sanitaire in Europa, über den Bundesverteidigungsminister, über Meinungsfreiheit und über Atomrüstung. Dehler, Kroll, die acht evangelischen Theologen und Laien, der SPIEGEL und nicht zuletzt Dean Rusk, Lord Home und Gromyko haben den Stein ins Rollen, das Wunder einer deutschen Diskussion über deutsche Angelegenheiten zustande gebracht. Waren sie vormals „potentielle Kriegsverbrecher", „fellow-travellers" und nolens volens Kommunisten, die mit Rapackis Plan liebäugelten, Ost-West-Verhandlungen wünschten, gar forderten, an die Friedfertigkeit von Vertriebenenverbänden und ihrer parlamentarischen Repräsentanten nicht glauben mochten, ist indes auch im öffentlichen Bewußtsein Regierungsmeinung wieder geworden, was sie ist; Parteimeinung und nicht Staatsraison, CDU-Mehrheit, nicht gleich Wille von Volk und Nation.

„Tauwetter" verdiente das Klima dieser Wochen genannt zu werden; aufatmen möchte der kritische Zeitgenosse. Aber das Frühjahr zeigt die Schäden des Frostes erst richtig: Da wird gerüttelt an der Unabsetzbarkeit von Bundestagspräsidenten, höchste Diplomaten werden mit Hausarrest und Urlaub abgekanzelt, Minister finden sich verstrickt in Verdächtigungen der Amoral, Korruption und Begünstigung im Amt, während intrigante Skandalblätter weiterhin Weltpolitik kommentieren im Lichtkegel ihrer Stallaternen.

Als Dehler 1958 zu seiner großen, wütenden, ausfallenden Rede im Bundestag ausholte, mußte der Kanzler sich festklammern an seinem Sessel, um nicht zu stürzen, 1962 soll der Redner gemaßregelt werden; 1959 saßen Bundesrepublik und DDR bei der Genfer Außenministerkonferenz gemeinsam am Katzentisch, 1962 wird Kroll, Vergleichbares vorschlagend, gegangen; 1958 stellte sich die deutsche Sozialdemokratie an die Spitze aller Gegner gegen die atomare Aufrüstung, 1962 fordert sie selbst solche Waffen; 1960 erlebte Schröders Notstandsentwurf ein totales Desaster im Bundestag, zwei Jahre später ist keiner der prinzipiellen Einwände der SPD widerlegt, sie aber verhökert ihr Ja zu einem modifizierten Entwurf.

Aber wenn die Leute nicht mehr wollen wie die Regierung, kommt's nur darauf an, wer den längeren Atem hat. Freilich ist's heute schwieriger denn je, die Regierung mores zu lehren — den Dehlers, Weizsäckers, Augsteins, Krolls fehlt jenes Katastropheneinsatzkommando, das bei der Flut die Bundeswehr war — eine vernünftige SPD oder eine andere Oppositionspartei von Format.

Das Eis getaut zu haben, bleibt ihr Verdienst. Daß wieder diskutiert wird über eine konstruktive, zukunftsträchtige, friedfertige, völkerfreundliche Politik, über Rechtsstaatlichkeit und Kriegsverhinderung — das ist Tauwetter.

Wer sagt: Die Zeiten sind ernst, lobt meist die Chancen seiner eigenen politischen Erwartungen. Die Zeiten sind ernst!

Nr. 4/1962

Die Diskussion um die Notstandsgesetze beherrscht 1962 die westdeutsche Innenpolitik. Die erlahmende Kritikbereitschaft der SPD-Führung veranlaßt Ulrike Meinhof, noch einmal auf den drohenden Abbau demokratischer Grundrechte hinzuweisen:

Wider ein GEGEN WEN? deutsches Notstandsgesetz

Der Bundesinnenminister Schröder wurde gefragt, was er unter Innerem Notstand verstehe. Er antwortete: „Dann lesen sie doch einmal die Rede, die der Vorsitzende der IG-Metall vor einigen Tagen gehalten hat; dann wissen sie, was wir darunter verstehen".

ein wahrer Dialog, mitgeteilt von MdB Schäfer am 28. 9. 1960 im deutschen Bundestag und niemals dementiert.

Mit dem Notstandsgesetz wird das Grundgesetz geknackt, wie schlimm oder harmlos, wie christ- oder sozialdemokratisch auch immer. Aber alternativ zum Notstandsgesetz gäbe es nur noch den Staatsstreich, der Regierung, versteht sich, zur Bewältigung des Notstands, wenn er eingetreten ist — wird von sozialdemokratischer Seite erklärt. Diese Behauptung hängt damoklesschwertig über der Diskussion zum Notstandsgesetz, droht ein Ja auch dort zu erpressen, wo Nein gedacht und gefühlt wird.

Die Stimmen im Parteivorstand der SPD, die noch vor zwei Jahren ein Notstandsgesetz für überflüssig hielten, wie der Bundestagsabgeordnete und vormalige Vorsitzende des Ausschusses Kampf dem Atomtod Walter Menzel, sind verstummt, und die Gegner jeglicher Notstandsgesetzgebung innerhalb der SPD, wie der Marburger Professor Wolfgang Abendroth, sind ausgeschlossen.

Das kennzeichnet den Stand der Gespräche: Trotz stärkster Widerstände gegen ein Notstandsgesetz in den Gewerkschaften, man erinnere sich nur der Beschlüsse der IG-Metall in Berlin 1961 und des DGB-Jugendkongresses am gleichen Ort im April dieses Jahres, ist der gesamte Bundestag über die Notwendigkeit eines solchen Gesetzes einig. Schon heute — heißt das — repräsentiert der Bundestag in Mehr- und Minderheit nicht mehr die Meinungen der Öffentlichkeit; der Rechtsruck der SPD seit Godesberg hat die Linke nicht aufgerieben, sie aber aus dem Parlament — zugunsten einer vollkommenen Konformität desselben — verdrängt.

In der Alternative: Staatsstreich oder Notstandsgesetz aber ist die ganze Diskussion über die geplante Grundgesetzänderung in einen Engpaß geraten, an dessem Ende in jedem Fall die Demokratie nach Herrenchiemseer Muster*)eingeklemmt wird und abstirbt. Präziser: Die Verbannung einer dritten Möglichkeit für die Sicherung der Demokratie aus der parlamentarischen Diskussion, der legalen und uneingeschränkt demokratischen, enthält die Prämisse, daß die Fortsetzung der bisherigen deutschen Außen- und Innenpolitik — wie sie von CDU, FDP und SPD betrieben wird — nicht innerhalb der Normen des Grundgesetzes möglich ist; vielmehr ist zwingend eingetreten, was die Gegner der deutschen Atomrüstung schon 1958, als der Bundestag die Ausrüstung der Bundeswehr mit Atomwaffen beschloß, voraussagten: Atomare Aufrüstung und Demokratie sind unvereinbar (wobei „Atomrüstung" materiell und formal für CDU-Politik seit 13 Jahren steht und „Demokratie" materiell und formal das Grundgesetz meint).

Das Grundgesetz, das keine Ausnahmerechte für die Exekutive im Falle eines Notstandes einräumt, das Pressefreiheit, Meinungsfreiheit, Streikrecht und Freiheit der Kunst und Wissenschaft, Versammlungsfreiheit, Vereinigungsfreiheit, Brief-, Post- und Fernmeldegeheimnis, das jene Artikel, die die Rechtsgrundlage westlicher Freiheit gerade in Unterscheidung zu allen totalitären Regimen ausmachen, niemals aufgehoben haben will, hat dennoch für exzeptionelle Situationen Vorsorge getroffen. Das Jahr der Währungsreform und Berliner Blockade, als das Grundgesetz entstand, war durchaus nicht ein Jahr politischer Naivität und Illusionen.

Es hat Vorsorge getroffen für den Kriegsfall (Äußerer Notstand), für Aufstand und Unruhe im Innern (Innerer Notstand) und für den Fall der Funktionsunfähigkeit einer demokratischen Institution (Gesetzgebungs- und Verfassungsnotstand). Artikel 80 GG sieht vor, daß durch Gesetz die Bundesregierung, ein Bundesminister oder die Landesregierungen ermächtigt werden können, Rechtsverordnungen zu erlassen; Artikel 59a (in seiner Formulierung seit Verabschiedung der Wehrgesetze im März 1956) regelt die Feststellung des Verteidigungsfalles; Artikel 65a (gleichfalls im März 1956 beschlossen) bestimmt die Kommandogewalt über die Streitkräfte in Normalzeiten und nach Verkündung des Verteidigungsfalles.

Dem inneren Notstand vorbeugend verbietet das Grundgesetz „Vereinigungen, ... die sich gegen die verfassungsmäßige Ordnung oder gegen den Gedanken der Völkerverständigung richten" (Artikel 9 Absatz 2), es erklärt „Parteien, die nach ihren Zielen, oder nach dem Verhalten ihrer Anhänger darauf ausgehen, die freiheitliche demokratische Grundordnung zu beeinträchtigen oder zu beseitigen oder den Bestand der Bundesrepublik Deutschland zu gefährden" für verfassungswidrig (Artikel 21 Absatz 2), und wer die Freiheiten des Grundgesetzes zum Kampf gegen die freiheitliche, demokratische Grundordnung mißbraucht, verwirkt diese Grundrechte (Artikel 18). Artikel 37 regelt den Bundeszwang gegen ein rebellisches Bundesland und Artikel 91 erlaubt es der Bundesregierung, die Polizeistreitkräfte der Länder ihren Weisungen zu unterstellen.

Schließlich ist an den Gesetzgebungs- und Verfassungsnotstand in den Grundgesetzartikeln 81 und 67 gedacht.

Auf den „Totalen Krieg" freilich ist das Grundgesetz so wenig eingerichtet wie auf die Bekämpfung einer Bevölkerungsmehrheit durch eine Regierungsminderheit, ein Problem, für das Plebiszit, Neuwahlen und Regierungsrücktritt als geeignetere Mittel erscheinen, denn Polizei- und Bundeswehreinsatz. Der reine Verteidigungsfall schließt den Totalen Krieg aus so wie die totale Demokratie die Auf-

---

*) In Herrenchiemsee in Bayern tagte 1948 der Parlamentarische Rat und formulierte das Grundgesetz.

hebung von Meinungsfreiheit, Pressefreiheit und Streikrecht ausschließt. Andernfalls kann das eine nicht länger Verteidigung genannt werden, das andere nicht mehr Demokratie. Nicht zufällig wurde das Grundgesetz antithetisch zu Krieg und Terror vorangegangener 12 Jahre entworfen, nicht zufällig schützt es Pazifismus und persönliche Freiheit, nicht zufällig bedurfte es zur deutschen Remilitarisierung einer Grundgesetzänderung ebenso wie jetzt zur Einschränkung irgendeiner Freiheit, für welchen Sonderfall auch immer.

Gegen welche Mehrheit aber braucht die Regierung der Bundesrepublik Sondervollmachten und welche Minderheit andererseits verfügt in der Bundesrepublik über so viel Machtmittel, um Staat und Demokratie in ihrem Bestand zu gefährden?

Wir haben politische Streiks in den letzten fünf Jahren erlebt, bei Henschel in Kassel und in der eisenschaffenden Industrie in Braunschweig. Damals wurde sogar nach dem Generalstreik gerufen. Das war 1958, als Karlsruhe eine Volksabstimmung verbot, als über 80 % der bundesdeutschen Bevölkerung nein sagten zum Beschluß des Bundestages, die Bundeswehr mit Atomwaffen auszurüsten, als Schröder — heute Außen- damals Innenminister — vor der Polizeigewerkschaft in Stuttgart erstmalig Notstandsvollmachten für die Regierung forderte. Gegen wen? Gegen die 80 Prozent oder gegen die 20 Prozent, die eine Mehrheit im Bundestag hatten?

Vom Kapp-Putsch bis zum Jahr 1958 haben die Gewerkschaften immer und nie woanders als auf seiten der Republik gestanden, immer auf seiten der Freiheit, gegen Autorität und Totalitarismus. Ungeklärt ist sogar, was ein Generalstreik im Jahr 1933 vermocht hätte, als nichts mehr zu verlieren war und alles zu gewinnen.

Ohnmächtig ist eine demokratische Regierung gegen Aufrührer und Putschisten also nur dann, wenn diese einerseits minderheitlich und andererseits bewaffnet auftreten. Bewaffnete Minderheiten sind in der Bundesrepublik aber nur Polizei und Armee, sieht man von den Luftbüchsen einiger Schützenvereine ab und den Doppelläufen der Forstwirtschaft. Sollte dem Höcherl seine Polizei und dem Strauß seine Bundeswehr schon heute so entwachsen sein, daß sie Sondervollmachten gegen diese bedürfen? Ist ihnen die Generalsdenkschrift von 1959 — als einige Bundeswehrchefs glaubten, den gewählten Organen des Volkes politische Vorschriften machen zu müssen — so in die Knochen gefahren?

Auch alle nachträglichen Rechtfertigungsversuche des berühmt berüchtigten Artikel 48 der Weimarer Reichsverfassung, auf den jedermann hinweist, der für und der gegen ein Notstandsgesetz Argumente hat, übersehen meist, daß dieser Artikel versagt hat, in dem, wozu er geschaffen wurde. Nicht den Nationalsozialismus mit ermöglicht zu haben, war sein eigentlicher Schade, das lag nicht zuletzt an seiner unklaren Formulierung, daraus könnte heute vielleicht (vielleicht!) gelernt werden, sondern ihn nicht verhindert zu haben. Als mißbräuchlich erwies er sich, aber überhaupt nicht als nützlich.

Will man also aus Weimar und seiner Ablösung durch den Faschismus lernen, so bedarf es anderer Mittel zum Schutz der eigenen Demokratie als jener, die versagten. Begriffen sollte werden, daß Weimar schließlich am wenigsten wegen der Unzulänglichkeiten seiner Verfassung zugrunde ging und am meisten wegen seiner mangelhaften demokratischen Praxis. Unheilvoll war das Erbe des Kaiserreichs mit seinem alten Beamtenstab und Beamtenrecht, mit seiner Reichswehr und seinen soldatischen Traditionen, unheilvoll war der unbewältigte erste Weltkrieg. Geputscht wurde von rechts, nicht von links, gestreikt f ü r die Demokratie nicht gegen sie.

Und Bonn? Das in Sachen Demokratie empfindlichere westliche Ausland sieht in Strauß die Gefahr, im autoritär-patriarchalischen Bundeskanzler, in Gerhard Schröder, dem im Gottesgnadentum befangenen (wie der SPD-Abgeordnete Schäfer ihm vorwarf). Fernsehstreit, Antisemitismus, alte Nazis, und abendländische Akademie sind nicht links angesiedelt, sondern rechts. Die Linke geht auf den Ostermarsch, ist antimilitaristisch, fingert Nazi-Richter aus braunem Dreck, fährt nach Dachau und Mauthausen, gedenkt des Jahrestages des Ermächtigungsgesetzes, ehrt die Geschwister Scholl, kämpft gegen Rüstung und Notstandsgesetz, kurz: verhält sich noch heute so republikanisch wie 1848, als sie den Rechtsstaat erkämpfte, den es heute noch gibt.

Aber den Beamtenstab hat die Bundesrepublik — nolens volens — vom Faschismus übernommen, die Bundeswehr Offizieren unterstellt, die nach Alter und Reife notwendigerweise unter Hitler marschiert sind, die Lehrerschaft behalten, die schon mit deutschem Gruß den Unterricht eröffnet hatte. Sie hat auch im Interesse ihres Wohlstandes jene Industriekonzerne wieder groß werden lassen, die schlechteres schon als Christ-Demokraten unterstützt, sprich finanziert, hatten.

Nicht die Nase des Kanzlers und seiner Adepten mißfällt uns, sondern die Traditionen im Staat, die stark sind und die mit Ausnahmeartikeln schon zu viel Schindluder getrieben haben in Deutschland, zu viel ermöglicht anstatt verhindert.

Hie Restauration, dort konformisiertes Parlament — allzuschnell heißt da Schutz der Demokratie: Schutz des einen, alleinseligmachenden politischen Weges, Schutz vor alternativen Konzeptionen, unbotmäßigen Gewerkschaftlern, unerwünschten Demonstranten, unbequemen Geistern.

Nr. 5/1962

Mitte 1962 kommt es zu Spannungen zwischen den USA und der BRD. Adenauer kritisiert Kennedys Ansätze einer Entspannungspolitik:

Kinder

CDU-Fraktion übt harte Kritik am Kanzler — Adenauers Zeit ist vorbei — Kennedy beherrscht seine Ungeduld — Moskau wartet auf die reifen Früchte — Was will der Kanzler — Wie geht es nun weiter? — so hilflos und noch ausführlicher reagierte die deutsche und ausländische Presse in den letzten Wochen auf die zahllosen Entgleisungen, Taktlosigkeiten, Indiskretionen, Querschüsse und Alleingänge des amtierenden deutschen Bundeskanzlers Konrad Adenauer.

Wenn gerade ein Spektakel überstanden war, begann das neue. Kennedy ist just beruhigt, da nimmt der Alte die VW-Radios aufs Korn, und seit auch das geklärt ist, zittern Öffentlichkeit und Auswärtiges Amt um die deutschen Vorschläge zum US—Sowjetischen Berlingespräch, ängstigen sich, welcher Fettnapf wohl noch ungesichert stünde, daß der Alte nicht hineintappen möchte.

Der Mann, der seine Partei auf die Höhe absoluter Parlamentsmehrheiten führte, der ruhm- und blumenüberschüttet von seinen Amerikareisen heimkehrte, in dessen Köllsch die deutsche Stimme wieder Ansehen fand in der Welt, zumindest der westlichen, der als Vorkämpfer Europas, als Abendländer erster Klasse und zweiter Eiserner Kanzler in die Geschichte eingegangen war, ist zum Alpdruck geworden, inkarnierte persona non grata im In- und Ausland.

Dreizehn Jahre lang hat man den alten Mann gepäppelt, hat ihm gedient und gehuldigt, was immer er tat, es war gut, was er sagte, galt, selbst seine Gegner fanden ihn groß, seine Verächter beachtlich.

Haben sie seinem Remilitarisierungsprogramm nicht nachträglich — alle Tücke, Hinterlist und Anmaßung beflissen verhüllend — zugestimmt? Bedeutete nicht ein großgeschriebenes ER im Volksmund Konrad Adenauer? Mahnte man uns nicht, wenigstens das Alter zu ehren? Hat er nicht die Würde des Präsidentenstuhls mit seinen Intrigen und Launen, seiner schrecklichen Willkür, verletzt und beleidigt? Hat er nicht vor weniger als Jahresfrist noch Atomwaffen

eigens und speziell für die Bundeswehr gefordert?

Er war ein Parteidiktator bis an den Rand des Ruins. Nur Heinemann, Nellen und Bucerius vermochten ihre Gesichter, um den Preis ihrer Posten, zu retten, der Rest blieb im Amt. Lemmer ließ sich öffentlich blamieren. Ehrhard wird nur noch als Gummilöwe apostrophiert, aus Gerstenmaier kommt seit Jahren nichts Eigenes mehr, und die Brandt, Wehner und Mende haben noch zugezahlt, ihr gerüttelt Maß an Ja-sagen und Umfallen nachgeholt, nur um des Mitmachens willen.

Aber selbst der Kanzler ist kaum mehr, als man aus ihm gemacht hat, hätte nie über den Schatten der Parlamentsmehrheit, seiner Partei und Minister springen können, wären diese nicht stets zur Seite getreten. Nun, da man ihn plötzlich kontrollieren und lenken will, wundert man sich, daß er noch ganz der Alte ist. Der Alte, mit seiner hartnäckigen, konservativen, unbelehrbaren Erklärung: Lieber nicht verhandeln — nichts anerkennen — nichts ändern — und um Gottes willen, es wird sich doch wohl keiner verständigen.

Daß solche Reden unerwünscht sind in urbi et orbi, unvernünftig, wo der Fortbestand der Menschheit diskutiert wird, daß sie Unbehagen auslösen von San Franzisko bis Warschau, und den Umgangsformen nicht zwischen Gegnern, erst recht nicht Freunden um die Mitte des zwanzigsten Jahrhunderts angemessen sind — nicht einmal in dieser Erkenntnis sind sie originell, die früher von ihrer Zufriedenheit mit dem Kanzler lebten und heute von ihrer Unzufriedenheit. Nicht ihrer F u n k t i o n , ihrem W e s e n nach stets Geführte, Führungsbedürftige, folgten sie der Meinung des amerikanischen Präsidenten, des stärkeren, in diesem und anderen Fällen, dem es nach einjähriger Administration gelungen ist, dem eigenen Primat wieder Geltung zu verschaffen.

Dies ist das erste: Nicht ER hat sich geändert, auch nicht CDU und Koalition, sondern der junge transatlantische Präsident fordert Anpassung und hat tra-

und Kanzler

ditionelles Mitspracherecht gekündigt, wo es konstant gegen den Strich der Geschichte lief.

Nicht weil der Kanzler ein f a l s c h e s Bild der Bonner Vorstellungen entwarf, reagierten seine Kollegen empfindlich, verletzt, ja schockiert, sondern weil das, was er sagte, nicht nachhaltiger kompromittierbar, nicht gründlicher desavouierbar war und ist, als durch öffentliche Deklamation zu diesem Zeitpunkt.

Denn prinzipiell ist von Schröder für die deutsche Außenpolitik nichts Gegenteiliges, Anderslautendes bekanntgeworden, eine kernwaffenfreie Zone hat man ihn noch nicht propagieren hören, keine Regelung für Berlin loben, keinen Plan gegen die Mauer entwerfen, keine Verhandlungen mit Pankow über die Elbgrenze vorschlagen, nur sein Ja in Athen, seine Beugung unter Unabwendbares, diese Devotion ohne Rückgrat nahm man zur Kenntnis.

Dennoch war des Alten Fehler mehr als ein taktischer: Wohl ahnend, daß es mit ihm zu Ende geht, benahm er sich, als habe er erreicht, was sein Ziel war: Die westdeutsche Hegemonie in einem geeinten Europa, eine relativ selbständige Militärmacht, ein ökonomisch, militärisch, diplomatisch und politisch souveränes Westdeutschland. Wäre er der Chef eines solchen Landes, wäre das deutsch-amerikanische Abhängigkeitsverhältnis von deutsch-amerikanischer Partnerschaft schon abgelöst, die Bundeswehr auf 500 000-Mann-Stärke, die französisch-deutsche Atom-Ko-Produktion zwei Jahre weiter, die EWG mit assoziierten und vollen Mitgliedern bereits komplett, der Bundesgrenzschutz von 13 auf 20 000 Mann erhöht, die Union Europas hergestellt, kurz: Die machtpolitische Konsolidierung der Bundesrepublik abgeschlossen, dann hätte niemand diesen Regierungschef so abblitzen lassen können, wie Kennedy es mit dem Kanzler tat, dann brauchten auch die Ehrhard, Zehrer, Brandt und Mende nicht so aufgescheucht zu reagieren Kinder und Kanzler sagen die Wahrheit. Er hat ihnen verdammt aus der Seele gesprochen.

Schließlich: Seit der Mauer haben deutsche Atomwaffen nur noch wenig Chance. Seit der Mauer sind die politischen Umgangsformen zwischen Kreml und Weißem Haus weicher, konzilianter, verbindlicher geworden; die Politik, die mit dem Namen Adenauer verbunden ist, ist seit der Mauer aussichtsloser, sinnloser geworden, als sie es vorher war. Der Prestigegewinn alles Zivilen ging auf Kosten des Militärischen schlechthin. Das alles wurde verzweifelt sichtbar, in ganz Bonn, bis in die letzte Amtsstube, jetzt, als der Kanzler mit seinen Ressentiments rausplatzte; und wie einst der Bote bestraft wurde, der die böse Nachricht brachte, so halten die treulosen Christdemokraten den Kanzler, der vieles erhellte, für den eigentlich Schuldigen, seine letzthinnigen Reden für die Ursache des Mißerfolgs seiner dreizehnjährigen Politik, für die er noch im Koalitionspapier freie Hand bekam und deren Prototypen einer, der Minister des Auswärtigen — Schröder — heißt.

Die heute gegen den Kanzler schießen, sind also doch nicht gegen ihn, die für den New Look der amerikanischen Außenpolitik eintreten, meinen es anders, als sie es sagen. Zwei Arten von Gegnern des Kanzlers gibt es nach wie vor: Jene, die die Richtung für falsch halten, das sind der amerikanische Präsident und alles, was vernünftig und realpolitisch denkt in Deutschland, und jene, denen nur die Methoden seiner Propaganda nicht passen, weil sie ihre Intentionen kompromittieren.

Deutschland aber braucht mehr als nur einen zurücktretenden Kanzler. Deutschland braucht andere in Bonn, als die Subalternen einer schlechten Politik, die auch noch ihrem Meister in den Rücken fallen, wenn er ein bißchen unpopulär geworden ist. Wobei Liebe noch nicht die Alternative ist zu Gerissenheit, schlaubergerisch drappierte Torheit will nicht durch Emotion ersetzt werden, sondern durch Vernunft, Realismus und Intelligenz. Die Alternative zu Adenauer heißt nicht Schröder, Ehrhard, Gerstenmaier oder Krone, die Alternative kann nur heißen: Vermitteln statt verreißen, Gespräche begünstigen statt verhindern, good will machen und nicht schlechten, und schließlich: Abrüsten und nicht immer nur davon reden. Welcher Name immer für eine solche Politik aus Bonn verantwortlich zeichnen wird, er fände unsre Zustimmung ungeteilt.

Nr. 6/1962

Das innenpolitische Klima Westberlins hat sich seit dem
Bau der Mauer verschärft. Doch gerade aus dieser Situation
prophezeit Ulrike Meinhof schon 1962:

Eine neue Linke

Man kann für Berlin sein, soweit es **ein** politischer Begriff ist, soweit es eine Stadt ist, insoweit dort ein sympathischer Deutschentyp wohnt, insoweit diese Stadt ein herrliches Klima, breite Straßen, Leute mit großer Fresse, preußischen Barock und viele gute Erinnerungen beherbergt. Eins kann man nicht: Die politische Atmosphäre dieser Stadt lieben. Zwischen dem schäbigen Osten, dem glänzenden Westen zieht sich die Mauer hin, und dazu im Osten Phrasen und im Westen eine fürchterliche Gereiztheit in politicis.

Druck aber erzeugt Gegendruck. Der Druck des Ostens erzeugte den Gegendruck des Westens, und seitdem in Westberlin offiziell und öffentlich so viel dummes Zeug geredet wird, Willy Brandt überhaupt nur noch heiser ist, alle Linken zur Rechten überliefen, um im gemeinsamen Topf zu kochen und zu brodeln, es überhaupt nur noch eine Wut, einen Haß, ein Lamento gibt, seitdem tut sich nun doch hier und da was auf, hat die Ausschaltung, Verketzerung, Verteufelung alles Linken nun doch wieder eine Art Linke gezeugt.

Eine „Neue Linke", wie sie sich selbst nennt, um ihr Auftreten doppelt zu signalisieren.

Sozialistischer Deutscher Studentenbund, Sozialistische Jugend Die Falken, Gewerkschaftler, Sozialdemokraten haben sich einzeln, in Grüppchen, nicht geschlossen, nie als Ganzes in einem nur per Gesinnung zusammengehaltenen Verband zusammengefunden, locker also, ohne organisatorisches Band, in Kenntnis wohl der sterilisierenden Wirkung aller Institutionalisierung und Vereinsmeierei.

„Die Neue Linke soll die Kraft werden, die das Anliegen der sozialistischen Bewegung unter den veränderten Verhältnissen der gegenwärtigen Gesellschaft vertritt", heißt es im Ersten-Mai-Flugblatt dieser Gruppe, wo zu einer „Sozialistischen Maikundgebung" mit Erich Kuby und Fritz Lamm (Betriebsratsvorsitzendem der Stuttgarter Zeitung, alter Linker), aufgerufen wurde.

Charakteristika: Man ist voreingenommen für die Interessen und Ziele der Arbeiterschaft, gegen die Politik und Interessen der großen Industrie. Man beginnt mit dem Vorurteil — im Realsinn dieses Wortes —, daß was den Arbeitern nützt, der Mehrheit nützt und Zukunft hat. Man ist traditionsbewußt; Vorbild jedoch kann nur werden, wer der Frage standhält: Warst du zu deiner Zeit für die Interessen der Mehrheit? Gegen Bismarcks Sozialistengesetz, gegen die Kriegskredite von 1914, gegen den Kapp-Putsch, für die Räte 1918, für den Rechtsstaat contra SA und Reichswehr, pro gewerkschaftliche Mitbestimmung heute, pro Wirtschaftsdemokratie, pro Streikrecht, für politische Freiheit, gegen Wehrpflicht und Atomausrüstung?

Daß der erste Mai, der Kampftag der Arbeiter, in Berlin mit politischen Parolen ausstaffiert wurde, die den Rüstungsaktien mehr Auftrieb gaben als den Lohnforderungen der Bergarbeiter an der Saar, daß Abs und Pferdmenges damit zufrieden sein konnten, Flick auch und die AEG, nicht aber die Bauarbeiter, nicht die ÖTV, nicht all jene, die Lohnausgleich wegen Preissteigerung fordern, sondern denen, die Betriebsbelastungen auf den Markt der kleinen Leute abwälzen, dieser Perversion des ersten Mai stellte sich die Neue Linke in Berlin mit einer eigenen Kundgebung entgegen. Gegen Atomwaffen und für Verhandlungen, wider die Ideologien von „Sozialpartnerschaft", „Volksgemeinschaft" und dem „einen Boot", in dem alle säßen, und für eine politische Amnestie in Ost und West.

Bleibt die Frage, ob jene, die von der Neuen Linken gemeint sind, dies auch begreifen werden, ob man so begabte Propagandisten seiner Sache hat wie gescheite Theoretiker. Wie viel gute Gedanken und realistische Gesinnung sind in Deutschland schon verkommen, weil man sie nicht verbreiten konnte. Und das hat wirklich nicht immer nur an den Gedanken und Gesinnungen selber gelegen.

Nr. 6/1962

Die gequälten Feierstunden zum 17. Juni fielen 1962 auf den Höhepunkt der Fußball-Weltmeisterschaften. Ulrike Meinhof nimmt das zum Anlaß einer Polemik gegen die Bonner Deutschlandpolitik:

Deutschland, Deine Verächter

Aus informierten Bonner Kreisen waren Fußballtips im Juni leichter zu bekommen, als politische Meinungen über Deutschland. Europa, Entwicklungshilfe, der deutsche Verteidigungsbeitrag im Rahmen der NATO, die bundesrepublikanisch - amerikanische Freundschaft waren Parteitags- und Gesprächsgegenstand — die Sache der Deutschen? — nicht.

Selbst am 17. Juni, als die Kenner auf Brasilien und die Schöngeister auf die Tschechen setzten, wurde in Bonn, Berlin, Singen oder Hamburg nicht von Deutschland gesprochen.

Auf „Freiheit" reagiert die Mauer nicht. Die Grenze an der Elbe, die Oder-Neiße-Grenze, Warschauer Pakt und Atlantik-Bündnis, gegenseitige Angst vor Blitzkrieg, Agenten und Unterwanderung aber sind nicht zu beseitigen durch Feierstunden, auch nicht durch Massenkonsum von schwarz-rot-goldenen Anstecknadeln. Mauern und Grenzen sind keine Mätzchen, sind nicht durch öde Konvention und Kinderspielzeug zu beschwören.

Feuerschutz und Schießbefehle hingegen gibt man im Krieg. Im Frieden schlägt man mit der Faust auf den Tisch, an dem man sich zusammengesetzt hat.

Schießenderweise verändert man nicht die Welt, man zerstört sie. Verhandelnderweise bringt man sie weiter, verhindert Zerstörung.

Weil sich Bonn und alle Parteien mit schönen Reden, Schießbefehlen und Demonstrationen um Tisch und Verhandlung herumdrücken, weil es darüberhinaus keinen Vorschlag, keine Idee, keine Absicht gibt, Mauern und Grenzen friedlich im Sinne der Anlieger zu überwinden, weil Veränderung nötig ist in Deutschland, nicht die Erhaltung des status quo, deshalb ist die Bonner Sache nicht die Sache der Deutschen. Im Gegenteil.

Was man ändern will, verdient den Namen nicht. Die Mauer soll weg, der alte Zustand wieder her — aber als wir ihn hatten, vor jenem dreizehnten, konnten wir ihn nicht halten, wußten nichts damit anzufangen. — Die Grenzen sollen weg, aber als Deutschland von der Maas bis an die Memel, ja von Paris bis zur Dobrudscha am Schwarzen Meer reichte, wußten wir nichts damit anzufangen, nichts Gutes zumindest. — Und als es noch keine DDR gab und keine Volksarmee, und

als russische Soldaten noch nicht in Deutschland standen, es noch keinen kommunistischen Ostblock, kein Ungarn und keinen 17. Juni gab, da wurden in Deutschland Kommunisten auch schon eingesperrt und waren auch schon Sündenbock und Prügelknabe deutscher Herrschaften.

Neu, nie dagewesen, Veränderung nach vorn wäre Abrüstung. Nie dagewesen wäre eine dauerhafte, aktive Ostpolitik. Nie dagewesen wäre Deutschland als Friedensstifter. Von derlei war auf keinem Parteitag die Rede, nicht mal am Einheitstag. Das Deutschlandproblem stand nicht auf der Tagesordnung.

Dies: Daß Deutschland nicht mehr Gegenstand des politischen Handelns seiner eigenen Regierung ist, daß kein Volksvertreter mehr von Verhandeln und Abrüstung spricht, keiner aber auch einen anderen Weg sieht zur Lösung der menschlichen und politischen Probleme hierzulande, dies macht Strauß stark, die Bundesrepublik suspekt, die Demokratie zur Farce. Tatsachen, Realitäten und Wahrheiten aber verlieren nicht an Bedeutung dadurch, daß sie inoffiziell werden.   Nr. 7/1962

Verteidigungsminister Franz Josef Strauß *nutzt die Berlin-Krise, um seine Rüstungspolitik zu verschärfen. Während der "Spiegel"-Herausgeber Rudolf Augstein seine Strauß-Kritik an moralischen Verfehlungen des Ministers aufhängt, geht es Ulrike Meinhof um die politische Position eines Mannes, der die BRD "auf den Weg zum Militärstaat" bringt:*

Franz Josef Strauß –

Im Schatten der sich zuspitzenden Berlinkrise wird am Rhein weiter gerüstet. Berlin beherrscht die Schlagzeilen, Strauß die Politik. Geht in Berlin das Prestige des Kalten Krieges verloren, am Rhein wird Deutschlands schlimmste Vergangenheit von Tirpitz bis Hindenburg samt den Folgen rehabilitiert.

Die Figur des Verteidigungsministers erscheint dabei skandalös im Zeichen der Fibagaffäre, unerträglich durch seinen persönlichen Stil für die deutsche Demokratie, blamabel in seiner Kraftmeierei gegenüber dem Ausland, peinlich im Kreis seiner Duzfreunde und Protekten.

Politisch allerdings spielt dies bißchen Ehrverlust, dieser mißverstandene Hofbräustil die geringste Rolle. Die Summe seiner persönlichen Geschmacklosigkeiten wiegt nichts gegenüber dem, wofür sein Name steht, als zufällige Chiffre nur, aber für etwas, das die gesamte Regierung und die ihr nahe stehen, zu verantworten und alle Bürger zu tragen haben, was sich in der Welt — zweimal barbarisch und unfähig — als deutscher Militarismus eingeführt hat. Als Repräsentant des Ganzen, verdankt der Minister nur wenig sich selbst, dennoch übergenug.

Den gigantischen Verteidigungshaushalt z. B. verdankt er der beschließenden Bundestagsmehrheit; die zweitgrößte Armee in der westlichen Welt den Beschlüssen der Natoführung; die Aufhebung von Rüstungsbeschränkungen der Westeuropäischen Union; die riesige Rüstungskapazität der deutschen Wirtschaft den Rohstoffreserven des Ruhrgebiets und der Aufbauhilfe des Marshall-Plans; das funktionsfähige Offizierkorps der Bundeswehr ebenso wie die Möglichkeit, zahllose Bundeswehrführungskräfte für leitende Natopositionen freizustellen, dem Schliff der deutschen Wehrmacht, der auf Adolf Hitler vereidigten; die Schlüsselrolle in der Nato verdankt er nicht zuletzt der geographischen Lage Westdeutschlands. Daß der Widerstand der Bundesrepublikaner gegen eine Remilitarisierung trotz Stalingrad, Dresden und 1945 gebrochen werden konnte, wird obrigkeitstreuer Erziehung unter Kaiser und Hitler zu danken sein im

Bündnis mit der Kontinuität staatsoffizieller Weltanschauung im Freund-Feind-Denken des Antikommunismus; schließlich auch der sozialdemokratischen Anbiederung in Sachen Wiederaufrüstung, Wehrpflicht, Nato, Atomwaffen, gegen den Wähler- und Mitgliederwillen, diesem Vertrauen und Rückgrat brechend. Ohne die Vorarbeit von Kaiserreich und Nationalsozialismus, einschließlich der Experimente von erstem und zweitem Weltkrieg und der Ausrottung jener deutschen Linken, die auch heute noch antifaschistisch wäre, ohne die faktische Anknüpfung an diese Traditionen der Rechten, könnte Strauß kein Scheibenschießen üben lassen, geschweige denn: Atomkrieg.

Für den "Verteidigungsminister" ist die Klaviatur des modernen Industriestaates westlicher Prägung. sind Begriffe wie staatliche Souveränität und Demokratie, Außen- und Innenpolitik, Konjunktur und Arbeitsmarkt nur in den Bezügen von Krieg, Militär und Waffengewalt analysier- und vorstellbar. Nichts gibt es in seinen Reden und Programmen, das diesen Koordinaten nicht zugeordnet wäre.

Das Problem der staatlichen Souveränität für die kolonialen Länder wie für die Staaten Westeuropas angesichts der abendländischen Zusammenschlußbestrebungen definierte er in seinem berühmten Vortrag in der Georgetown-Universität mit den Worten des Oxford-Professors Max Beloff: "Im Grunde besteht die Souveränität nach außen im Recht und in der Fähigkeit, Krieg zu führen." (DIE WELT 28. 11. 61)

Über den politischen Wert der Atombombe sagte er: "Atomwaffen seien politische Waffen, mit denen man die Angst vor der Bombardierung der Bevölkerung steigern könnte, sie seien also ein politisches Druckmittel . . ." (FAZ 3. 7. 62).

Daß politischer Druck auch offene Erpressung sein kann, demonstriert er selbst, wenn er sagt: " . . . den Frieden zu bewahren und zu stabilisieren schließt aber ein, daß nicht von sowjetischer Seite im Zusammenhang mit Berlin Maßnahmen ergriffen werden, die unübersehbare Konsequenzen auslösen könnten.

Ein Deutscher Minister

Wir haben eine rein defensive Militärpolitik." (Bulletin 4. 8. 62) — Wo aber auf eventuelle politische Maßnahmen — welche auch immer — mit militärischer Gewalt gedroht wird, schlägt der defensive Charakter einer Militärpolitik in die Offensive um, ist der Drohende von der Aggression nur noch durch das Rollfeld getrennt.

Die innere Stabilität der Bundesrepublik ist ihm nicht Selbstzweck, sondern Funktion für den sinnvollen Aufbau der Bundeswehr. So lehnt er eine 750 000-Mann-Armee ab, weil der wirtschaftliche Aufwand ihres Aufbaus die „Innere Festigkeit" der Bundesrepublik gefährden würde „und ohne innere Stabilität hat auch eine noch so gut gerüstete Bundeswehr keinen Sinn" (Hamburger Abendblatt 11. 8. 62).

Mit der Stärke der Armee, der Höhe des Haushalts, der Militanz des Denkens, der Offenheit der Gewaltandrohung korrespondieren die politischen Ziele des Ministers.

Strauß fordert Atomwaffen für den Bereich seiner eigenen Befehlsgewalt, er will Raketenabschußrampen an der Elbe eingraben, amerikanische Polaris-U-Boote in den europäischen Küstengewässern genügen ihm nicht, aus angeblich strategischen Gründen. Was ihm die USA verweigern, sollen Frankreich und England ermöglichen. Deshalb spricht der Freiherr von Guttenberg von einer Atom-EVG, schreibt Adelbert Weinstein für ein zweites atomares Abschreckungszentrum in Europa, fordern Regierung und synchronisierte Presse die beschleunigte Konstituierung einer Politischen Union Europa.

Der Ausschluß aus dem Klub atomar bewaffneter Länder wäre gleichbedeutend mit dem Ausschluß der Bundesrepublik aus den Führungspositionen der westlichen Politik. Solange die Auseinandersetzung mit dem Osten sich auf dem Gebiet des Wettrüstens abspielt, solange ist militärische Stärke eine Bedingung für politischen Einfluß in der eigenen Hemisphäre. Ohne Atombombe vermöchte kein Druck auf die westlichen Partner ausgeübt zu werden, weder zugunsten von Berlin, noch zugunsten von Vertriebenenverbän-den für Oder und Neiße. Die Durchsetzung bundesdeutscher Interessen wäre auf die Mittel der Vernunft und Diplomatie angewiesen, selbst einem nuklearen Disengagement stünde weniger im Wege. Dagegen: Solange Bonn für die Nato ein zentraler Partner ist, solange Mittelstreckenraketen in Niedersachsen und Hessen in der Erde stecken, solange ein Schußwechsel bei Helmstedt den großen Krieg auslösen kann, solange wird Dean Rusk den deutschen Außenminister konsultieren müssen, eh er mit Gromyko spricht, solange wird Macmillan zwischen Labouropposition und den Vorstellungen des Alten in der Rheinmetropole lavieren müssen.

Also drängt Strauß zur Bombe. Also sucht er die europäische Einigung. Also unterstützt er de Gaulles Projekte. Also scheute er nicht einmal den großen Krach mit den USA, als der Kennedyberater und neue Vorsitzende des Rats der amerikanischen Stabchefs, General Maxwell Taylor, strategische Umdispositionen der USA bekanntgab, die auf die endgültige Zentralisierung atomarer Verfügungsgewalt in den Händen der Amerikaner hinauslaufen.

Nimmt es unter diesen Umständen wunder, daß die deutsche Generalität — eine neue Führung, rekrutiert aus alten Beständen — unter Verletzung der Spielregeln, auf die sie vereidigt ist, wieder einmal in Deutschland Druck auszuüben wagt, Druck auf den Gang der politischen Geschäfte? Daß sie Denkschriften verfaßt und Vertrauensbekundungen veröffentlicht, nach denen sie nicht gefragt ist, zu denen sie nicht berechtigt ist, mit denen sie das Volk beleidigt, das seine Regierung der Kontrolle des Parlaments unterworfen hat und eben gerade nicht einer schwer belasteten, sich aufblasenden Generalität?

Die Bundesrepublik ist auf dem Weg zum Militärstaat. Militante Politiker und politische Militärs sind im Begriff so viele reale Macht an sich zu ziehen, daß eine Ablösung und Redemokratisierung unmöglich scheint. Ihr wichtigstes Instrument ist die Bombe, die atomare, die schreckliche. Ohne Bombe werden sie brotlos, sinnlos, lächerlich. Macht sie lächerlich!   Nr. 9/1962

*In der Diskussion um die atomare Bewaffnung der Bundes-
republik ruft Ulrike Meinhof den Geist des Grundgesetzes
in Erinnerung:*

Die Würde

Das Grundgesetz ist das einzige Programm der bundesrepublikanischen Demokratie, das nicht vom Diktat einzelner Interessengruppen bestimmt ist, noch von perfektionistischen Weltanschauungssystemen sich herleitet. Seiner Entstehung und seinem Inhalt nach ist es vielmehr ein Stück Zeitgeschichte, präziser: Nachkriegsgeschichte.

Über dem Parlamentarischen Rat, der in Herrenchiemsee tagte und viele vereinigte, darunter die besten, die in den drei Westzonen nach 12 Jahren Nazismus noch aufzutreiben waren, lag der Anspruch, völkerrechtlich, ethisch, moralisch, historisch, staatsrechtlich und menschlich die Basis einer durch keine Barbarei zerstörbaren Welt zu entwerfen. Der Anspruch mag schon damals angesichts des Gegenstandes und seiner Möglichkeiten zu hoch gewesen sein; aber er war pathetisch, er wurde in breitester Front ernst genommen und schien zumindest angesichts der schmalen, vom Hunger gezeichneten Gesichter der Parlamentarier glaubwürdig. Und mehr als Äußerlichkeiten vermochte damals kaum einer wahrzunehmen, auch nicht zu durchschauen.

Aus zwei Haupterkenntnissen sollten die Konsequenzen gezogen werden:

1. Demokratie ist die einzige Menschenwürde sichernde Form staatlichen Zusammenlebens — Diktatur ist Barbarei, Unmenschlichkeit, Terror, Rückschritt.

2. Krieg ist im 20. Jahrhundert nicht mehr möglich. Die Verluste sind durch keinen Kriegsgewinn und keine Beute aufzuwiegen, die materiellen nicht, sowieso nicht die menschlichen.

Gemäß diesen zwei Erfahrungen wurde mit dem Grundgesetz der Rechtsstaat geschaffen, und zwar so wohldefiniert und total, so durchdacht und vielfältig gewährleistet, wie es ihn vorher in Deutschland nicht gab, und Wehrpflicht und Remilitarisierung waren von vornherein verfassungsmäßig, das schien: katexochen aus der projektierten Existenz der Bundesrepublik ausgeschlossen. Das Grundgesetz war in seiner ursprünglichen Fassung total freiheitlich und total antimilitärisch. Für eine Remilitarisierung war schlechterdings kein Platz, und Grundrechte und Freiheitsrechte galten — außer für Kriminelle — im Bundesrahmen uneingeschränkt, d. h. dem Plan nach für alle Zeiten, für alle Menschen, für alle Situationen, für die fetten und für die mageren Jahre.

Diese Grundpfeiler der Verfassung waren nicht nur eine Rechtskonstruktion, sondern zugleich ein politisches Programm. Dem innenpolitischen Gegner und dem außenpolitischen Kontrahenten sollte grundsätzlich, das hieß jetzt: grundgesetzlich — gewaltlos einerseits und mit vollem Rechtsschutz andererseits begegnet werden. Was Recht sei in Deutschland sollte nie mehr durch die Manipulationen von Machtkämpfen entschieden werden. Friedenspolitik im Sinne von Nicht-Rüsten sollte nie mehr Sache parteipolitischer Willkür bzw. mehrheitlicher Entscheidungsbefugnis sein.

Als dann 1956 das Grundgesetz mit Zwei-Drittel-Mehrheit im Bundestag durch die sogenannten Wehrartikel geändert wurde, holte man nur programmatisch nach, was politisch schon vollzogen war. Der Kanzler hatte den westlichen Alliierten schon 1949 einen deutschen Verteidigungsbeitrag angeboten, weshalb Gustav Heinemann 1950 das Kabinett Adenauer verließ, hatte also schon sieben Jahre vor den entscheidenden Grundgesetzänderungen seine Politik unbekümmert um Geist und Buchstabe der Verfassung eingefädelt und betrieben. Für eine Remilitarisierung war kein Platz im Grundgesetz, es wurde durch diese sowohl verletzt wie gesprengt. Umgekehrt gesagt: Die Politik der Bundesregierung war im Rahmen des 1948er Grundgesetzes nicht länger durchführbar. Da man aber nicht erwog, die Politik zu ändern, da auch die SPD daran nicht dachte, wurde — konsequenterweise —, um die Legalität exekutiven Handelns zu erhalten, das Grundgesetz geändert, durch eine Erweiterung seines Inhalts, eine Verstümmelung seines Geistes.

Wenn heute der zweite Pfeiler, auf dem das Grund-

des Menschen

gesetz seiner zeitgeschichtlichen Revelanz nach steht, zerbrochen werden soll, wenn heute die Totalität grundgesetzlich gewährter F r e i h e i t eingeschränkt werden soll — nicht für immer, wie im Fall Remilitarisierung, sondern „f ü r d e n F a l l e i n e s N o t s t a n d s", dann heißt das wiederum: Die Politik der Bundesregierung ist nicht mehr länger im Rahmen des geltenden Grundgesetzes durchführbar, oder — wie Robert Jungk diesen Tatbestand 1959 auf dem Studentenkongreß gegen atomare Aufrüstung in Berlin kategorisch formulierte: „Atomare Aufrüstung und Demokratie sind unvereinbar." Bedeutungsumfang und Trefflichkeit von Jungks Formulierung beginnen erst heute erkennbar zu werden. Bemerkenswert augenfällig spiegelt sich dieser Zusammenhang auch in der Entwicklung der sozialdemokratischen Politik der letzten drei Jahre. Noch 1959 durfte Walter Menzel, vormals Vorsitzender des Ausschusses Kampf dem Atomtod, im „Vorwärts" prinzipiell und grundsätzlich gegen ein deutsches Notstandsgesetz schreiben. Das war im Jahr des Deutschlandplans. Das war 1959, als es im Schutz der SPD noch möglich war, öffentlich über eine deutsche Konföderation und den Abschluß eines deutschen Friedensvetrags zu diskutieren. Das war, als der Rapacki-Plan noch eine Presse hatte; als die Rede von Verhandlungen mit Pankow wohl schocking war und diffamiert wurde, aber nicht resonanzlos blieb unter denen, die es anging; das war, als der Satz: „Wir werden nicht ruhen, solange der Atomtod unser Volk bedroht" zumindest für einen Teil der sozialdemokratischen Parteiorganisation noch keine Phrase, als Imperativ kein Ausschlußgrund war, sondern bitterer Ernst, Anleitung zum Handeln und zu politischer Willensbildung. Erst in dem Augenblick, als die SPD sich der Außenpolitik der Bundesregierung anschloß, schloß sie sich auch der Forderung nach einem Notstandsgesetz an. Als Herbert Wehner 1960 das Ja zum Natobündnis sprach, begannen MdB Arndt und Schäfer konstruktiv in die Notstandsdiskussion einzusteigen. Als Schmidt (Schnauze) über Feststoff- oder Flüssigkeits-Raketen zu fabeln begann, da fing die SPD an, über ein Notstandsgesetz mit sich reden zu lassen. Als SPD und CDU in Sachen Atomwaffen einig wurden, lenkte die SPD auch in Sachen Notstand ein. Menzel schweigt seitdem und Wolfgang Abendroth, Chefideologe der Notstandsgegner, ist aus seiner Partei ausgeschlossen worden.

Atomare Aufrüstung und Demokratie sind unvereinbar. Der Satz ist umkehrbar: Atomare Aufrüstung und Auflösung der Demokratie bedingen einander zwangsläufig, Massenvernichtungsmittel und Terror gehören zusammen, technisch, organisatorisch und schließlich faktisch. Vom politischen Programm des Grundgesetzes: „Frieden und Freiheit" wäre dann nichts übriggeblieben.

Die Schlußfolgerungen, die die Versammlung magerer Männer am Herrenchiemsee 1948 glaubte ziehen zu müssen, aus einem gescheiterten Weimar, aus 12 Jahren Nationalismus, wären dann also — im Falle der Verabschiedung eines Notstandsgesetzes — hinfällig. Der Faschismus nicht, wohl aber die Ansätze seiner Überwindung wären damit aus der neueren deutschen Geschichte wieder gestrichen. Die Erkenntnis: Nur Demokratie sichert Menschenwürde, nur Waffenlosigkeit Friede — wäre damit aufgehoben, die Manifestationen der Umkehr wären erloschen, die Bereitschaft zur Bewältigung aufgegeben. Von der Freiheit bliebe nur jene, für die Regierung zu sein, nicht gegen sie, jedenfalls nicht in Massen, nicht in harten Auseinandersetzungen, nicht in Streiks und Demonstrationen. Sie wäre abgeschafft, vor dem Termin ihrer eigenen Feuerprobe. Im formalen Vergleich und plastischen Bild hieße das: Oppositionelle Massen können in Zukunft zusammengeschossen werden — wie im ungarischen November, und der Krieg braucht nicht mit den Mitteln kluger Politik verhindert zu werden, er würde einfach — gemäß dem dann neuen Selbstverständnis der Bundesrepublik, vororganisiert, für den „Fall eines Notstands."

Die Würde des Menschen wäre wieder antastbar. Auch Diktatur wäre eine mögliche Form staatlichen Zusammenlebens. Krieg wäre auch in der zweiten Hälfte des 20. Jahrhunderts noch möglich. Nr. 10/1962

Notstandsgesetz

Abgeordnete der FDP und der SPD haben anläßlich der 1. Lesung des Notstandsgesetzes den Entwurf des Innenministers in einigen wichtigen Punkten kritisiert. Sie wollen die Pressefreiheit „nicht so sehr eingeschränkt" haben (Sänger, SPD); bezüglich des Rechts, Notverordnungen zu erlassen, soll der Innenminister seinen Standpunkt noch einmal überprüfen (Dorn, FDP); in erster Linie habe die Polizei die innere Ordnung zu schützen, obwohl man den Einsatz der Bundeswehr nicht ausschließen könne, meinte Schäfer von der SPD; der Beschluß zur Feststellung des Notstands soll von einer Zwei-Drittel-Mehrheit des Bundestages gefaßt werden, fordern Freie und Sozialdemokraten; das Bundesverfassungsgericht muß funktionsfähig bleiben und alle Notstandsmaßnahmen sollen gerichtlich überprüfbar sein, sagte Schäfer und der Abgeordnete Leber (Bausteineerden) wünscht sich, daß auch in Zukunft im Stil der versöhnlichen Rede von Höcherl debattiert werde.

Wir gestehen, daß wir diesen Marginalien zu Höcherls Entwurf noch einiges hinzuzufügen haben.

Wir können nicht einsehen, zu welchem Zweck und Nutzen die Freiheit von Kunst und Wissenschaft, von Forschung und Lehre aufgehoben werden soll. Welche Wahrheit hat wer zu fürchten, im Falle eines Zustandes, in dem Freiheit, Geistesfreiheit insbesondere bewahrt, vor Zerstörung gerade geschützt werden soll?

Es befremdet uns, daß Vereinigungen verboten werden dürfen, deren Verfassungstreue unangefochten ist; nur weil ihre Richtung der Exekutive nicht paßt.

Es irritiert uns, daß Frauen zum Dienst im Verband der Streitkräfte — ob mit oder ohne Waffe ist uns egal — gezwungen werden sollen. Wir sind dagegen, daß das Recht auf Kriegsdienstverweigerung im Kriegsfall annulliert wird.

Wir fragen uns, was man sich unter „Presseselbstkontrolle" vorstellt. Soll die Rechtspresse die Linkspresse zensieren? Soll Axel Springer den SPIEGEL redigieren?

Uns graut bei dem Gedanken, daß Einheiten der Streitkräfte für polizeiliche Aufgaben im Innern eingesetzt werden sollen — „nötigenfalls mit der Waffe". Staatsbürger in Uniform gegen Staatsbürger in Zivil? Also nicht nur auf Brüder und Schwestern in Mitteldeutschland, auch auf Eltern und Geschwister zwischen Elbe und Maas soll geschossen werden?

Es stößt uns auf, daß die Grundform demokratischer Willensbildung durch Versammlungsverbote beseitigt wird. Was kann unter diesen Umständen die Bevölkerung noch tun, wenn die Regierung z. B. einen Krieg führt, den die Bevölkerung nicht zu führen wünscht? Sich ohne zu mucken von Freund und Feind erschießen lassen? Welches wäre dann der Unterschied zwischen Freund und Feind?

Wir stolpern über die Mitteilung, daß es rechtens sein soll, wenn die Polizei Verhaftungen vornimmt und ohne richterliche Entscheidung den Betroffenen zumindest 7 Tage lang in Gewahrsam halten kann. Ohne daß ihm die Gründe seiner Verhaftung genannt werden, ohne ihm Gelegenheit zu Einwendungen zu geben.

1. Lesung

Wir sehen die Demokratie ad absurdum geführt, wenn der Notstandsfall schon festgestellt werden kann, wenn ein Angriff von außen nur „droht" und diese Tatsache nur durch nachrichtendienstliche und geheime Informationen belegt ist. Das heißt, den Bundestag vorsätzlich mit Blindheit schlagen, ihm das Gesetz des Handelns zwangsweise entziehen.

Wir verstehen nicht, was das heißt: „Stehen der rechtzeitigen Beschlußfassung des Bundestages und des Bundesrates unüberwindliche Hindernisse entgegen...", dann nämlich gehen die Rechte des Bundestages auf einen Notstandsausschuß über, während „bei Gefahr im Verzug" darüber hinaus der Notstandsfall vom Bundespräsidenten mit Gegenzeichnung des Kanzlers verkündet wird. Wer befindet über den Maßstab der „Rechtzeitigkeit"? Wer nennt Hindernisse „unüberwindlich"? Wer befindet über den Tatbestand des „Verzugs"? Geheim- und Nachrichtendienste? Kanzler und Präsident in einsamem Beschluß?

Gesetze schaffen Tatsachen. Der Einsatz der Bundeswehr mit der Waffe hinterläßt Tote und Verletzte. Beschlagnahme von Zeitungen macht Verlage wirtschaftlich und meist auch prestigemäßig kaputt. Vereinigungen, auch Gewerkschaften, werden durch Verbote meist faktisch aufgelöst. Wer wird nach Beendigung des Ausnahmezustandes die Toten wieder lebendig machen? Wer reorganisiert Gewerkschaften und Opposition? Wer nimmt den abgerissenen Faden freier Forschung und Lehre, freier Künste und Wissenschaften wieder auf? Wer — mit anderen Worten — stellt die Demokratie wieder her? Diejenigen, die sie beseitig-

ten? Diejenigen, die nicht unter die Räder kamen (aber was sind das für Leute?)? Diejenigen, die 1962 bereits eine Spiegel-Aktion durchführten?

Man kann, das hat kürzlich ein Kolumnist der Frankfurter Allgemeinen Zeitung scharfsinnig zum Besten gegeben, seinem eigenen Tod nicht durch Selbstmord entgehen, auch dann nicht — fügen wir hinzu — wenn man Volk und Staat mit hineinzuziehen versucht. Denn offenbar ist die derzeitige Bundesregierung der Ansicht, daß ihre Politik schließlich zur Katastrophe treibt. Anstatt aber die Katastrophe abzuwenden, will sie die Verfassung ändern, anstatt das Chaos zu verhindern, soll es legalisiert werden. — Wenn aber die Bundesregierung einen Überfall von jenseits der Elbe fürchtet, warum kommt sie ihm nicht durch Abrüstungsverhandlungen in Mitteleuropa zuvor? Wenn sie Naturkatastrophen wie die Hamburger Flutkatastrophe voraussieht, warum kommt sie ihnen nicht durch Deichbauten und ähnliche Maßnahmen zuvor? Wenn ihr Lohnkämpfe unerwünscht sind, warum kommt sie ihnen nicht durch Preisstabilisierung und eine verünftige Sozialpolitik zuvor? Wenn sie nazistische Umtriebe bekämpfen will, warum kommt sie ihnen nicht durch Entlassung alter Nazis aus Regierungsämtern zuvor?

So wenig die Idee der Kriegsdienstverweigerung mit Waffengewalt Verbreitung finden kann, so wenig können Freiheit und Demokratie durch ihre Abschaffung geschützt werden.

Nr. 2/1963

Die Ostermarsch-Bewegung hat sich innerhalb von zwei Jahren zu einer lockeren, überparteilichen Links-Opposition entwickelt. Es beteiligen sich progressive Christen und Kommunisten:

Osterspaziergang 63

Einige Tausende gehen jedes Jahr zu Ostern auf die Straße. Mit Schildern und Gitarren, Singsang und Nietenhosen. Vegetarier, Kommunisten, Schriftsteller und Pfarrer, Halbstarke, Studenten, Hausfrauen und wes Geistes Kinder und welcher Gewerkschaft Mitglieder sie noch sind. Drei Tage lang trotzen sie Regen und Wind, Polizeikonvois und nicht endenwollenden Land- und Stadtstraßen. Räuberromantik und das Bewußtsein, für eine gute Sache einzustehen, trösten über die Unbillen eines Dreitagemarsches, genannt OSTERMARSCH, hinweg.

Sie sind die Moralisten des 20. Jahrhunderts, die unentwegte Avantgarde; komisch, aber bitterernst; jugendbewegt, aber hochpolitisch; diffamiert, aber zahlreich. Man kann über sie streiten, nicht aber über die Sache, für die sie eintreten: Frieden. Man kann über sie lachen, nicht aber über das, was sie bekämpfen: Den Krieg.

Sie fingen 1960 mit 2000 Teilnehmern an und zwei Jahre später waren es schon 50 000, die sich am Ostermontag 1962 auf Straßen und Plätzen an Isar und Ruhr, Elbe und Main einfanden, um gegen „die Bombe" zu demonstrieren, gegen die Bombe in Ost und West, zu Kriegs- und Versuchszwecken, mit den Worten der Aldermastonmarch-Engländer: „Ban the bomb!"

Neun Kundgebungen werden in diesem Jahr stattfinden. In Bremen, Dortmund, Frankfurt/Main, Hamburg, Hannover, Kaiserslautern, München, Nürnberg, Stuttgart. — Für ein atomwaffenfreies Mitteleuropa, für eine militärisch verdünnte Entspannungszone in Mitteleuropa, für ein Mitteleuropa, das Brücke ist zwischen Ost und West. In elf Marschsäulen wird wieder drei Tage lang demonstriert und marschiert.

Wer heute noch die Frage stellt: Was kann man denn tun — gegen Atomwaffen, gegen Krieg, gegen eine Regierung, die nicht verhandelt, nur rüstet? — dem sei die Ostermarschadresse mitgeteilt, wo man sich anmelden kann, zum Ostermarsch 1963.*)

Um ein Land, in dem die Opposition nur durch Gewaltmärsche die Aufmerksamkeit der Presse erlangen kann, ist es schlecht bestellt. Um ein Land, in dem sich jährlich Tausende und Abertausende finden, die das Mittel des Gewaltmarsches nicht scheuen, um sich Gehör zu verschaffen, ist es noch gut bestellt.

Nr. 4/1963

Am 16. Oktober 1963 wird Ludwig Erhard *(CDU) zum Nachfolger* Konrad Adenauers *gewählt:*

Zum Kanzlerwechsel

Warum hat sich Erhard nicht von Höcherl getrennt, obwohl die gesamte öffentliche Meinung, Presse, Professoren, Gewerkschaften. Schriftsteller u. a. seinen Rücktritt verlangt haben? Weil demoskopisch nachgewiesen ist. daß hinter dieser Forderung keine Bevölkerungsmehrheit steht. Wer hat schon Telefon?!

Das ist eine Spekulation. Sie deutet an, welche Rolle die Demoskopie oder Meinungsforschung in der Bundesrepublik spielt. Diese Andeutung beruht nicht auf Spekulation.

Man hat der Meinungsforschung vorgeworfen, sie degradiere den Politiker zum Schilfrohr im Zugwind einer mehr obskuren denn maßgeblichen öffentlichen Meinung. Die Leiterin des demoskopischen Instituts in Allensbach am Bodensee – Elisabeth Noelle – hat diesen Vorwurf mit der kategorischen Feststellung beantwortet: „Die Befürchtung, die Politiker würden popularitätshörig, findet sich in den letzten 15 Jahren deutscher Geschichte nicht bestätigt." (1)

Der Satz entkräftet Kritik, indem er neue weckt. Wohl entzieht sich Meinungsforschung als Wissenschaft dem Verdikt der Moral, auch sind ihre Erzeugnisse nicht mit plebiszitären Entscheidungen zu verwechseln, solange dergleichen nicht in der Verfassung einer schönen neuen Welt verankert wird. Solange aber ein Volk noch alle vier Jahre zu den Wahlurnen geht, um Plakatkunst und Geschenke, schöne Reden und großartige Versprechungen zu honorieren, solange die Staatsgewalt vom Volke ausgeht, braucht Popularität kein Makel zu sein.

Erhard und die Deutschen

Weil Popularität kein Makel ist, ist Erhard Bundeskanzler geworden. Zwei Drittel aller Bundesrepublikaner bejahten seine Kandidatur und Wahl (2), das ist der gleiche Prozentsatz, der auch die freie Wirtschaft gut heißt, im Gegensatz zu Preisbindung und Planung (3) und ebenso viele – das sind mehr denn je – sind gegenwärtig zufrieden mit ihrer wirtschaftlichen Lage, unter der Bedingung, daß sie sich in den nächsten fünf Jahren nicht verschlechtert (4).

Der Wohlstand ist für Erhard zu Buche geschlagen, nicht aber die Politik seines Vorgängers, die Adenauerpolitik, die gegenwärtig den tiefsten Stand aller statistisch erfaßten Sympathien seit 1953 hat. (6) Zehn Jahre lang sind wirtschaftliche Zufrieden-

heit und Bejahung der Kanzlerpolitik eine koinzidentielle Einheit gewesen, zehn Jahre lang wurde die Bonner Politik mit der Gürtelschnalle gemessen. (7) – Erhard steht einem Publikum gegenüber, das den Wohlstand durch Sympathie zu seiner Person honoriert, seiner Politik aber, soweit sie Adenauerpolitik ist, das Vertrauen verweigert. Man ist seit einem Jahrzehnt zum erstenmal wieder „geteilter Meinung": 35 Prozent möchten, daß Erhard eine andere politische Linie einschlägt, 36 Prozent plädieren für eine Fortsetzung der Adenauerschen Politik, 29 Prozent sind unentschieden. (8)

Wiedervereinigung

Am unerträglichsten ist den Deutschen die Teilung der Nation. Wann und wo immer gefragt wird, welches die wichtigste Aufgabe für die deutsche Politik wäre, ob man sich an die Spaltung gewöhnt habe oder ob sie ein unerträglicher Zustand sei, die Antwort einer absoluten Mehrheit von zwei Dritteln aller Deutschen lautet: Die Wiedervereinigung ist das Wichtigste, die Spaltung ist unerträglich. (10)

Man hält die Aussichten für die Wiederherstellung der deutschen Einheit für schlecht, schlechter, am schlechtesten, (11) aber man wünscht sie sich unverdrossen.

Auf die Frage, wie sie denn hergestellt werden solle, antworteten noch im Mai 1962 ebenso wie schon im April 1957 vierzig von Hundert: „Durch Verhandlungen mit der DDR."

Etwa gleich viele äußerten sich positiv zu dem Vorschlag, beide Teile Deutschlands sollten aus den Militärbündnissen entlassen werden und Gesamtdeutschland in einen von den vier Mächten garantierten Sicherheitspakt eingebettet werden. (12)

Im Oktober 1951 hatten sogar noch 64 Prozent Grotewohls Vorschlag, daß eine „gemeinsame beratende Versammlung" von Vertretern West- und Ostdeutschlands stattfinden solle, befürwortet. (13)

Die Anerkennung der DDR, „wenn uns das in der Wiedervereinigungsfrage weiterbringt", wünschen sich ein Viertel aller Deutschen diesseits der Elbe vom neuen Kanzler. (14)

Neben dem Wiedervereinigungswunsch steht das Bedürfnis nach einer aktiveren Ostpolitik. Bessere Beziehungen zu Polen, zur Tschechoslowakei und Ungarn wünschen fast die Hälfte aller Deutschen. (15)

NATO und Atomrüstung

Man liebt den Wehrdienst nicht, aber man akzeptiert ihn als „notwendige Pflicht", nur unter den Frauen lehnt eine Mehrheit ihn ab, will man nicht auf die Anwesenheit der Männer und Söhne verzichten. (17)

Mit der Wiederbewaffnung, die in den ersten fünfziger Jahren noch auf schroffe und große Ablehnung stieß, haben sich die Eingeborenen von Trizonesien abgefunden.

Nicht so mit der atomaren Aufrüstung. Achtzig Prozent waren dagegen, in jenen Märztagen, als der deutsche Bundestag sie beschloß. 50 Prozent waren es noch vor Jahresfrist, und in der Wunschliste an Erhard, die das Allensbacher Institut veröffentlichte, erschienen die Atomwaffengegner noch einmal mit 38 Prozent der Gesamtbevölkerung. In keiner anderen Frage hat sich eine oppositionelle Ansicht so hartnäckig durch Jahre hindurch gehalten, trotz des Einschwenkens von SPD und FDP, trotz der Zeit, die sonst so viele Wunden heilt.

In Sachen Krieg und Frieden sind sie ein wenig wunderlich, die statistisch erfaßten Deutschen. Gebrannte Kinder. Sie rechnen mit keiner Kriegsgefahr, aber halten zunehmend den Luftschutz für notwendig. Sie bezweifeln die Schutzmöglichkeiten im Atomkrieg und bauen sich Keller. Sie sind optimistisch und legen Vorräte an für Krisenzeiten (18). Sie können sich der Suggestion gezielter Luftschutz- und Eichhörnchenkampagnen nicht entziehen und ahnen zugleich deren Unsinn, haben noch keinen Sand in den Augen.

Demokratie

Alle Spekulationen, die Deutschen hätten ein gebrochenes Verhältnis zur Demokratie, sind Gerede. Nur fünf von Hundert finden die Existenz einer Opposition „ziemlich überflüssig", mehr als zwei Drittel finden sie „unbedingt notwendig" oder wenigstens „ganz natürlich" (19).

Und wenn von Freiheit die Rede ist, dann wissen sie, was sie meinen: Meinungsfreiheit. 1949 war ihnen noch die Freiheit von Not das wichtigste, nur ein Viertel fand die Freiheit der Meinungsäußerung vorrangig. 1963 sind es über die Hälfte, 10 Prozent mehr, als noch vor einem Jahr. Die Spiegelaffäre scheint ihre Schatten geworfen zu haben. Das Notstandsbarometer sinkt (20). Und auf der Allensbacher Wunschliste steht: „Dafür sorgen, daß die demokratischen Spielregeln besser eingehalten werden" (33 Prozent).

Die Große Koalition hoch im Kurs. Die alten Gegensätze zwischen CDU und SPD soll der neue Kanzler begraben, eine bessere Zusammenarbeit konstituieren (45 Prozent), und der Einfluß der Kirche soll abgebaut werden (40 Prozent) (21).

Fazit

Man sieht: So desinteressiert sind die Deutschen gar nicht an Politik, so unprofiliert und konfus ihre Meinungen nicht, wie die letzten Wahlkämpfe manch einen glauben machten. Auch nicht so BILD-infiziert und CDU-konform, so antikommunistisch und fromm, wie manche möchten. „Die schleichende Krankheit der Demokratie ist nicht eine angeblich naturgegebene politische Interessenlosigkeit der Bevölkerung, sondern die Unterbeschäftigung ihres Gemeinsinns" – meinen die Allensbacher Elisabeth Noelle und Gerhard Schmidtchen (22). Und wenn man diesem Gemeinsinn etwas mehr Geltung verschaffte? Der Popularität von Erhard würde das sicher nichts schaden.

Anmerkungen:
(1) Gerhard Schmidtchen und Elisabeth Noelle: Die Bedeutung Repräsentativer Bevölkerungsumfragen für die offene Gesellschaft in Politik. Vierteljahresschrift Juni 1963, S. 188
(2) Allensbach am Bodensee, Okt. 1963; Divo-Pressedienst, August II/63
(3) Allensbach, Okt. 1963
(4) Emnid-Pressedienst, Juni 1963 – 1313
(6) Allensbach, im Okt. 1963
(7) Gerhard Schmidtchen: Die befragte Nation, Freiburg 1959, S. 163
(8) Allensbach – Oktober 1963
(10) Divo – Mai I/62; Allensbach, Okt. 1963
(11) Divo – Mai I/62
(12) ebenda
(13) E. P. Neumann u. E. Noelle: Antworten, Allensbach 1959, S. 120
(14) Allensbach – Okt. 63
(15) Allensbach – Ende April 63
(17) Emnid – Nr. 1297/1963; Divo, Juni II/62
(18) Allensbach – Ende Aug. 62; Emnid, Aug. 63, Nr. 1314
(19) Divo – Febr. I/63
(20) Emnid – Juni 63, Nr. 1303
(21) Allensbach – Okt. 63
(22) Schmidtchen/Noelle, a.a.O. S. 193

Nr. 11/1963

Am 22. November 1963 wird der US-Präsident John F. Kennedy *in Dallas/Texas ermordet. Ulrike Meinhof schreibt:*

Deutschland ohne Kennedy

Die Trauer verebbt, die Leere bleibt. Der Mann, von dem die Völker der Welt glaubten, er werde den Frieden machen, ist tot. Der Mann, auf den auch die setzten, die im Zwiespalt mit ihren eigenen Regierungen leben, ist nicht mehr.

Den Konservativen war er nicht bequem, den Linken nicht willfährig. Aber die Mächtigen mußten sich mit ihm arrangieren und die Ohnmächtigen setzten ihre Hoffnungen auf ihn.

Drei Schüsse in Texas machten allem ein Ende. Dann wurden Leitartikel gestammelt, Börsenkurse gerieten ins Wanken, Spekulationen schossen ins Kraut. Man begreift: Alles ist anders geworden und man wartet – man richtet sich ein auf Stunden, dann Tage, schließlich Wochen, hoffend, alles möge wieder zum alten zurückfinden. Nicht Panik griff um sich, aber Orientierungslosigkeit, Hilflosigkeit, Unsicherheit. Regierungen und Oppositionelle fühlen sich vom Schicksal geprellt.

Aber es wird nichts zurückfinden. Was gefunden werden muß, sind nicht Rückwege, sondern Auswege – Alternativen, die in Deutschland Leben und Politik unabhängig machen von den Ereignissen in Dallas, dem Bürgerkrieg in Texas, der Machtlosigkeit der Mächtigen im Weißen Haus. Es geht nicht an, daß dieses Territorium, die Menschen, die hier leben, daß Deutschland in Angst und Unsicherheit gestoßen wird, weil Wahnsinnige im amerikanischen Süden mit dem Feuer spielen, weil ein Sicherheitsdienst versagt, weil die innenpolitischen Konflikte einer befreundeten Nation die Welt erschüttern. Wir, die wir selbst in tiefstem Unfrieden leben zwischen Neiße und Rhein, haben nicht Zeit, Zaungast und Statist eines Dramas zu sein, auf dessen Ausgang wir keinen Einfluß haben. Es muß begriffen werden in Deutschland, daß unser Geschick in unseren eigenen Händen besser aufgehoben ist, als in den Händen eines Großen Bruders, der selbst Spielball ist von Ereignissen, die sich seiner Kontrolle entziehen. Es ist an der Zeit, daß die deutsche Bundesrepublik von ihrer vor acht Jahren erlangten Souveränität souveränen Gebrauch macht.

Souverän – das heißt: bündnistreu, aber nicht bündnishörig. Das heißt: Politik machen, ohne sich auf amerikanische Atomwaffen zu verlassen; Politik machen ohne die Strategie der interkontinentalen Waffen, ohne Spekulation auf Besatzungstruppen und Big Lift, ohne Machtkämpfe in einem Nato-Rat, der durch texanische Scharfschützen handlungsunfähig gemacht werden kann. Souverän handeln heißt handeln im Maßstab von fünfzig Millionen Deutschen, die überleben möchten, in den Dimensionen zwischen Elbe und Rhein, im Bewußtsein eines verlorenen Krieges und der Spaltung der Nation, in Kenntnis der eigenen geographischen Lage, die keine atlantische ist, sondern eine mitteleuropäische.

Es muß eine Situation geschaffen werden, die Deutschland unabhängig macht von den Wechselfällen internationaler Politik, von der Willkür eines Attentäters in Übersee, seines Opfers und des zufälligen Nachfolgers. Das heißt für die Akteure deutscher Politik, daß sie direkt und ohne Umschweife eintreten in die Verantwortung für alles, was von unserer Seite aus mit Fug und Recht geschehen kann, um die Verhältnisse in Mitteleuropa zu stabilisieren.

Die Gegenstände und Ziele solcher politischen Initiative sind im engeren Sinne die Schaffung einer Rechtsposition für Berlin, die die Freiheit der Stadt und ihrer Zufahrtswege sichert, die Befriedung der deutschen Grenzen und die Beendigung des latenten Bürgerkrieges zwischen der Bundesrepublik und der DDR; im weiteren Sinne sind es der Ausbau der Handelsbeziehungen zwischen der Bundesrepublik und ihren osteuropäischen Nachbarn bis hin zur diplomatischen Anerkennung.

Was wir hier fordern ist nicht alt, sondern neu. Bis zum 22. November 1963 konnte man die Differenzen zwischen Freunden und Gegnern der Bonner Politik für Meinungsverschiedenheiten halten, die in Washington maßvoll entschieden wurden. Aber der Große Bruder ist nicht mehr groß und wir haben keine Zeit, ein Come back seiner Größe, nämlich das Ende der Auseinandersetzungen um die amerikanische Innenpolitik, abzuwarten.

Was wir fordern, ist auch gegenüber der Regierungskoalition in Bonn nicht unbillig, nicht einmal unrealistisch. Diplomatische Be-

41

ziehungen zu Polen, Ungarn, Rumänien und der Tschechoslowakei sind nur die logische Weiterführung der Außenpolitik Schröders. Sondierende Gespräche mit eben diesen Staaten über die Möglichkeiten eines Disengagements in Mitteleuropa unter Einschluß beider deutscher Staaten – kernwaffenfreie Zone und eventueller Abzug der Besatzungstruppen – vermöchten der Tatsache, daß die Bundesrepublik ohnehin keine Atomwaffen bekommt, entspannungsfreundliche Relevanz verleihen. Ein Ausbau der technischen Kontakte zwischen der Bundesrepublik und der DDR könnten zunächst Erleichterungen im innerdeutschen Reiseverkehr ermöglichen, darüber hinaus könnte das Feld abgesteckt werden, innerhalb dessen offizielle Gespräche zum Zweck der Normalisierung der innerdeutschen Beziehungen stattfinden dürften, ohne daß eine der beiden Seiten Selbstbewußtsein und Prestige verliert.

Souverän sein, heißt Herr im eigenen Haus sein. Souveränität aber gibt es heute nur noch in zwei Formen: durch Verfügungsgewalt über Atomwaffen – das war das Ziel von Franz Josef Strauß – oder durch Neutralität. Im militärischen Bündnis bleibt Satellit, wer keine Atomwaffen hat, weil ein moderner Krieg, auch wenn er mit konventionellen Waffen geführt wird, auf einer Strategie basiert, die den Einsatz von Atomwaffen – sei es militärisch, sei es als politisches Druckmittel – einkalkuliert. Man bleibt abhängig von dem, der die Bombe hat. Will man aus dieser Abhängigkeit heraus, muß man das militärische Spannungsfeld verlassen.

Wir sollten der neuen amerikanischen Regierung nicht den Bärendienst erweisen, ihr im Strudel der Konflikte noch länger die alleinige Verantwortung für die Lösung der deutschen Frage aufzubürden. Die deutsche Regierung sollte jetzt selbst handeln. Souverän handeln. Die deutsche Opposition muß ihr das abverlangen.

Nr. 12/1963

Zwischen den USA und der UdSSR wird am 5. August 1963 in Moskau das Atomteststop-Abkommen („Vertrag über ein Verbot von Kernwaffenversuchen in der Atmosphäre, im Weltraum und unter Wasser"; am 10. Oktober 1963 in Kraft getreten) unterzeichnet. In Bonn herrscht Verwirrung, Ulrike Meinhof analysiert:

Die Herausforderung und die Antwort

Seitdem es in der Bundesrepublik keine parlamentarische Opposition mehr gibt, sondern nur eine übrig gebliebene Partei, die von den Regierungsgeschäften ausgeschlossen ist, geht der Streit um die Zukunft der deutschen Politik quer durch die Parteien und Ministerien. Kein Mensch kann mehr sagen, welche der verschiedenen Konzeptionen, die von Parteivorsitzenden und ihren Stellvertretern, von Fraktionsvorsitzenden, Ressortministern und Einzelprominenten proklamiert werden, den Richtlinien des Kanzlers entspricht, ob es Mächtige sind oder Querulanten, denen Zuspruch und Widerrede gebührt.

Adenauer und Strauß intrigieren gegen den entspannungsfreundlichen Schröder, der selbst dem Ministerium vorsteht, das eine Gastspielreise des Bolschoiballetts durch die Bundesrepublik zu verhindern suchte. Der gleiche Schröder, der vor dem Evangelischen Arbeitskreis der CDU in München um etwas freundlichere Umgangsformen bat, hatte kurz zuvor erst die Note der Bundesregierung an den Kreml mit einem Lieferwagen überbringen lassen. Wehner, der Verfasser des Deutschlandplans der SPD aus dem Jahr 1959, muß sich von dem CDU-Rechtsaußen Rainer Barzel darüber belehren lassen, daß eine Initiative in der Deutschlandfrage trotz sowjetisch-chinesischem Streit sinnvoll wäre; Dehler wird von seinem Parteivorstand gerügt, weil er Erhards destruktive Passierscheinpolitik kritisierte, Mende dagegen, sein Parteichef, macht sich in Bonn gleichermaßen unbeliebt, indem er den Vorschlag eines Kleinen Grenzverkehrs, den er dem hessischen Landrat Zerbe aus der Hand geschlagen hatte, selbst wieder aufnimmt. Am Einspruch Ostberlins, das auf Kreisebene verhandlungsbereit gewesen war, ist er indes gescheitert. Albertz' Vorschlag, 120 000 Jugendliche zum Pfingsttreffen der Jugend nach Ostberlin zu holen, kommt nicht zum Zuge, ebensowenig wie ein Passierscheinabkommen nach weihnachtlichem Muster, obwohl angeblich alle es wünschten.

Ansätze zu ausgleichenden Gesten sind überall da, aber wo sie auftauchen, werden sie wieder verscheucht. Warum? Warum soviel Hick-Hack, Inkonsequenz und Ungeschick? Weil man in Bonn die Herausforderung begriffen hat, die in dem Abschluß des Atomteststopabkommens liegt, in der Einstellung der Produktion spaltbaren Materials, in den freundlichen, fast freundschaftlichen Tönen zwischen Johnson und Chruschtschow, in der Ermahnung des amerikanischen Präsidenten an Erhard, für die sowjetischen Sorgen gegenüber der Bundesrepublik etwas mehr Verständnis zu zeigen. Weil man dieser Herausforderung sinnvoll begegnen möchte, einige Grundsätze der deutschen Politik aber mit diesem Neuen ganz und gar unvereinbar sind. Es sind die eigenen Füße, über die gegenwärtig gestolpert wird.

Der amerikanische Senator Fulbright sagte es so: Es sei an der Zeit, sich mit denjenigen Regierungen zu arrangieren, die die tatsächliche Macht in ihren Händen haben; er war gegenüber Bonn taktvoll genug, nicht ausdrücklich die DDR zu erwähnen, er war realistisch genug, sie neben China zu m e i n e n. Es geht in der Bundesrepublik darum, daß man sich nicht länger um die Anerkennung der Existenz eines zweiten deutschen Staates herumdrücken kann, wenn man zur Lösung der deutschen Frage beitragen will. Es geht darum, daß eine dauerhafte Synchronisation der deutsch-amerikanischen Politik von dieser Einsicht ebenso abhängt, wie die Wahrnehmung der Interessen der Menschen, die in den beiden deutschen Staaten leben. Es liegt im Interesse dieser 70 Millionen, daß ein Passierscheinabkommen abgeschlossen wird, desgleichen ein kleiner und schließlich großer Grenzverkehr und eine Aufwertung der DDR widerspricht dem nicht; wenn sie die Bedingung solcher Abkommen ist, dann muß sie sogar begrüßt werden. Es gibt auch kein schlagendes Argument gegen den Verdacht, die Bundesrepublik wolle die DDR annektieren, als eben ihre Anerkennung, und es gibt keine glaubwürdige Beteuerung, die Bundesrepublik wolle an der Lösung der deutschen Frage mitwirken, wenn sie nicht von der ausdrücklichen Bereitschaft zu innerdeutschen Verhandlungen begleitet wird. Weil man diesen einen realen Schritt aus seinem politischen Kalkül verbannt hat, sind alle Ansätze zu einer friedfertigen Politik auf Sand gebaut, können abgedreht und wegintrigiert werden.

Es liegt nicht einfach an der Charakterschwäche des Bundeskanzlers, daß er zwischen seinem Außenminister, seinen Koalitionspartnern und den Vertriebenenverbänden hin- und hergeschaukelt wird. Die Verwirrung in Bonn liegt daran, daß auch von den Wohlmeinenden keiner Kurs nimmt auf die Anerkennung der DDR. Ansätze klären heute nichts mehr. Die Zukunft gehört den Fakten.

Zum zwanzigsten Jahrestag des 20. Juli 1944 schreibt Ulrike Meinhof über die fortdauernde Existenz zweier unvereinbarer politischer Haltungen in Deutschland:

20 Jahre ohne Attentat

Am 20. Juli sind sich alle einig. Die Atomwaffengegner mit den Aufrüstern, der Generalinspekteur der Bundeswehr mit dem Wehrbeauftragten, die Gewerkschaften mit der Bundesregierung, die Frankfurter Allgemeine mit uns. Das Ereignis des 20. Juli 1944 war so groß, sein Ausgang so tragisch, daß keiner auch daraus noch Kapital schlagen, die Tradition dieses Tages dem Krämergeist politischen Tagesstreites ausliefern möchte. So sind aus den Jahrestagen des 20. Juli Tage der Eintracht geworden. Wir fühlen uns alle — wie es gelegentlich eine gewisse Kitschpresse zu formulieren beliebte — irgendwie besser an diesem Tag und ernster, ein Hauch von Vanitas ficht uns an, beim Mampe-Cocktail verstummt die Minikini-Diskussion.

An dieser Einigkeit stimmt alles und nichts. Freilich hat sie in den Ereignissen des 20. Juli 1944 einen realen Hintergrund. Jene Offiziere, die schließlich das Gesetz des Handelns im deutschen Widerstand gegen Hitler übernahmen, deren Tat sichtbarer und glänzender in Erscheinung trat als alles, was von Kommunisten, Sozialdemokraten, Gewerkschaftlern, Christen und Studenten geleistet worden war, handelten wie nie zuvor die Mitglieder einer herrschenden Kaste im Interesse des ganzen deutschen Volkes. Diese stockkonservativen Politiker, Adligen und Offiziere versuchten zu vollziehen, was das unerreichte Ziel der Linken war: Die Beseitigung des Nationalsozialismus, die Beendigung des Krieges, die Wiederherstellung des Rechtsstaates. Diese absolute Interessengleichheit zwischen einer kleinen Schicht mächtiger Männer und allen Schichten des deutschen Volkes, das ist es, was der Osten in der Einschätzung des 20. Juli 1944 meist

nicht wahrhaben will, was im Westen all diejenigen eint, die diesen Tag feierlich begehen.

Aber im Blick auf uns Heutige, auf Atomwaffengegner hier und Aufrüster dort, auf Generalinspekteur und Wehrbeauftragten, Gewerkschaftler und Bundesregierung stimmt nichts an dieser Einigkeit, ist Zwietracht am Platze, nicht Sentimentalität. — An dem doppelzüngigen Gerede vom Aufstand des Gewissens scheiden sich die Geister. Wer von Gewissen spricht, als dem Ursprung damaligen Handelns — so wie Trettner, Lübke, von Hassel und die Bundesregierung es tun, — wer sich auf diese letzte Bastion unkontrollierbarer Innerlichkeit zurückzieht, sucht nur den Freispruch für jene, die nicht dazu gehörten, nicht handelten, sich nicht empörten. Es bedarf aber keines empfindlichen Gewissens, keiner sensiblen Innerlichkeit, um angesichts des Mordes an Millionen von Juden, eines verbrecherischen Krieges angesichts der Schrecken der NS-Herrschaft zum politischen Attentäter zu werden. Die Verbrechen des Nationalsozialismus trieben Männer und Frauen des 20. Juli 1944 in den Widerstand. Jene Verbrechen, die fortleben in noch nicht abgesetzten Nazirichtern, in der Person des Staatssekretärs im Bundesministerium für Entwicklungshilfe, Vialon, der während der NS-Zeit als Leiter der Abteilung Finanzen beim Reichskommissar für das Ostland in Riga mit der Verwaltung und Verwertung jüdischen Vermögens betraut war, dessen Rücktritt die sozialistischen und liberalen Studenten in Berlin zum zwanzigsten Jahrestag des 20. Juli gefordert haben. Die da von Gewissen reden, deren Gewissen schlug nicht, als sie diesen Mann in sein Amt beriefen, deren Gewissen schlägt nicht, wenn

sie erneut Kommunisten verfolgen und Nicht-Kommunisten als fellow-traveller verdächtigen, wenn sie erneut die Beseitigung von Grundrechten planen, wenn sie für die Bundeswehr Atomwaffen wünschen; Atomwaffen für eine Armee, die nicht einmal die Disziplin hat, die Prinzipien der Inneren Führung konsequent anzuwenden, deren Führer und Unterführer nicht einmal fähig sind, mitten im Frieden Hitzemärsche maßvoll durchzuführen. Wer einen Rekruten bei 30 Grad Hitze zu Tode hetzt, soll im Ernstfall im Gebrauch von Atomwaffen maßvoll, human und verantwortungsvoll sein? Da fängt das Gerede vom Gewissen an ein Schweigen über Verbrechen zu werden.

Es ist an der Zeit, zu begreifen, daß die Vergasungsanlagen von Auschwitz in der Atombombe ihre technische Perfektion gefunden haben und daß das Spiel mit Atombomben im Blick auf die Deutschen in der DDR, die Polen jenseits von Oder und Neiße, die Tschechen im Sudetenland, die Russen im Baltikum das Spiel mit einem Verbrechen hitleristischen Ausmaßes ist. Es ist an der Zeit, zu begreifen, daß der Kampf der Männer und Frauen des 20. Juli im Widerstand gegen Unrecht und Gewalt noch nicht endgültig gewonnen ist. Das Schreckliche braucht noch nicht geschehen zu sein, um unseren Widerspruch herauszufordern. Das Come-back eines Franz Josef Strauß ist auch noch nicht die Stunde des politischen Attentats. Dennoch: Die Geister, die sich am 20. Juli 1944 schieden, sind heut noch getrennt.

Nr. 7/8, 1964

Im September 1964 kommt es in Bonn zum Krach zwischen den Regierungsparteien CDU/CSU und FDP über die Europa- und Deutschlandpolitik. Der über die „Spiegel"-Affäre gestürzte Franz Josef Strauß ist wieder dabei:

Krach in Bonn

Wir wollen es mal ganz offen aussprechen: Wir freuen uns, wenn in Bonn Koalitionskrach ist, wenn gestritten und Uneinigkeit öffentlich ausgetragen wird. Nicht aus Streitlust, nicht aus Schadenfreude, nicht weil wir Koalitionskrisen für einen Funktionsbeweis der Demokratie halten, sondern weil diese öffentlich ausgesprochenen Meinungsverschiedenheiten die Unzulänglichkeit aller angebotenen Konzeptionen für eine deutsche Politik sichtbar machen, weil so die Realität der Probleme dem Wahlvolk, der Bevölkerung, der Öffentlichkeit bewußt gemacht wird.

Das ist der Vorteil der Regierung Erhard, daß dieser Kanzler, wenngleich aus Gründen offenbarer, längst peinlicher Unfähigkeit, die Krisen nicht verkleistert, kein demagogisches Talent hat, Meinungsgegner einfach auszutricksen, nicht das persönliche Format, Einigkeit zu mimen, wo Uneinigkeit vorherrscht.

Uneinigkeit herrscht in Bonn über die verschiedenen Möglichkeiten einer unmöglichen Politik. Ob Frankreichs Bombe und Bündnis oder Amerikas MLF in die Waagschale geworfen werden sollen, um den von Kennedy eingeleiteten Ost-West-Ausgleich zu retardieren, ob mit oder ohne Passierscheinabkommen Berlin die Enklave des Kalten Krieges bleiben soll; ob mit oder ohne Todesstrafe die Notstandsgesetze verabschiedet werden, ob mit oder ohne die SPD die längst fällige politische Amnestie einerseits und die Aufhebung der Verjährungsfristen für NS-Verbrechen andererseits verhindert wird.

Wir loben die Koalitionskrisen nicht, weil wir für eine dieser umstrittenen Unmöglichkeiten parteiisch wären, wir loben sie, weil sie den Bonner Konzeptionsmangel publik machen. So publik, daß in Niedersachsen und Nordrheinwestfalen bereits die Quittung prä-

sentiert werden konnte. Man macht sich das nämlich ein bißchen leicht, wenn man glaubt, die Wahlverluste der Regierungsparteien bei den Kommunalwahlen wäre nur die Reaktion auf die Miserabilität eines gewissen Benehmens, auf Taktlosigkeit, Kanzlerschwäche, Bayernfrechheit. Als hätte es nur einer Frau Pappritz bedurft, um interministerielle, interfraktionelle und innerparteiliche Verdauungsvorgänge vor den Augen und Ohren der Öffentlichkeit zu verbergen und das Publikum hätte in gewohnter Weise akklamiert. Selbst wenn es so wäre, was eben ganz und gar nicht bewiesen ist, spricht aus solcher Interpretation eines Wahlverlustes eine tiefe Mißachtung des Wahlvolkes, weil ihm dieserart alles politische Urteilsvermögen abgesprochen wird und obendrein das Recht, zu politischen Sachfragen verbindlich Stellung zu nehmen. Unter solchen Umständen ist nicht das Koalitionsgezänk eine Blamage für die bundesdeutsche Demokratie, sondern die Massenverachtung, die allen Streitenden gemeinsam ist. Mit dem gleichen Recht, wenn auch mit gleicher statistischer Unsicherheit, möchten wir behaupten, die Niedersachsen und Nordrheinwestfalen hätten den Bonner Notstandsvorbereitungen, den Atombombenplänen, dem Passierscheinzögern, dem ganzen Bonner Anti-ddr-Krampf und Antikommunismus, diesen diversen unzeitgemäßen Hilflosigkeiten in einer veränderten weltpolitischen Situation eine Absage erteilt. Eine Hilflosigkeit, die erst durch die Koalitionskrisen richtig öffentlich bewußt und bekannt geworden ist. Die die Garstigkeit solchen Theaters beklagen, nehmen weder Demokratie noch Politik mehr ernst, wollen offenbar nur noch die Schau.

Den Formalismus auf die Spitze getrieben haben indes bis jetzt nicht die Verfechter der

verschiedenen Möglichkeiten einer unmöglichen Politik, die ihren Demokratiebegriff auf ein Kollegialitätsprinzip reduziert haben. Die Demokratie zum Selbstzweck entwürdigt, nicht als Chance im Streit der Meinungen der besten zum Sieg zu verhelfen, sondern gesinnungslos und geschäftstüchtig den besten wie den ruchlosesten gleichermaßen fördernd, dieserart den Formalismus auf die Spitze getrieben hat Henri Nannen, der Chefredakteur des Stern. Neben dem anerkanntermaßen besten deutschen Kolumnisten, Sebastian Haffner, hat er dem infamsten deutschen Politiker, Franz-Josef Strauß, die Spalten seiner Millionenillustrierten geöffnet. Er hat den öffentlichen Ärger über das Koalitionsgezänk und den ohnehin schon viel zu lauten Ruf nach einem starken Mann mit dem todsicheren Instinkt des Geschäftsmannes für einen irregeleiteten Volksgeschmack beantwortet. Er hat ein Paradebeispiel geliefert dafür, was ist, wenn Politik nur noch ästhetisch betrachtet wird, und — wem das nützt. Erich Kuby hat daraufhin in bewundernswürdiger Rücksichtslosigkeit gegenüber sich selbst die Sternredaktion verlassen. Das Exempel aber ist statuiert. Eine Illustrierte demonstriert, wie man am schnellsten mit den Koalitionskrisen fertig wird: Indem man den stärksten Mann an die exponierteste Stelle schiebt. Der einfachste Ausweg, bekanntlich auch der schlechteste.

Wir aber möchten uns vorbehalten, Streit und Schwäche zu loben, solange die Sache schwach ist und unzulänglich, die so vertreten wird. Stärke ist doch wohl lobenswert erst, wenn sie für eine gute Sache ficht.

Nr. 10/1964

*Ende 1964 will das Bundeskabinett Teile der Notstands-
gesetzgebung verabschieden. Angesichts der Popularitäts-
verlusts der CDU plädiert Ulrike Meinhof für eine Politik
des Hinhaltens:*

Notstand der CDU

Einige von uns können das Wort nicht
mehr hören: Notstand. Notstandsgesetze,
Grundgesetzänderung, Notparlament, Not-
verordnung, innerer Notstand, äußerer Notstand — einige von uns klappen die Zeitung
zu, drehen das Radio ab, machen die Ohren
zu, wenn die Rede darauf kommt. Seit der
Innenminister Schröder vor sechs Jahren zum
ersten Mal diese Begriffe in die Debatte warf,
seitdem haben wir Jahr für Jahr, von Anlaß zu Anlaß, von Gelegenheit zu Gelegenheit unsere Meinung dazu gesagt, unser Nein
begründet, unsere Argumente ausgefeilt und
geschliffen und veröffentlicht. Jetzt können
wir sie nicht mehr hören. Es gibt eine Ermü-
dung durch Monotonie. Sie ist bei uns eingetreten.

Gewerkschaftsbeschlüsse wurden gefaßt, bei
der IG-Metall, bei der ÖTV, beim DGB;
Jugendorganisationen haben Resolutionen
verabschiedet, Pfarrer haben gepredigt, Bücher sind geschrieben worden, Gutachten,
Analysen, Aufrufe. Nun sind wir abge-
kämpft.

Obwohl wir Erfolg hatten. Unser Erfolg besteht in sechs Jahren verhinderter Notstandsgesetzgebung. Unser Erfolg besteht darin,
daß man auf der Regierungsseite heute noch
über die mangelnde Notstandsbereitschaft,
über ein mangelndes Verständnis für diese
Regierungsvorhaben in der Bevölkerung
klagt. Mit Spiegel- und Telefon-Affäre zeigte
die Regierung selbst ihre eigene Vertrauens-
unwürdigkeit, legte sich Steine in den Weg,
die uns zunutze waren. Unser Erfolg besteht darin, daß eine Notstandsgesetzgebung
immer noch sehr unpopulär wäre in der Bevölkerung, auf die es als Wahlvolk ankommt.
Auf unserer Seite aber besteht jetzt die Gefahr, daß wir aus Überdruß an einer leidi-
gen Sache hineingehen in den Notstand wie
das Schlachtvieh zur Schlachtbank. Wissend,
was uns bevorsteht, haben wir doch so recht
keine Lust mehr, uns an dieser elenden Sache
zu reiben, uns weiter zu wehren. Obwohl wir
wissen, daß Strauß, der Gute, uns dann nicht
mehr nur mit Beleidigungsprozessen an den
Rand unserer Existenz bringt*), sondern
gleich beschlagnahmen läßt, was er nach
ernsthafter Prüfung seines Gewissens und
aller Gründe — er ist ein ehrenwerter
Mann — nicht dulden kann; daß verhaftet
werden wird, wer verdächtig ist; daß geschossen werden kann, von Bundesdeutschen
auf Bundesdeutsche; daß Frauen . . .; daß
Luftschutzkeller . . .; daß Freiheit . . .; es
wäre das Ende von vielem, wenn nicht von
allem.

Es besteht die Gefahr, daß wir da hineingehen, im vollen Bewußtsein der Gefahr, un-
tätig aber, weil überdrüssig, auch lustlos und
mit anderen Dingen beschäftigt

Es muß aber klar bleiben, daß wir, die wir
wissen, was gespielt wird, die Verantwortung
haben. Die Verantwortung liegt bei den Gewerkschaften und bei den Sozialdemokraten,
bei Niemöller, Kuby, Haffner, Augstein,
Enzensberger, Pascensky. Bei jedem, der an
dieser Stelle in diesem Zusammenhang genannt werden könnte, ob er mag oder nicht.
Sie liegt bei jedem von diesen Ermüdeten
und Beschäftigten. Sie haben die Gelegenheit, sich selbst jene Ehre anzutun, die heute
noch der SPD zugute zu halten ist, daß sie
nämlich 1933 gegen das Ermächtigungsgesetz
gestimmt hat. Nach 12 Jahren Nationalsozialismus, 15 Jahren Bundesrepublik und sechs
Jahren Notstandsdiskussion, nach so viel Erfahrung und so viel Gelegenheit, Kenntnisse
zu sammeln, dürfte es nicht schwer fallen,
ein guter Demokrat zu bleiben. Über das
Ermächtigungsgesetz, dem, was ihm voraus-
ging, und dem, was danach kam, mag sich
noch mancher zeitweise Illusionen gemacht
haben. Über die Notstandsgesetze brauchen
wir uns keine Illusionen mehr zu machen.
Auch wenn unsere größte Hoffnung die ist,
im Unrecht zu sein.

Die Chance, die wir jetzt noch haben, ist
leicht errechnet: Die Regierung will wenigstens einige der Notstandsgesetze noch vor
Weihnachten verabschieden. Dazwischen liegt
der SPD-Parteitag. Wenn man dort zumindest ein verbindliches Nein findet zum Einsatz der Bundeswehr beim Inneren Notstand,
zur Verwendung von Frauen im Verband der
Streitkräfte, zur Kontrolle der Presse auch
schon bei drohender äußerer Gefahr und zur
Annullierung des Streikrechts, dann muß
zwischen SPD und Regierung weiterverhan-
delt werden, und dann kommt die Verabschiedung der Notstandsgesetze mit jedem
Tag näher an den Wahlkampf heran. Wenn
aber erst Wahlkampf ist, dann wird kein
Notstandsgesetz mehr verabschiedet; das
wird sich die SPD nicht antun, nicht mal die
CDU, nicht mal Herr Strauß, der Gute.

Wenn wir diesen Aufschub erreichen, dann
ist wieder mindestens ein Jahr gewonnen.
Dazwischen sind Wahlen. Wer weiß, was
dann sein wird, in einer Zeit, in der die CDU
ohnehin mehr im Gehen als im Kommen ist.
Solange muß unsere Puste aber noch reichen.
Solange müssen wir uns noch was einfallen
lassen. Wir wollen nicht wie Schlachtvieh behandelt werden. Wir sollten uns aber auch
auf keinen Fall wie Schlachtvieh verhalten.

*) Der CSU-Vorsitzende hat wegen unseres
vorigen Artikels an dieser Stelle Strafan-
trag und Privatklage wegen Beleidigung gegen die Verfasserin gestellt.

Nr. 11/1964

*Auf ihrem Parteitag Ende 1964 in Karlsruhe stellt sich die
SPD als Partei der Anpassung und Opportunität dar. Dennoch meint Ulrike Meinhof, die SPD sei:*

Das kleinere Übel

Ist die SPD mehr als ein Kleineres Übel? — Ja.
Ist es überhaupt angebracht, bei der SPD noch
von einem Übel zu sprechen? Leider auch: Ja.
Die SPD hat sich auf dem Parteitag in Karlsruhe,
das haben ihr fast alle Presseberichterstatter und
Kommentatoren bestätigt, in seltener Geschlossenheit präsentiert. Unsere doppelte Fragestellung
spekuliert also nicht auf einen rechten und linken
Flügel dieser Partei, auch nicht auf Gegensätze
zwischen einigen unteren Parteigremien und der
Parteiführung. Solche Gegensätze gibt es zwar,
aber nach allem, was auf dem Parteitag sichtbar
geworden ist, spielen sie in der großen Politik
kaum mehr eine Rolle. Der frühere Hamburger
Bürgermeister Brauer wurde, nachdem er sich
in Sachen MLF zum Sprecher der innerpartei-
lichen Opposition gemacht hatte, mit großer
Mehrheit aus dem Parteivorstand abgewählt. Das
allein zeigte, daß die Geschlossenheit des Parteitages keineswegs nur das Ergebnis einer glänzenden Regie war und auch nicht das Ergebnis von
mancherlei Manipulation.

Die Kategorien Übel und Nicht-Übel ergeben
sich aus der Sache selbst. Sie beziehen sich auf
die Anpassungspolitik der SPD an die von der
CDU geschaffenen Fakten im außenpolitischen
Bereich und auf ihr innenpolitisches Reformprogramm. Die Tatsache, daß die SPD ihrer Herkunft, ihrem Mitgliederbestand und ihrer Wähler-
schaft nach eine Arbeitnehmerpartei ist, hat sie
trotz Godesberg, Hannover und Wehners Bekenntnis zur Nato vom 30. Juni 1960 bis heute
nicht verleugnet. Ob Mitbestimmung oder Lohnfortzahlung, ob Bildungspolitik, Familienpolitik
oder Gesundheitspolitik, ob Kindergeld oder
Mutterschutz, die SPD hat immer die Interessen
der Arbeitnehmer, das sind aber die Interessen
der Masse der Bevölkerung, gegen die mehr unternehmerisch orientierte Politik der CDU vertei-

digt. Sie hat sich in diesen Fragen zwar wenig
bis gar nicht durchgesetzt, sie ist nicht auf Straßen und Märkte gegangen, sie hat sich im Parlament niederstimmen lassen, ohne die Stimmung
der Bevölkerung in diesen Angelegenheiten in die
Wagschale zu werfen, wie sie es hätte tun können. Sie hat sich aber in jahrelanger parlamentarischer Arbeit und Mitarbeit darauf vorbereitet,
im Falle eines Wahlsieges das innenpolitische
Ruder kräftig herumzureißen. Daran hat sich von
Godesberg bis Karlsruhe nichts geändert. Quali-
fikation und Sachverstand sind eher noch besser
geworden in dieser Partei.

Der innenpolitische Kurs der SPD ist freilich mit
ihrem Opportunitätsprinzip neueren Datums
durchaus vereinbar. Die innenpolitischen Mißstände, die infolge einer kurzsichtigen, massen-
unfreundlichen Politik der CDU entstanden sind,
liegen offen zutage, werden der Bevölkerung zunehmend bewußt, spielen in der Wahlentschei-
dung bereits eine Rolle. Von Bildungspolitik
wird gemeinhin nur noch im Sinne einer Bil-
dungskatastrophe gesprochen. Die Volksgesund-
heit ist miserabel. In der Statistik der Arbeitsunfälle steht die Bundesrepublik in Europa an
der Spitze. Die Termine des Lückeplanes mußten
von der CDU selbst mit Rücksicht auf die 65er
Wahlen um Jahre verschoben werden. Wenn die
CDU behauptet, die Sozialpolitik der SPD sei
keine Alternative, sondern nur der Ausbau des
Vorhandenen, so ist es doch gerade dieser Ausbau, auf den es ankommt. Und daß das innenpolitische Reformprogramm der SPD kein sozialistisches ist, das dürfte ihr die CDU doch wohl
am wenigsten vorwerfen. — Uns aber berechtigt
das alles, zu sagen, die SPD sei kein Kleineres
Übel. Sie ist eine Notwendigkeit.

Auf der Gegenseite stehen die lauwarmen Erklärungen des Parteitages zur Notstandsgesetz-

gebung und die Zustimmung zur Schaffung einer
Multilateralen Flotte. Die Stimmung war dagegen, das Votum dafür. In beiden Fällen hat der
Parteivorstand jedoch mit Halbwahrheiten ope-
riert. Die Alternative: Verfügungsgewalt der
Bundesrepublik über Atomwaffen — ja oder nein?
hat er umgefälscht in die Alternative: Gemein-
schaftslösung à la MLF oder nationale Atommacht à la de Gaulle? — eine Alternative, die es
für die Bundesrepublik gar nicht gibt. In bezug
auf die Notstandsgesetze wurde Verwirrung gestiftet mit der Behauptung „zur Einschränkung
der zur Zeit unbegrenzten Befugnisse der Exekutive" sei „eine Ergänzung des Grundgesetzes
notwendig," womit die Bereitschaft der SPD zu
einer einschneidenden Veränderung unserer Verfassung verschleiert, die Problematik selbst baga-
tellisiert, ja auf den Kopf gestellt wurde.

Notstandsgesetze und MLF — das haben wir in
dieser Zeitschrift vielfältig begründet und aus-
geführt — sind vom Übel. Wie die SPD, gemäß
ihren Versprechungen, den Wohlfahrtsstaat aus-
bauen, den Rechtsstaat festigen, den „Frieden in
Deutschland und den Frieden für Deutschland"
erhalten will ist angesichts von Notstandsgesetz
und MLF ungeklärt. Hier liegt ein Widerspruch,
der weder logisch noch finanziell aufrechterhal-
ten werden kann, der noch gelöst werden muß.
Wenn die SPD im nächsten Jahr mit der Regie-
rungsverantwortung betraut werden sollte, wird
sie diese Klärung herbeiführen müssen. Wir hoffen, daß sie dann ihrem innenpolitischen Programm die Priorität gibt.

Nr. 12/1964

Mit riesigem Geldaufwand ließ Innenminister Höcherl *im Herbst
1964 eine „Zivilschutzfibel" drucken und in 20 Mio. Exemplaren
an die Bundesbürger verteilen. Ulrike Meinhof analysiert:*

Die Zivildienstfibel

4 Millionen Auflage hat die Bild-Zeitung, 1,5 Millionen hat der Stern, 570 000 hat der Spiegel. Die ZIVILSCHUTZFIBEL hatte zwanzig Millionen. Sie wurde zwischen dem 20. Oktober und dem 12. Dezember an die Bundesbürger verteilt. Und dies Land der Lämmer hat sie schweigend geschluckt. Friß Vogel und stirb.

Dreht den Gashahn auf und greift zur Schutzmaske; eßt Luminal und erbrecht euch; steckt euer Haus an und haltet die Einstellspritze bereit – *sicher ist sicher**). *Nach menschlichem Ermessen* nicht und nicht *nach allen Vorkehrungen dürfte die größte aller Katastrophen – ein Krieg – ausbrechen,* nach Gottes unerforschlichem Ratschluß aber also. Und also *ist es dem Menschen auferlegt, vernünftig und verantwortungsbewußt Vorsorge zu treffen für alle Gefahren, die ihn bedrohen können.* Hermann Höcherl. (Theodor W. Adorno über den „Jargon der Eigentlichkeit": „Aber das Unwahre überführt sich seiner selbst im Geschwollenen.")

Den Hinterbliebenen noch ein *baldrianhaltiges Beruhigungsmittel, ein schmerzlinderndes Mittel, ein Fieberthermometer* und ACHTUNG! Wer zum Hanfstrick greift! Daß der Nagel in der Trümmerfassade auch hält! Eingipsen! Fassade abstützen! *Der verantwortungsbewußte Mensch sorgt vor.*

Was denkt sich eine Regierung eigentlich dabei, wenn sie so ausgemachten Unsinn unter die Leute bringt? Glaubt sie im Ernst, dem deutschen Volk so salbungsvoll und betulich wie einem lahmen Gaul ihre Politik aufschwätzen zu können? Wer soll ihr eigentlich den Vergleich zwischen Blitzableiter und Zivilschutz, zwischen Wolkenbruch und

Krieg abnehmen? *Aber wenn ein Gewitter heraufzieht, ist man doch froh, gegen den Blitz geschützt zu sein. So ist es auch mit dem Zivilschutz.* Was verspricht sie sich davon, wenn sie einem den Pfingstausflug vermiest unter Hinweis auf das Verkehrschaos bei einer Massenflucht im Krieg? Was hat die verbummelte griechische Reederei, die ihre Lakonia ohne Rettungsausrüstung in die Havarie schickte, mit der Weltpolitik zu tun? Und wer soll sich mit jenem flotten Fritzestrichmann indentifizieren, der auf den Illustrationen der Zivilschutzfibel vorschriftsmäßig in den Luftschutzkeller rennt, der sich auf die Erde wirft, die Hände schützend über den Kopf gehalten, der sich am Boden wälzt, wenn seine Kleider Feuer gefangen haben?

Die Regierung greift tief in die Tasche, um jeden im Selbstschutz auszubilden, der Interesse hat – die Gute. In wessen Tasche eigentlich? Und hat es sich noch nicht bis zur Regierung herumgesprochen, daß ihr Bundesluftschutzverband nicht mehr taugt als ein eingetragener Kegelklub, dem selbst die freiwilligen Helfer von der Ausbildung weglaufen, wenn nur ein Fernsehkrimi kommt? Und daß der Bundestag noch ganz und gar kein Selbstschutzgesetz verabschiedet hat, wie die Zivilschutzfibel behauptet – *In jedem großen Mietshaus oder für mehrere kleinere Häuser wird es künftig einen Selbstschutzwart geben* – weiß Höcherl das nicht? Vielleicht müßte ihm das mal einer sagen.

Das deutsche Volk ist kein Volk von Analphabeten, daß es einer ABC-Fibel bedürfte. Zwei Kriege und basta. Schlimm ist

die ganze, schließlich doch ziemlich alberne Fibel nur geworden durch zwei unter den fünfzig Seiten, das ist der Beitrag mit Bild des Atomphysikers und Philosophen Carl Friedrich von Weizsäcker. Der Text ist einem Artikel der ZEIT entnommen, der 1962 erschien, als Weizsäcker das Memorandum der sieben evangelische Theologen und Laien mitunterzeichnet hatte, ein Memorandum, das insbesondere die Informationspolitik der Regierung hart kritisierte. Seit damals wissen wir, daß Weizsäcker dem Bevölkerungsschutz das Wort redet, daß er den Weg der Anpassung, den andere eingeschlagen haben, mitgegangen ist. Gewiß, jede Regierung hat heutzutage ihre Professoren. Aber daß Höcherls Renommier-Professor Weizsäcker heißt, wußten wir nicht. Sein Beitrag in dieser Fibel macht sie scheinbar seriös, glaubwürdig, vertrauenswürdig. Und damit den Amoklauf einer nervösen Regierung, von der sich ihre Verbündeten abwenden und die jetzt wenigstens ihre eigenen Reihen fester schließen möchte, durch Atominen an der Zonengrenze, durch Luftschutzscharaden im Innern des Landes, sprich: Russisch-Roulette mit Papierhelm.

Eine Regierung, die ihre Verantwortung ernst nimmt, tut alles in ihrer Macht Stehende, um einen Krieg zu verhindern – faselt die Fibel. Wir schlagen vor, daß unsere Regierung einmal anfängt, ihre Verantwortung ernst zu nehmen.

*) Zitate aus der Zivilschutzfibel: Kursiv.

Nr. 1/1965

Ende Februar 1965 trat Walter Ulbricht seinen einwöchigen Staatsbesuch in Ägypten an; dies war die erste offizielle Reise des Staatsratsvorsitzenden in ein nichtkommunistisches Land. Die internationale Aufwertung der DDR, insbesondere durch die Dritte Welt, war ein erneuter Rückschlag für die Bonner Hallsteindoktrin:

Ulbricht in Kairo

Ulbricht wird also nach Kairo reisen und dort mit allen Ehren, die einem ausländischen Staatsoberhaupt gebühren, empfangen werden. Das ist für die DDR einer ihrer bisher größten außenpolitischen Erfolge, immerhin die erste Ulbricht-Reise in ein nichtkommunistisches Land, und Bonn wird daran nichts ändern können, es sei denn, Bonn ändert sich selbst. Solange die Hallstein-Doktrin nur eine Theorie des Kalten Krieges war, die ihn wohl zementieren half, doch nicht verursacht hat, mochte sie hingehen, reaktionär zwar und feindlich gegenüber sinnvoller Veränderung, doch auch belanglos. Distanz von Tito und Castro mochte noch konsequent scheinen, gehörte zur Selbstfindung des in Bonn konstituierten Staates. Man spielte mit Verlust, gewiß, aber man blieb im Spiel. Das ist anders geworden, seitdem die Hallstein-Doktrin ihrer materiellen Basis, das war das überragende wirtschaftliche Übergewicht der Bundesrepublik gegenüber der DDR, verlustig gegangen ist. Wirtschaftliche Macht besteht eben nicht aus Apfelsinen und Autos, sondern aus Rohstoffen und Maschinen, und auf dem Gebiet ist die DDR längst der viertgrößte Produzent in Europa, eine unübersehbare Realität. Je mehr der Osten aufholt, je weniger westdeutsches Geld das einzige deutsche Geld ist im Rennen um die Dritte Welt, je mehr wäre diplomatische Beweglichkeit vonnöten gewesen, statt einer Doktrin, die nun zur Fessel geworden ist, zur selbstgemachten Mauer. Nicht weitere Mauersteine wären jetzt fällig, sondern ein außenpolitisches Passierscheinabkommen. Ulbricht reist freilich auch ohne bundesdeutsches Placet.
Die Kairoer Presse will Ulbrichts Besuch als Freundschaftsbesuch im Sinne der friedlichen Koexistenz eines blockfreien Landes mit einem sozialistischen Staat verstanden

wissen. Warum eigentlich nicht? Warum soll der Eiserne Vorhang an der Elbe, festgefahren, wie die Dinge in Deutschland sind, nicht am Nil durchlöchert werden? Warum ist umgekehrt Bonn nur fähig, im Vorderen Orient den Unfrieden zu schüren – mit Waffen für Israel und deutschen Raketenexperten in Kairo – anstatt Ausgleich zu stiften? Seitdem die deutsche Verteidigungspolitik zum Surrogat für Außenpolitik geworden ist – europäische Einigung durch militärische Einigung, deutsch-französische Freundschaft inclusive force de frappe, atlantische Partnerschaft in der MLF – seitdem scheint Außenpolitik nur noch als Waffenhandel möglich. Militärisches Denken hat das politische längst überwuchert. Diplomaten werden nur noch mit Protokollfragen befaßt.

Jetzt kam der Schock. Gerstenmaier, der es versteht, Militärisches politisch zu verklausulieren, ein Strauß im Schafspelz, will es schon immer gesagt haben, es könne nicht die Pflicht der Bundesrepublik sein, die Welt mit Waffen zu versorgen. Er hat die Unbeholfenheit des einseitig militärisch orientierten Denkens erkannt, zieht aber keine Konsequenz. Man erliegt der Täuschung, der Verlust politischer und wirtschaftlicher Macht durch den Aufstieg anderer könne durch wachsende militärische Macht ausgeglichen werden. Man trennt sich nicht von der Hallstein-Doktrin, begreift nicht, daß sie ohnmächtig geworden ist, bleibt konzeptionslos. Wenn man aber aus solchem Ungeschick heraus den Faden verloren und andere gegeneinander ausgespielt hat – Israel und Ägypten – darf man sich nicht wundern, wenn auch eigene Tabus auf der Strecke bleiben: Die Anerkennung der DDR – ob de facto oder de jure – spielt schon keine Rolle mehr.

Die Bundesregierung sollte endlich begreifen, daß das reziproke Verhältnis zwischen der Bundesrepublik und der DDR nicht in der Natur der Sache liegt, sondern Ursachen hatte, die offenbar nicht von Dauer waren. Sie sollte begreifen, daß, was gestern real schien, heute schon irreal ist, sollte begreifen, daß die Politik der Ignoranz selbst ignorant macht.

Die Folgen sind übersehbar: Die Doktrin, die Freundschaften schmieden sollte, fragwürdig genug, macht nur noch Feinde. Der Vorbehalt, das Tischtuch zu zerschneiden, ist anderen zum Anlaß geworden, es selbst zu tun. Die Bundesrepublik ist auf dem besten Wege, sich selbst aus Afrika herauszukatapultieren. Dabei war der Empfang von Tschombe in Bonn doch schon ungeschickt genug. Nicht nur der deutsche Gbenye, auch der kongolesische Ulbricht fahren nach Kairo, wo man Tschombe nicht empfangen hat. Will man darauf warten, bis auch ein Westdeutscher dort nicht mehr empfangen wird? Ist man so sicher, daß es einen östlichen Hallstein nie geben wird? Traut man denen mehr Vernunft zu als sich selbst?
Wir haben keinen Anlaß, uns über das Desaster einer Politik, der wir schon lange mißtrauen, zu freuen. Die Welt, die Bonn auf Grund seiner irrealen Politik in die Isolation treibt, wird kaum die Nachsicht haben, das alles nur dieser einen Regierung ohne Fortune anzulasten. Die Folgen werden von uns allen zu tragen sein. Sie hängen der Bundesrepublik an, nicht einfach nur Bonn.

Nr. 2/1965

49

Ende der Einheitsfront

Natürlich kann Bonn die DDR nicht anerkennen. Das Gesicht, das Bonn dann verlieren würde, ist schon verloren. Bonn müßte mit dem Hinterkopf durch die Wand, das ist zuviel verlangt. Das wäre, als müßte sich einer, der unter dem Verdikt des Paragraphen 175 steht, verheiraten. Die gesamte Bonner Außen- und Innenpolitik von der europäischen Einigung bis zur Nato bis zu den Notstandsgesetzen, von der Entwicklungshilfe ganz zu schweigen, steht und fällt mit der Nichtanerkennung der DDR. Davon ausgenommen ist nur das bißchen Politik, das Bonn unfreiwillig leistet: Bildungspolitik, Familienpolitik, Sozialpolitik. Im übrigen ist es egal, ob man das nun Zone, DDR, Mitteldeutschland, Drüben oder SBZ nennt, was seit fast sechzehn Jahren unser Nachbarstaat ist. Das eigentlich Ungewöhnliche ist, daß man sich landauf, landab an diese mehr phantastische als realistische Politik gewöhnt hat, daß man die Ausnahme längst mit der Regel verwechselt, daß das Normale – die Anerkennung eines Staates, den es nun einmal gibt – als Laster erscheint, es zu erwägen, macht schon ein schlechtes Gewissen – wem gegenüber eigentlich? –, es ist verdrängt, es kommt auch publizistisch kaum vor, es kommt gar nicht in Frage.

Reden wir trotzdem davon. Nicht in der Erwartung, gehört zu werden, sondern weil es das Normale ist. Um gegenüber dem Verschrobenen das Normale nicht aus den Augen zu verlieren.

Innenpolitisch wäre die Anerkennung der DDR das Ende der antikommunistischen Einheitsfront, der Verlust des äußeren Feindes, der alle eint. Die Antipathie gegenüber der DDR, die fast alle Bundesrepublikaner haben, könnte differenziert und ausgesprochen werden, ohne zum Bruderkuß mit Strauß zu mißraten, ohne die Fronten im eigenen Land zu verkleistern. Die Notstandsgesetze wären dann nicht mehr nur überflüssig, sondern jedermann könnte das dann auch einsehen. Zwangloser ließe es sich leben hierzulande, und die 17 Millionen würden nicht länger in ein illegitimes Verwandtschaftsverhältnis kommandiert – „Brüder & Schwestern" –, erwachsene Freund- und Feindschaften würden möglich. Und einige Leute bekämen Gelegenheit, ihr Verhältnis zur Demokratie neu zu konzipieren, weil der Antikommunismus als einzige demokratische Legitimation nicht mehr ausreichte.

Nicht auszudenken, was uns außenpolitisch erspart bliebe. Dem Sieg der Rebellen im Kongo, einer Entscheidung im Jemen, der Entwicklung Tansanias, der Aufnahme Chinas in die UNO, dem Besuch Kossygins in Bonn und Johnsons in Moskau könnten wir gelassen entgegensehen. Der Wettkampf um die Sympathie der jungen Völker Afrikas und Asiens könnte fair geführt werden, man würde mit und um harte Sachen konkurrieren, nicht um hochanfällige Phantome. Und wer Beziehungen knüpfen will, handeln und verhandeln, brauchte die Bundesrepublik nicht zu umgehen wie de Gaulle es längst tut und jetzt auch Johnson mit Harrimans Besuch in Tel Aviv, brauchte die offizielle Politik nicht zu unterlaufen, wie Krupp und Sachs es gegenüber Polen und der DDR angefangen haben. Kaum ein Land hat eine so große Chance und hätte selbst dabei so großen Gewinn, der Welt ein Beispiel von Koexistenz vorzuführen, wie das geteilte Deutschland.

Warum wird kein Gebrauch davon gemacht? Dem steht nicht einfach nur Torheit, Kurzsichtigkeit, Borniertheit entgegen. Dem steht entgegen, was Strauß im Stern vom 28. Februar, als Ulbricht schon und noch in Kairo war, in bemerkenswerter Offenheit unter dem Stichwort: „Europäisierung der deutschen Frage" entwickelt hat, Strauß, der immerhin der Vorsitzende einer in Bonn regierenden Partei ist, macht zur Bedingung der Wiedervereinigung nicht nur „den Abbau des kommunistischen Systems in der Zone", sondern darüber hinaus die „Wiedervereinigung Europas". „Polen, die Tschechoslowakei, Ungarn, Rumänien, Bulgarien gehören genauso zu Europa, wie Holland, Belgien und die Schweiz . . . Es gilt, eine Entwicklung dort mit allen Mitteln der politischen, wirtschaftlichen, kulturellen und psychologischen Kontakte zu unterstützen, damit ein Punkt erreicht wird, von dem an es keine Rückkehr mehr zur Möglichkeit des alten Terrors gibt." Erst dann wird es eine Lösung der deutschen Frage geben, „wenn Deutschland ein Teil eines europäischen Gravitationszentrums wird, dessen Gründungsurkunde legitime, deutsche Rechte und Lebensnotwendigkeiten enthält." Wiedervereinigung in den Grenzen von 1943. – –

Die Alternative zu Strauß ist die Anerkennung. Alles andere ist der kleine Finger.

Im Frühjahr 1965 erzwingt die CDU den Rücktritt des Panorama-Moderators Gert von Paczensky. Ulrike Meinhof untersucht die Perspektiven des Medien-Proporzes:

Springer-Fernsehen

Das Fernsehen beißt nicht. Jedenfalls nicht mehr. Zumindest selten. Ich kenne Leute, die haben sich den Namen Pacsensky nicht gemerkt, die sagen: Da war mal einer. Der war gut. Das war der mit dem Bart. Und fügen hinzu: Schade. Sie sitzen trotzdem jeden Abend vor dem Fernsehschirm, meckern nicht, sind müde und einverstanden.

Es wäre unbillig, vom Fernsehen mehr zu verlangen, als die übrige bundesrepublikanische Gesellschaft leistet. Einzelne mögen noch das Risiko der Isolation eingehen und sogar ungebrochen überstehen; Apparate mit Tausenden von Mitarbeitern, die keine Interessen vertreten, sondern Ansichten, verhalten sich konform zur übrigen Gesellschaft. Wenn sich die Parteien und anderen Organisationen die Zähne gezogen haben, wird eben nicht mehr gebissen. Wer sollte dann noch wen?

Vorwürfe gegen das Fernsehen gehen mit anderen Worten an die falsche Adresse. Nicht nur aus prinzipiellen Gründen, auch aus organisatorischen. Dem Fernsehrat zum Beispiel des Zweiten Deutschen Fernsehens gehören 66 Mitglieder aller politischen, sozialen und weltanschaulichen Richtungen an, Vertreter der Länder, des Bundes, der Parteien, der Kirchen, der Gewerkschaften, der Arbeitgeberverbände, der Wohlfahrtsverbände, des Sports etc. Wer das Fernsehen unterwandern will, müßte zuvor diese Institutionen unterwandern, müßte, um am Proporz zu rütteln, Wehner umstimmen oder — umgekehrt — die Gewerkschaften abschaffen. Der Proporz verbietet Einseitigkeit. Per Einerseits-Andererseits kommt freilich auch keine Klarheit ins Bild, keine Schärfe, man

bleibt aber doch mit der Realität in Fühlung, wenngleich auf Kriegsfuß, aber sie bleibt gefragt. So hat Panorama sich trotzig gehalten. Das Fernsehen ist immer noch zugänglich.

Daran will Axel Caesar Springer rütteln. Er will das Zweite Deutsche Fernsehen zum Erbhof machen, unempfindlich gegen politische Veränderung auf Grund der Stabilität seiner wirtschaftlichen Macht — an der gegenwärtig auch Optimisten nicht zweifeln. Daß nicht das Werbefernsehen, sondern Springer selbst die übrige Presse in der Bundesrepublik zu ruinieren droht, daß der Trick mit der Wettbewerbsverzerrung nur ein Trick ist, kann man in der Springer-Titelgeschichte des SPIEGEL nachlesen; daß nicht die Summe der deutschen Verleger das Zweite Programm machen würde, sondern Axel Caesar S. hat Haffner im Stern klargemacht. Daß der Bund schließlich verfassungsrechtlich gar nicht die Kompetenz hat, den vorhandenen Rundfunkanstalten das Werbefernsehen zu verbieten, hat Adolf Arndt im Bundestag begründet.

Es geht um das BILD-Fernsehen. Vor diesen Karren haben sich CDU/CSU und FDP spannen lassen. Ein Beweis mehr, daß Springers Tränen am Brandenburger Tor kontinuierlich fließen — selbst ein Stück status quo —, daß Springer der CDU sicher ist, was er nicht immer war. Bemerkenswert, daß nicht nur Regierungstreue honoriert wird, schließlich auch BILDs Angriffe auf den Bundesaußenminister, BILD-Sympathien für Strauß.

Damit nicht genug. Der Fernsehrat des Zweiten Deutschen Fernsehens, jene Vertreterversammlung der bundesdeutschen Gesell-

schaft, der — laut Vertrag — Richtlinien aufstellt für die Sendungen und Sorge dafür trägt, daß ein „umfassendes Bild der deutschen Wirklichkeit vermittelt werde" und daß die Berichterstattung „umfassend, wahrheitsgetreu und sachlich ist" (nun ja), soll samt ihren Intendanten ausgetrickst werden. Der Verleger- (sprich Springer-)Chefredakteur soll für alle politischen Sendungen allein verantwortlich sein. Gerade die ununterdrückte, voll ausgespielte Rolle jener Gruppen aber, die ihre Vertreter in den Fernsehrat schicken, unterscheidet den 29. vom 30. Januar 33, macht den Unterschied aus zwischen einer Bundesrepublik ohne Notstandsgesetze und einer Bundesrepublik mit. Schließlich sind sie das Bezugsobjekt des Parteiengesetzes im Grundgesetz, das heißt: „Die Parteien wirken bei der politischen Willensbildung des Volkes m i t." Es hieße, diese Gruppen aus einem Teil des wichtigsten Kommunikationsmittels moderner Öffentlichkeit ausschalten, es hieße, das Monopol der Parteien noch steigern.

Theodor W. Adorno: „Die Menschen haben ein Recht darauf, nicht angeschmiert zu werden." Zusatz: „Selbst wenn sie darauf bestehen, angeschmiert werden zu wollen." Aber wer will eigentlich ein Springerfernsehen, außer ihm selbst und der CDU? Die CSU.

Nr. 4/1965

Präsident Lyndon B. Johnson weitet im Frühjahr 1965 den Vietnamkrieg auf Nordvietnam aus. Die Gründe für Johnsons Rückfall in die „Alles-oder-Nichts-Strategie von John Foster Dulles" untersucht Ulrike Meinhof unter dem Titel:

Vietnam

Es sieht so aus, als würde in Vietnam die Ära Kennedy zu Grabe getragen und die Ära Dulles exhumiert. Militärisch: Die Drohung mit der Atombombe ist die Drohung mit der massiven Vergeltung; das war die Alles-oder-Nichts-Strategie von John Foster Dulles; das ist Politik am Abgrund des großen Krieges. Politisch: Johnsons Angebot, ohne Vorbedingung zu verhandeln, ist das Angebot, unter der Drohung schwerer und schwerster Waffen zu verhandeln; das ist die Politik der Stärke, für die Dulles und Adenauer eingestanden haben, nicht John Fitzgerald Kennedy. Bündnispolitisch: Die Nachricht, daß europäische Gesprächspartner von amerikanischen Diplomaten in letzter Zeit fortlaufend darauf hingewiesen werden, die Einstellung der westlichen Verbündeten zum Krieg in Vietnam sei eine Art Lackmusprobe auf ihre Bündnistreue (Frankfurter Allgemeine vom 26. April) –, läßt jenes Freund-Feind-Denken erkennen, das keine Neutralität duldet. Ein lokaler Konflikt ist zum weltpolitischen Prüfstein für das antikommunistische Stehvermögen der andern hochgespielt worden. Das hat mit Kennedys aufgeklärtem Antikommunismus nichts mehr zu tun. Vietnam, das ist nicht mehr nur ein schmutziger Krieg, Vietnam hat bereits Kreise gezogen, Vietnam ist der Rückfall in den Kalten Krieg der Ära Dulles.

Der amerikanische Außenminister John Foster Dulles selbst hat den Zeitzünder in Vietnam gelegt. 1954, im gleichen Jahr der Niederlage Frankreichs in Indochina und des Genfer Abkommens, gründete er in Manila die SEATO und dehnte in einem Zusatzprotokoll die Schutzgarantie des Manila-Paktes auf Süd-Vietnam aus. Damit war die Grenze am 17. Breitengrad zu einem Stück eisernem Vorhang geworden. Der Weg zur Neutralität war blockiert. Indochina war zu einem Bestandteil des Ost-West-Gegensatzes geworden.

Erst Kennedys Neuinterpretation des Neutralismus, seine Bereitschaft, Neutralitätsbestrebungen zu respektieren, schuf die Voraussetzung dafür, nationale Unabhängigkeitsbewegungen außerhalb des Ost-West-Konflikts zu behandeln. Sie beruhte zugleich auf dem Verzicht auf eine Neuverteilung der ost-westlichen Einflußzonen. Sie beruhte schließlich auf der Erkenntnis, daß Militärbündnisse nicht von Dauer sind, wenn sie mit Regierungen geschlossen werden, die keine Basis in der eigenen Bevölkerung haben. Kennedy wußte, daß Antikommunismus allein einen Staat nicht bündnisfähig macht, besonders dann nicht, wenn er primär dazu dient, eine sozialreaktionäre, autoritäre Herrschaft im eigenen Land gewaltsam zu etablieren. – Er war entschlossen, die Ära Eisenhower-Dulles außen- und innenpolitisch zu beenden. Die Zeit, die er dazu hatte, war zu kurz, um Fakten schaffen zu können, die nicht wieder macht werden konnten. Der ... ues korrupten Diem-Regimes in Su... ietnam im Herbst 1963 schien der vorläufige Anfang einer neuen amerikanischen Süd-Vietnam-Politik zu sein, schien einen Kompromiß anzubahnen. Was seitdem in Süd-Vietnam geschehen ist, daß Dulles' Zeitzünder doch noch zum Knall geführt hat, hat Johnson zu verantworten.

Es ist schwer auszumachen, wer Johnson dazu gedrängt hat, die Kennedy-Linie, die er ursprünglich – sicherlich ehrlich – vertreten hat, zu verlassen. Daß er heute im eigenen Land dieselben Gegner hat, die auch Eisenhower und Dulles widersprochen haben, bestätigt unsere Befürchtung, daß der Krieg in Vietnam nicht nur ein Desaster, sondern eine Kehre in der amerikanischen Außenpolitik ist. Prominentester Gegner von Johnsons Vietnam-Politik ist der Senator Fulbright, der auch in der Deutschlandfrage schon des öfteren zu etwas mehr ziviler Vernunft, zu etwas weniger Starrheit geraten ist. Die Zeiten des Präsident

...naftswahlkampfes, als Barry Goldwater die Kriegspartei in Vietnam vertrat, Johnson die Friedenspartei, liegen weit zurück.

Wenn McNamara heute, nach unzähligen amerikanischen Bombenangriffen, das Einsickern nordvietnamesischer Truppen in Süd-Vietnam als Aggression bezeichnet, wenn er behauptet, es würden nur militärische Ziele bombardiert, nachdem die Bilder von zerstörten Schulen und Krankenhäusern um die Welt gegangen sind, wenn Johnson sich bei seinem Verhandlungsangebot unter der Drohung der Atombombe auf das Münchner Abkommen beruft, Ho Tschiminh mit Hitler vergleichend, dann trägt diese Politik eher die Züge von Dulles' Formosa-Politik und seiner Libanon-Intervention von 1958, als etwa die Züge von Kennedys Laos-Kompromiß. Hier wird ein Konflikt geschürt, nicht befriedet. – Die Militärbündnisse von John Foster Dulles wurden ohne Rücksicht auf die Interessen der Völker geschlossen. Sie werden gegenwärtig ohne Rücksicht auf die Interessen dieser Völker behauptet.

Die Folgen, die der Welt aus diesem Rückfall der amerikanischen Außenpolitik in die Zeiten des Kalten Krieges entstehen, sind noch nicht erkennbar. Zwar wird die neuerliche Dominanz eines militanten Antikommunismus' in der amerikanischen Außenpolitik die westliche Welt nicht wieder zu einem Block zusammenschweißen, denn der Ost-West-Dualismus funktioniert nicht mehr wie in den fünfziger Jahren, das aber macht die Situation – denk' ich an Deutschland – nicht weniger bedrohlich. Bonn hat sich nie ganz von der Ära Dulles, die die Bundesrepublik groß gemacht hat, losgesagt. Auch wenn der Bundestag während der Amtszeit Kennedys kein einziges Mal in Berlin getagt hat.

Es bleibt die Hoffnung, daß der Präsident Lyndon B. Johnson, der immerhin unter Roosevelt in die Politik eingestiegen ist, sein letztes Wort noch nicht gesprochen hat.

Kurz vor den Bundestagswahlen 1965 sagt die SPD Nein zum Notstandspaket der CDU/CSU. Doch Ulrike Meinhof warnt vor Illusionen und ruft nach einer außerparlamentarischen Opposition gegen die Gesetze:

Notstand

Da die Notstandsdiskussion der Parteien hauptsächlich unter Ausschluß der Öffentlichkeit stattfindet, können die vereinzelt durchsickernden Nachrichten nur noch von Kennern der Materie entschlüsselt werden. So haben sich einige Irrtümer über die Gefahr, die die Notstandsgesetzgebung für die Demokratie darstellt, breit gemacht. Lähmende Irrtümer.

Der eine Irrtum ist der, die CDU sei so schlimm ja nun auch wieder nicht, sie werde schon nichts Böses im Sinn haben, ein Mißbrauch von Ausnahmerechten, gar ein planmäßiger Mißbrauch sei nicht zu befürchten. Die Spiegelaffäre hat das Gegenteil bewiesen. Nicht eine maßvolle CDU, sondern der unabhängige Bundesgerichtshof hat sie zugunsten von Augstein und Ahlers beendet. Die demokratische Integrität der CDU ist seitdem zu bezweifeln. Die Fehlurteile, die im Herbst 1962 von CDU-Politikern über den Spiegel und seine Mitarbeiter gefällt worden sind, haben ein demokratisch gut gemeintes Vertrauen zu dieser Partei gegenstandslos gemacht. Man darf annehmen, daß dies für Freunde und einfache Mitglieder der CDU die bitterste Pille ist, die ihnen ihre Partei je zu schlucken gab. – Im Falle eines unbefristeten Ausnahmezustandes aber – und in den Notstandsplänen von CDU und SPD ist keine Befristung des Notstandsfalles vorgesehen (Kubakrise und Spiegelaffäre aber wären Anlaß genug gewesen, den Ausnahmezustand auszurufen) – im unbefristeten Notstandsfall hätte man Ahlers und Augstein aufgrund der Fehlurteile von CDU-Politikern nicht nur verhaftet, verdächtigt, diffamiert; man hätte auch die Protestversammlungen und -demonstrationen der Studenten verhindern können, die Solidaritätsbekundungen der übrigen Presse verbieten, die offene Berichterstattung über die Affäre verhindern, das Weitererscheinen des Spiegels unterbinden, die Existenzbasis des Magazins und seiner Mitarbeiter vernichten können. Der Spiegel hat die Affäre überlebt, weil den katastrophalen Fehlurteilen von CDU-Politikern das Instrumentarium einer Notstandsverfassung nicht zur Verfügung stand. Aufgrund einer intakten Gewaltenteilung konnte die Entscheidung des Bundesgerichtshofes fallen. Sie demonstriert, wozu die CDU fähig und wozu sie unfähig ist. Ein Mißbrauch von

Ausnahmerechten im Falle eines Notstandes durch Politiker der Christlich-Demokratischen Union ist seitdem durchaus zu befürchten. Nur ein Rücktritt des Bundesinnenministers Höcherl könnte diese Befürchtungen jetzt noch zerstreuen. Höcherl aber hat sich wegen seiner damaligen Fehlurteile nicht einmal bei Augstein und Ahlers entschuldigt. Adenauer und Strauß auch nicht.

Der zweite Irrtum ist der: Wenn die SPD mitmacht, kann es so schlimm nicht werden; die SPD wird einen Mißbrauch verhindern. Diese Ansicht verkennt die Tatsache, daß die SPD erst mitmacht, seitdem sie sich der Politik der CDU in entscheidenden Punkten angenähert hat: Nato, atomare Aufrüstung, multilaterale Flotte, kein militärisches Disengagement in Mitteleuropa. Die Notstandsgesetzgebung ist ein Stück dieser Verteidigungspolitik, sie wird von den Parteien auch als solche ausgegeben; sie ist die Kehrseite der atomaren Aufrüstung und der Strategie der Vorwärtsverteidigung; deshalb hat man den Generalinspekteur der Bundeswehr zu den internen Notstandsverhandlungen auch hinzugezogen. Seitdem die SPD die Verteidigungspolitik der Regierung im Prinzip unterstützt, seitdem ist es nur noch formal die große Koalition, die in den Notstandsverhandlungen gegenwärtig vorweggenommen wird, faktisch ist es die Koalition politisch relativ kleiner Meinungsverschiedenheiten. Deshalb können die Korrekturen, die die SPD der CDU in den Verhandlungen der letzten Wochen abgetrotzt hat – Aufgabe des Notverordnungsrechts, Notparlament, Abstimmungsmodus im Notparlament – bereits als Zugeständnisse der CDU an den sozialdemokratischen Komplicen verstanden werden. Um Gustav Heinemanns willen behaupten wir das nicht, wir befürchten es aber. Daß die Verhandlungen zwischen den Parteien erst unter dem Druck der Gewerkschaften an der Frage der Pressefreiheit und des Streikrechts vorläufig gescheitert sind, verstärkt diese Befürchtung.

Beiden Irrtümern – dem Blindekuh-Spiel mit der CDU, dem Ich-hatt-einen-Kameraden-Gefühl gegenüber der SPD – liegt ein dritter zugrunde: Wichtiger als das Verfassungswerk selbst sei schließlich die Regierung,

die diese Verfassung handhabt. Wenn man ihr keine bösen Absichten nachweisen könne, brauche man doch nicht so kleinlich zu sein. Die dieser Ansicht zuneigen, kommen sich dabei sehr unbürokratisch vor, fast wie der Prinz von Homburg, sie verkennen, daß der Prinz es mit einer absolutistischen Obrigkeit zu tun hat, wir aber mit einer demokratischen Verfassung. Sie verkennen, daß die unbedingte Verbindlichkeit einer Verfassung den Bestand der Demokratie ausmacht und eben gerade nicht tagespolitischer Firlefanz – selbst wenn er gut gemeint ist.

Es liegt in der Natur der demokratischen Verfassung, daß sie der Mehrheit zur Regierungsbildung verhilft und dabei der Minderheit politischen Handlungsraum garantiert. Sie sichert der Minderheit die Chance, Mehrheit zu werden. Diese Funktion der Verfassung, daß sie die Minderheit vor der Mehrheit schützt, kann der Mehrheit nicht anvertraut werden. Das wäre widersinnig, unsinnig und absurd. Das ist nicht unorthodox gedacht, nicht genialisch und t unbürokratisch, das ist einfach naiv, dem liegt der Traum vom Gottesgnadentum zugrunde, von der Obrigkeit, der man unkritisch, aber guten Gewissens untertan sein kann. Die Mehrheit im Deutschen Reichstag, die Hitler das Ermächtigungsgesetz anvertraute, erlag diesem Irrtum, nicht auf den Buchstaben der Verfassung käme es an, sondern auf die, die sie handhaben.

Die Gewerkschaften, die damals die ersten Opfer diesen mörderischen Irrtums waren, scheinen jetzt die einzigen zu sein, die daraus gelernt haben. Sie sind im Bedriff, von der Freiheit, die bedroht ist, Gebrauch zu machen, um sie zu erhalten. Ein bemerkenswerter Teil der Studentenschaft, eine große Zahl deutscher Universitätsprofessoren ist auf ihrer Seite. Ob die große deutsche Presse von ihrer Kontrollfunktion, ihrem Recht zur Kritik und zur Information Gebrauch macht, muß sich noch erweisen. Noch gewährleistet das Grundgesetz die Freiheit, die geplante Verfassungsänderung zu prüfen, zu diskutieren, sogar zu verhindern. Wieviel uns an dieser Freiheit liegt, wird der Ausgang der Diskussion über die Notstandsgesetze erweisen. Nr. 6/1965

Im Bundesverteidigungsministerium des Strauß-Nachfolgers Kai Uwe von Hassel entsteht ein Geheimerlaß, der die Werbung für die Gewerkschaft ÖTV im Kasernenbereich verbietet. Ulrike Meinhof vergleicht den Erlaß mit Bismarcks Sozialistengesetz:

Gewerkschaft und Bundeswehr

Die Arbeitsweise und Zielsetzung der Gewerkschaft ÖTV – Öffentliche Dienste, Transport und Verkehr – widerspreche dem Prinzip von Befehl und Gehorsam in der Bundeswehr – so erläuterte Oberst Viebig, der Sprecher des Bundesverteidigungsministeriums, das durch einen Geheimerlaß angeordnete Verbot, in der Bundeswehr für die ÖTV zu werben. Verzeihung – aber das Unternehmen, den Betrieb, das Werk möchte ich sehen, dessen Prinzipien, nun nicht von Befehl und Gehorsam, wohl aber von Planung, Leitung, Anordnung, Arbeitsteilung, von Über- und Unterordnung, und seien sie noch so komplex und kompliziert, der Arbeitsweise und Zielsetzung der Gewerkschaften entsprechen.

Wahrscheinlich hat der Oberst sogar der Mehrzahl der deutschen Arbeitgeber aus dem Herzen gesprochen, nur daß diese sich solche Anmaßungen nicht mehr leisten können, seitdem sie mit einer gewerkschaftlich organisierten Arbeitnehmerschaft rechnen müssen, die an ihrem grundgesetzlich gesicherten Koalitionsrecht nicht einfach rütteln läßt. Es steht dem Minister schon schlecht genug an, sich wie ein industrieller Arbeitgeber zu produzieren. Hinzu kommt, daß er sich – im Unterschied zu den Herren von der Industrie, die doch wohl nicht seine Kollegen sind – durch seinen Amtseid zur Wahrung der Grundrechte verpflichtet hat, von denen eines das Koalitionsrecht nach Artikel 12 Grundgesetz ist. Der Streit zwischen dem Minister und der ÖTV ist also doppelt beunruhigend. Weil der Minister, obwohl dem Parlament verantwortlich, Arbeitgeberallüren entwickelt, weil der Minister, obwohl per Eid auf die Grundrechte verpflichtet, diese ignoriert.

Wir halten diesen Rückfall des Ministers in den Geist Bismarckscher Sozialistengesetzgebung für symptomatisch für das Verhältnis der Regierungsparteien zu den Gewerkschaften. Zwar beruht der Streit zwischen der ÖTV und von Hassel auf einem Alleingang des Ministers. Dieser Alleingang fügt sich jedoch lückenlos ein in den Plan, die Gewerkschaften durch die Aufhebung des Streikrechts im Falle eines Notstands auf eine rein repräsentative Funktion zurückzudrängen.

Zur gewerkschaftsfeindlichen Politik der Regierungsparteien insgesamt, die das Streikrecht aussetzen wollen, kommt ein Ressortinteresse des Ministers, gewerkschaftliche Einflüsse von der Bundeswehr fernzuhalten, den einzelnen Soldaten etwaiger gewerkschaftlicher Solidarität zu entziehen, die Bundeswehr gesellschaftlich zu isolieren. Denn die Bundeswehr ist neben der Polizei das Instrument, mit dessen Hilfe allein eine Dienstverpflichtung von Arbeitnehmern erzwungen und unerlaubte Streiks gebrochen werden könnten. Der Einsatz der Bundeswehr im Falle innerer Unruhen steht aber in Frage, wenn Freund und Feind vermischt sind, wenn Bundeswehrsoldaten selbst Gewerkschafter sind. Mit gewerkschaftlich organisierten Leuten kann man eben nicht mehr alles machen, was man will. Insofern ist der Geheimerlaß des Ministers, der die Werbung für die ÖTV in der Bundeswehr verbietet, nicht anders motiviert, als die Gewerkschaftsverbote im kaiserlichen Deutschland, mit denen man sich unbequeme Leute im Betrieb vom Halse schaffte, unbequemen Einfluß ausschaltete. So schafft man Staaten im Staat.

Daß die Bundeswehr ein Staat im Staat ist, noch nicht hinsichtlich illegaler Machtanmaßung, wohl aber hinsichtlich gesellschaftlicher Isolation, diese Erkenntnis hat Heye im Vorjahr das Amt gekostet, sein Nachfolger Hoogen hat sie jetzt faktisch bestätigt: Der Bundeswehrsoldat kennt seine Grundrechte nicht. Daß er sie kennenlernt, z. B. durch die ÖTV, eben gerade weil diese sich die Prinzipien von Befehl und Gehorsam in ihrer Arbeitsweise nicht zu eigen gemacht hat, das hat von Hassel durch seinen Geheimerlaß vorläufig verhindert. Aber wenn es nicht das Bewußtsein seiner Grundrechte ist, das den Mann in Uniform zum Staatsbürger macht, was ist es dann? Möchte Herr von Hassel die Prinzipien von Befehl und Gehorsam, die zweifellos zur Funktionsfähigkeit einer Armee gehören, zum Modell staatsbürgerlichen Verhaltens schlechthin machen? Die Notstandsgesetze sind der Weg dahin. Aber noch sind sie schließlich nicht verabschiedet.

Es geht in dem Streit zwischen von Hassel und der ÖTV um die Einsatzfähigkeit der Bundeswehr im Fall eines inneren Notstands, es geht darum, daß dies Instrument in den Händen der Exekutive scharf bleiben und schärfer werden soll für den Fall, daß es gegen gewerkschaftliche Aktionen eingesetzt wird. Der Streit ist ein Stück Notstandspolitik, mit der die Gewerkschaften insgesamt neutralisiert werden sollen.

Sie sollen neutralisiert werden, weil das Streikrecht der Gewerkschaften der einzige wirkliche Machtfaktor im Staat ist, der sich der Kontrolle der Exekutive nicht nur rechtlich, sondern auch effektiv entzieht. Er ist der einzige Machtfaktor, an dem unrechtmäßige Übergriffe der Exekutive, die über Armee und Polizei verfügt, wirklich scheitern könnten. Es ist das die Demokratie entscheidend mitkonstituierende Korrektiv gegen einen Mißbrauch der Macht durch die Exekutive. Es ist das einzige Grundrecht, das allein schon durch seinen Gebrauch erhalten werden kann. Es ist der absolute Unsicherheitsfaktor im Falle eines Notstandes, in dem die Masse der Bevölkerung eventuell nicht so will, wie die Regierung, sei es ein Äußerer oder Innerer Notstand.

Der Angriff auf die Gewerkschaften richtet sich deshalb gegenwärtig nicht gegen den sogenannten Sozialpartner aus Gründen wirtschaftlicher Notwendigkeiten im Falle eines Notstandes – das Wort „Dienstverpflichtung" klingt nur so, als wären Dienste für das Gemeinwohl gefragt –; er richtet sich gegen denjenigen politischen Partner, der im Notfall als einziger der Regierung nicht ohnmächtig gegenübersteht. Dabei wäre die politische Entmachtung der Gewerkschaften allerdings identisch mit ihrer sozialpolitischen Entwaffnung. In Sachen ÖTV/Bundeswehr haben sich die Sozialpolitiker der SPD noch zu Wort gemeldet. In Sachen Streikrecht im Falle eines Notstands hat Erler bereits die CDU um gewerkschaftsfeindliche Solidarität gebeten. Wörtlich: „Helfen Sie mir, die Gewerkschaften zu überzeugen, statt daß Sie beschimpfen, der ich eben hier das versuche." (Bundestagsdebatte 16. Juni zit. nach Frankfurter Allgemeine Zeitung vom 17./18. Juni.)

Es hat freilich in der breiten Öffentlichkeit der Bundesrepublik noch nie ein so starkes und klares Bewußtsein von der Bedeutung der Gewerkschaften für den demokratischen Charakter des Staates gegeben, wie in diesen Wochen. Noch nie war so deutlich, daß Meinungsfreiheit, Pressefreiheit, Freiheit der Künste und Wissenschaften, Freiheit schlechthin im Sinne des Grundgesetzes auf die potentielle Macht der Institution angewiesen ist, die als einzige die Möglichkeit hat, Freiheit effektiv zu verteidigen – auf die Gewerkschaften.

Herr von Hassel hat das begriffen. Seine Philippika gegen die ÖTV zeigt, was er davon hält und was von ihm zu halten ist. Erlers Appell an die CDU zeigt, was die SPD-Führung davon hält. Es gibt keinen Grund, diese Situation auch nur im geringsten optimistisch zu beurteilen. Nr. 7/1965

54

Rolf Hochhuth veröffentlicht ein „Plädoyer für eine neue Regierung". Kanzler Erhard beschimpft daraufhin die Intellektuellen auf dem CDU-Wirtschaftstag in Düsseldorf als „Pinscher" und „Banausen". Warum das mehr als eine Entgleisung war, beschreibt Ulrike Meinhof in dem Artikel:

Hochhuth

Erhards Ausfälle gegen Hochhuth und Grass waren nicht nur das hilflose Gebelfer eines ungebildeten Spießbürgers. Die maßlose Verletzung allen Anstands in der Form seiner Attacken – „Pinscher", „Banausen", „Tuten und Blasen...", „Idiotie" –, die vor allem die Schriftstellerkollegen von Grass und Hochhuth in Harnisch gebracht hat („... da fängt der Erhard an"), mag sein persönlicher Stil sein – Wahlkampfnervosität aber wäre ja tatsächlich verzeihlich. Auch die häßliche Mißachtung seiner eigenen Parteimitglieder, an die Erhard ja wohl dachte, als er Hochhuth vorwarf, sich „auf die paterreste (ein Kanzlerwort!) Ebene eines kleinen Parteifunktionärs" begeben zu haben, womit Hochhuth doch wohl etwas besonders Entwürdigendes nachgesagt werden sollte, das mag die so apostrophierten Damen und Herren von der CDU schockiert haben – hoffentlich.

Erhard hat, trotz verfehlter Form, erreicht, was ihm wünschenswert sein mußte: Von Hochhuth abzulenken, die Sache, die den Anlaß zu Meinungsverschiedenheiten zwischen ihm und Hochhuth gab, aus den Spalten der Presse, aus den Hirnen verdatterter Spiegelleser wieder zu verbannen.

Die Sache, die im Gebelfer unterging, war die bundesdeutsche Sozialpolitik, die soziale Stellung des Arbeitnehmers in der Bundesrepublik, Vermögenskonzentration im Bündnis mit politischer Machtkonzentration, Klassenkampf. Hochhuth hatte Zahlen und Thesen vorgelegt, in einem Porträt Otto Brenners für das Rowohlt-Bändchen „Plädoyer für eine neue Regierung", der Aufsatz war auszugsweise im Spiegel vorabgedruckt worden. Zwei Nummern später brachte der Spiegel Leserstimmen, ausnahmslos Gegenstimmen, Arbeitgeberstimmen. Dann begab sich der Kanzler selbst auf die Barrikaden. Nicht irgendwo, nicht in einer Wahlversammlung, nicht auf einer Pressekonferenz, sondern vorm Wirtschaftstag der CDU/CSU in Düsseldorf und auf der Hauptversammlung der CDU-Sozialausschüsse in Köln. Die Unternehmerversammlung mußte beruhigt, die Arbeitnehmerversammlung immunisiert werden. Das Protokoll verzeichnet starken und großen Beifall, wo von „Nichtskönner" und „paterreste Ebene" die Rede war.

Hochhuths Kritik hatte getroffen. Des Kanzlers Entgegnung war keine Entgleisung, war ein Politikum, ein Gegenschlag. Daß dabei nicht die geeigneten Formulierungen zu Gebote standen, haben ihm seine Adressaten nicht übelgenommen, sie spendeten Beifall. Die Diskussion, die Hochhuth inszeniert hatte, mit einem Mut, der an Starrsinn grenzt, mit einer geistigen Unabhängigkeit, die in der Bundesrepublik schon eigenbrödlerisch wirkt, war tot. Schriftsteller mokierten sich über Formulierungen.

Warum reagierte der Kanzler so gereizt? Warum darf in der Bundesrepublik nicht prinzipiell über Sozialpolitik diskutiert werden? Warum darf in einer Zeit, in der die CDU selbst das Thema Vermögensbildung in Arbeitnehmerhand zum Wahlkampfthema gemacht hat, nicht über Vermögensbildung diskutiert werden? Warum hat man Angst vor Hochhuth, Angst, daß seine Thesen eine Lawine der Sozialkritik auslösen könnten, Beunruhigung in der Arbeiterschaft?

Die Gründe liegen nicht auf der Hand. Immerhin hat der westdeutsche Arbeiter neben dem amerikanischen den höchsten Lebensstandard in der Welt, den höchsten in seiner eigenen Geschichte. Das System der Sozialversorgung ist in Europa eines der besten. Der westdeutsche Arbeiter hat also allen Grund, sich über seine Stellung in der Gesamtgesellschaft zu täuschen, sich für einen integrierten Teil der Gesellschaft zu halten. Aber er tut es nicht. Die hohen sozialen Leistungen, die in den letzten 16 Jahren erkämpft wurden, vermochten es nicht, der Mehrheit in der deutschen Arbeiterschaft das Gefühl der sozialen Sicherheit zu vermitteln, nicht, das Vertrauen in die bestehende Gesellschaftsordnung zu festigen. Die Bonner Sozialpolitik hat ihr Ziel in dieser Hinsicht verfehlt. Den Nachweis erbrachte eine Untersuchung der „Kommission für dringliche sozialpolitische Fragen" der Deutschen Forschungsgemeinschaft, die schon im vergangenen Oktober veröffentlicht aber kaum beachtet wurde. Die Frage war: Hat das ganze System oder die Summe der sozialpolitischen Maßnahmen der letzten Jahre das Gefühl der sozialen Sicherheit und Geborgenheit vermittelt? Die Antwort: Nein. Über 70

Prozent der westdeutschen Bevölkerung er: auf Befragen: „Wenn ich in eine schwierige Lage kommen sollte, gibt es keinen, der mir hilft." Über 70 Prozent der Bevölkerung schätzt seine Lage aussichtslos ein: „Tatsächlich ist es im Leben so, daß die einen oben sind und die anderen unten und auch bei den heutigen Verhältnissen nicht hochkommen, so sehr sie sich auch anstrengen." – Diese Arbeiterschaft, die, wie Hochhuth meint, nur „schuftet und schläft", ist also obendrein noch unzufrieden, pessimistisch, mißtrauisch. Die Unzufriedenheit ist nicht virulent, aber sie ist da. Daß sie bewußt und schließlich virulent wird, darf befürchtet werden, wenn Intellektuelle anfangen, öffentlich die Ursachen dieser Unzufriedenheit zu erörtern, Vorschläge zu machen, wo man die Ursachen der Unzufriedenheit zu suchen hätte. Mögen auch die Intellektuellen, die mit Hochhuth sympathisieren, nicht so optimistisch sein, wie Erhard ängstlich ist – die Nervosität des Kanzlers hat durchaus wissenschaftlich harte, statistisch gesicherte Gründe.

Aus dem gleichen Grund muß eine breite Diskussion der Vermögensstreuung unerwünscht sein. Man will den Aktienbesitz streuen, nicht aber die daran gebundene wirtschaftliche Macht teilen, gar aufteilen. Sozialpolitik ist nur der eine Aspekt der Vermögensstreuung, der andere steht im Vordergrund, Alphons Horten sprach auf dem Wirtschaftskongreß der CDU mit entwaffnender Offenheit aus: „Der ungeheure Kapitalbedarf der Wirtschaft in den kommenden Jahren kann einfach nur befriedigt werden, wenn man die steigende Kapitalbildung bei den Unselbständigen entsprechend ausnutzt" (Handelsblatt 9./10. Juli 65). – Wenn die Intellektuellen anfingen, sich in dieses Geschäft einzumischen, könnten die Volksaktionäre anfangen, für ihr Geld auch Rechte zu beanspruchen. Wenngleich auch hier die Intellektuellen, die mit Hochhuth sympathisieren, nicht so optimistisch sein mögen, wie Erhard ängstlich ist.

Hochhuth hat ein Tabu gebrochen. Erhard hat – nicht einmal ohne Erfolg – schimpfend das Schweigen wieder hergestellt. Er hat geschimpft, weil er sich getroffen fühlte. Nr. 8/1965

*Vor den Bundestagswahlen am 19. September 1965 sieht
Ulrike Meinhof keine Chance für eine Machtveränderung:*

Wahlen

Grass' Pathos, Augsteins Scharfsinn, Hochhuths Wut, Haffners flüssige Schreibe und die Sorgen einiger hundert und vielleicht auch tausend weiterer, sei es von Beruf, sei es durch Begabung intelligenter Leute sind darauf gerichtet, das Wahlvolk von der CDU abzulenken, eine neuerliche Regierungsbildung der Koalitionsparteien — CSU/FDP/CDU — auf Teufel komm raus zu verhindern. Der Wille, einen erneuten Wahlsieg der CDU zu verhindern, war bei ihren Kritikern selten so stark und eindeutig wie in diesem Wahlkampf. Adenauer konnte man noch sportliche Anerkennung zollen, für Erhard schämen sich selbst seine Gegner.

Kein Zweifel auch, daß das geeignete Mittel, Erhard und seine Mannschaft loszuwerden, ein überwältigender Wahlsieg der SPD wäre. Auf einen groben Klotz gehört ein mächtiger Keil. Ein überwältigender Wahlsieg der SPD würde auch die Linke, die es da noch gibt — auch sie hat freilich keine 5 Prozent im Ganzen — stärken, und eine SPD als Regierungspartei käme um den Klärungsprozeß nicht mehr herum, was sie nun eigentlich will: Rüstung oder Bildung, Rüstung oder Krankenkassenreform, Rüstung oder Straßenbau, Rüstung oder freizügiger Reiseverkehr in ganz Deutschland, Rüstung oder Friedensvertrag, Notstandsgesetze oder Pressefreiheit und Streikrecht. Bei einem überwältigenden Wahlsieg der SPD würde da auf der Seite der Vernunft einiges abfallen; Schellenberg contra Erler, Lohmar contra Carlo Schmidt, der gescheit-unheimliche — ein bißchen ja auch unheimlich gescheite — Helmut Schmidt in der Mitte — das ginge nicht nur wehnerisch aus.

Ein Stimmengewinn der SPD, mit dem landauf landab gerechnet wird, bewirkt freilich nicht unbedingt eine Regierungsbildung dieser Partei, vielleicht nur die große Koalition, vielleicht nur, daß Wehner mit Erhard im Rücken die paar Einsichtigen, die Grassianer, die Nicht-nur-Karristen noch mehr an die Wand drückt, alles bliebe beim alten, und die Wohlmeinenden, wie Grass und Haffner, hätten nichts als Verwirrung gestiftet, sinnlose Frustrationen ausgelöst, den Entpolitisierungsprozeß noch befördert. Statt Öl hätten sie Milch — sei's die der frommen Denkungsart — ins Feuer geschüttet: es stänke noch mehr.

Die Chance des Wählers, am 19. September des Jahres die Machtverhältnisse in diesem Staat zu verändern, ist relativ klein. Guten Gewissens SPD wählen, sie trotzdem wählen, obwohl sie noch nie so schlecht war wie jetzt, noch nie so viel Grund gab, sie abzulehnen, in Bausch und Bogen, wegen der Notstandsgesetze, wegen ihrem anhaltenden Antikommunismus, wegen der M⃝ sie trotzdem ohne Skrupel wählen, könⁿte man nur, wenn man wüßte, daß sie siegt. Dann gehörte alles, aber auch alles auf diese eine Karte. Aber man weiß es nicht. Es kommt auf den Versuch an. Der kann schiefgehen. Keiner weiß, wie schief. Ebenso schief kann es gehen, wenn diejenigen, die sich über die SPD keine Illusionen machen, so viele Skrupel haben, daß sie DFU wählen. Niemand glaubt im Ernst, daß die DFU die 5-Prozent-Hürde nimmt. Die Stimmen, die ihr zukommen, könnten genau die sein, die Brandt zum Kanzler fehlen. Das ist Günther Grass' berechtigte Befürchtung. Obwohl auch er weiß, daß ein Wahlsieg der SPD nur auf Kosten der CDU möglich ist, denn dazu bedarf es mehr Stimmen, als die paar Prozent, mit denen die DFU rechnen mag.

Mit sich selbst einigermaßen ins Reine kommen kann bei dieser Wahl eigentlich nⁿr wer sich darüber klar bleibt, daß es nur w⃝ zige Korrekturen an der gegenwärtigen politischen Landschaft der Bundesrepublik sind, die durch die Wahl sicherlich angebracht werden, daß bei dieser Wahl nichts Großes, nur Kleines zur Entscheidung angeboten wird. Um winziger Korrekturen willen hat es einen Sinn, SPD zu wählen, einen Sinn auch: DFU. SPD, um die Linke, die es da noch gibt, zu stärken, vor allem: um die CDU einzudämmen. DFU, um diese Partei am Leben und im Bewußtsein der Öffentlichkeit zu halten, weil sie in der Notstandsdebatte — auch nach Meinung des Leitartiklers der Frankfurter Allgemeinen damals — den Ausschlag gab, weil der SPD ein Votum für die Verfassungsänderung mit Stimmenverlusten an die DFU heimgezahlt worden wäre. Daß sie einmal in einer entscheidenden Frage die SPD bei ihrer Umarmungstaktik gegenüber der CDU gebremst hat, gibt ihrer bisherigen Existenz eine Rechtfertigung. Eben dies spricht auch dafür, diese Partei, obwohl sie keine Chance hat, in den Bundestag einzuziehen,

zu erhalten. Trotz aller berechtigten Vorbehalte.

Bei diesen Bundestagswahlen werden nicht nur deshalb keine großen Entscheidungen fallen, weil die großen Parteien keine Alternativen bieten, sondern auch deshalb, weil es ihnen gelungen ist, aus dem Wahlkampf alle politischen Erwägungen zu eliminieren, über sie ein Tabu zu verhängen, den Wahlkampf zu einem absolut schmutzigen Geschäft herabzuwürdigen, in dem die ernsten, jenseits des Show-Geschäfts liegenden Fragen deutscher Politik ausgeklammert wurden, unter dem Vorwand: damit sie nicht beschmutzt würden. Auch hier verdient die SPD kein gutes, sie ausnehmendes Wort. Die vornehme Gelegenheit, die politischen Fragen des Tages und der Zukunft einer breiten Öffentlichkeit bewußt zu machen, Antworten zu geben, Denkprozesse in Gang zu setzen, über die weltpolitische Bedeutung von Passierscheinabkommen, über die Problematik des Urteils im Auschwitzprozeß, über die Notwendigkeit von Abrüstung, über den Wahnsinn eines Krieges — diese Gelegenheit wurde verpatzt. An ihrem Wahlkampf sollt ihr sie erkennen. Kennedy führte einen politischen Wahlkampf zur Vorbereitung einer neuen Politik. Wer beim Wähler auf Nummer sicher geht, von dem ist nichts Neues, Großes, Überraschendes zu erwarten. Dabei ist komisch und peinlich nicht nur, daß alle Parteien für „Sicherheit" plädieren, sondern daß selbst da, wo von Hochpolitischem die Rede ist, offen bleibt, was gemeint ist: Ob Frieden oder soziale Sicherheit, oder Sicherheit im Bunker, oder im Straßenverkehr, im Dunkeln, in Berlin, im Umgang mit Freiheit, für werdende Mütter, am Arbeitsplatz — es ist nur ein blödes Wort, demoskopisch durchgetestet, so viel wert, wie die Flöte des Rattenfängers von Hameln, nun läuft hinterher, egal wohin.

Die Chance, daß sich nach dem 19. September Entscheidendes ändert, ist klein. Skrupellos kann man weder wählen noch nicht wählen. Man kann nur die Parteien, die nach dem 19. September in den Bundestig einziehen, über diese Skrupel auf dem laufenden halten. Stichworte: Notstandsgesetze, atomare Mitbestimmung, Kalter Krieg. Denn das hat auch Grass nicht gemeint, als er für Brandt in den Wahlkampf zog. Das nicht.

Nr. 9/1965

Im August 1965 bietet die DDR-Regierung Passierschein-verhandlungen an. Die Bundesregierung zögert erst und lehnt dann ab.

Passierscheine

Willy Brandt hat die Passierscheinverhandlungen aus dem Wahlkampf herausgehalten. Wahltaktisch war das einer unter vielen Fehlern, die die SPD begangen hat, indem sie einen Wahlkampf ohne politische Alternative führte. Ohne den Aufwand mächtiger politischer Energien konnte kein politischer Erdrutsch bewirkt werden. Die Erwartung, das Wahlvolk werde der SPD den Wahlsieg aufzwingen, war zu hoch gewesen. Die Bevölkerung kann nicht besser sein als ihre Parteien. Das mag die SPD für 1969 — sofern wir dann noch einmal wählen dürfen (wirklich sicher ist das nicht) — beherzigen. Berlinpolitisch dagegen hat Brandt weise, vor allem weitsichtig gehandelt. Passierscheinverhandlungen als Wahlkampfthema hätten die CDU wahrscheinlich zu aller antikommunistischen Demagogie verleitet, deren sie fähig ist, das hätte die Verhandlungen erschwert, wenn nicht gar platzen lassen. Als Brandt im August den Bonner Einwänden gegen den Ostberliner Vorschlag nachgab, ging er das Risiko eines vertragslosen Zustandes zwischen dem am 24. September abgelaufenen Abkommen und einer neuen Vereinbarung ein, an der zur Zeit noch gearbeitet wird. Das Risiko schien ihm kleiner als eine Wahlniederlage, die als Plebiszit gegen die Berliner Verhandlungen hätte ausgelegt werden können. Der 19. September hat ihm recht gegeben. Das Wahlvolk hat Brandt in die Wüste geschickt. Brandt aber ist es gelungen, in Berlin freie Hand zu behalten. Die Politik der kleinen Schritte — in Bonn durch das Tauziehen um Mende und Schröder heftig umstritten — ist in Berlin nicht unter die Räder gekommen.

Nach Gegenstand und Stil sind die Berliner Passierscheinverhandlungen ein Rest jener weltpolitischen Konstellation, die so viele Hoffnungen enthielt, von der personell und sachlich nichts — außer Willy Brandt — übriggeblieben ist: der Konstellation von Camp David — das war die Begegnung zwischen Eisenhower und Chruschtschow im Herbst 59 — und Wien, der Blitzbegegnung zwischen Chruschtschow und Kennedy, kurz nach Kennedys Amtsantritt, im Frühling 61.

Damals setzte man sich — wie jetzt noch in Berlin — an den Verhandlungstisch, auch wenn man des Ergebnisses nicht sicher war, mit einer Konzeption statt Vorbedingungen, mit einem Verhandlungsziel, ohne Pokern um Prestige. Es dürfte kein Zufall sein, daß der Anfang der Berliner Passierscheinverhandlungen, die damals innerhalb 12 Tagen zum Erfolg führten, in den Dezember 1963 zurückreicht, als Kennedy zwar schon tot, seine Politik aber noch maßgeblich war.
Es gehört zu dieser Politik, daß unter Ausschluß der Öffentlichkeit verhandelt wird — Beifalls- sowie Mißfallensbekundungen sind unerwünscht —, es gehört zu dieser Politik, daß bei Nichteinigung nicht öffentliche Beschuldigungen, sondern neue Termine gemacht werden, daß sachfremde Argumente und Grundsatzfragen ausgeklammert, ja umgangen werden; es ist das Prinzip Chruschtschow-Kennedyscher Politik, daß man selbst seinem politischen Gegner politische Vernunft zutraut, wo auf Gegenseitigkeit beruhende Interessen zur Verhandlung stehen.

Den Berliner Passierscheinverhandlungen mag freilich auch genützt haben, daß die davon betroffene Bevölkerung durch keine Verhandlungskomplikation verwirrt werden kann, daß sie das Ziel im Auge behält, weil es einfach und klar ist, und insofern die Gesprächspartner abschirmen konnte vor bösartigen Interventionen aus Ost oder West. So hat der Osten seine Wohlverhaltensklausel, die sich wohl hauptsächlich gegen Berliner Bundestagssitzungen richtete, wieder fallengelassen — es war eine Prestigeklausel —, und der Westberliner Senat hat den Ost-Entwurf vom 16. August, der keine Herbstregelung vorsieht und keine automatische Verlängerung, in Erwägung gezogen, auf Vorschußlorbeeren für Wohlverhalten durch ein Dauerabkommen verzichtend, auch das: ein Prestige-Verzicht. Dagegen fanden die Indiskretionen der Passierscheingegner in Bonn — Krone und Westrick dementierten — kein freundliches Presseecho; Mende wagte sogar den Vorschlag, wegen des Bruchs der Vertraulichkeit strafrechtlich gegen Unbekannt vorzugehen. — Die 89 Prozent der Berliner Bevölkerung und die gleichfalls demoskopisch ermittelten 85 Prozent im Bund, die an den Passierscheinverhandlungen interessierten Anteil nehmen, vermochten sie vor den Unbillen des Kalten Krieges zu schützen, erfolgreich bisher.
Die Frage, wie es in Berlin weitergeht, ist gegenwärtig eine Gleichung mit mehreren Unbekannten: Noch steht Erhards Kabinett nicht, offen ist auch, ob Brandt an einer engen Zusammenarbeit mit Bonn um jeden Preis festhalten wird.
Wenn Mende wieder gesamtdeutscher Minister wird — im Programm seiner Partei steht immer noch der Vorschlag, gesamtdeutsche Kommissionen zu bilden zur Lösung finanzpolitischer, handelspolitischer, verkehrspolitischer und anderer innerdeutscher Probleme — und Schröder wieder Außenminister — dessen Handelsmissionen in Ostblockstaaten das außenpolitische Ergebnis der Politik der kleinen Schritte sind — wäre eine Zusammenarbeit mit Bonn immer auch ein Fuß in der Tür der Bonner Außenpolitik, ein bißchen Einfluß zugunsten Ausgleich, Entspannung und Abrüstung, nützliche Synchronisation zwischen Berlin und dem Bund. Wenn sich dagegen die Gruppe Barzel-Strauß-Westrick und der Alt-Adenauer-Gardist Krone durchsetzen, dann könnte es bei allzuviel Zusammenarbeit zwischen Berlin und Bonn um die Passierscheinverhandlungen geschehen sein. Dann wäre Brandt besser beraten, seinen Weg alleine als gar nicht zu gehen.
Wenn es in den Berliner Passierscheinverhandlungen in erster Linie darum geht, daß einige hunderttausend Westberliner zu Weihnachten und hoffentlich auch zu Ostern wieder in den Osten fahren können, so geht es doch nicht weniger darum, daß Berlin neben Genf der einzige Ort in der Welt ist, wo Ost und West noch am Verhandlungstisch sitzen, im Gespräch sind, Kompromisse finden, nicht locker lassen, in der Form menschenwürdiger Konventionen miteinander umgehen. Es ist eine Position von weltpolitischem Rang, die Brandt in Berlin wahrnimmt. Es bleibt zu wünschen, daß er sich dabei von Bonn nicht aus dem Konzept bringen läßt. Nr. 10/1965

Die evangelische Kirche veröffentlicht im Herbst 1965 eine Stellungnahme zur „Lage der Vertriebenen und das Verhältnis des Deutschen Volkes zu seinen östlichen Nachbarn". Ulrike Meinhof analysiert:

Die Denkschrift

Die evangelische Denkschrift über „Die Lage der Vertriebenen und das Verhältnis des deutschen Volkes zu seinen östlichen Nachbarn" ist — politisch gesprochen — ein taktisches Meisterwerk. Diktion, Gedankenführung, Aufbau und Argumente sprengen nach Form und Aussage den Rahmen aller in der Vertriebenenfrage engagierten Fronten, die Fronten der Parteien, der Verbände, der widerstreitenden Anschauungen. Sie ist die Manifestation eines seelsorgerischen Auftrags, wie ihn Dorothea Sölle auf dem Kirchentag formulierte: Kirche ist auch außerhalb der Kirche. Seit den Barmer Thesen der Bekennenden Kirche unter der Federführung von Karl Barth (1934) hat — so scheint uns — die Evangelische Kirche in Deutschland hier erstmalig wieder den Ton und die Worte gefunden, die dem Stand ihrer theologischen Einsicht Relevanz für die Dinge der Welt geben. Was auf dem Kirchentag nur als Forderung auftauchte, ist in der Denkschrift realisiert worden: Das theologische Selbstverständnis der Kirche so zu formulieren, daß seine politische Verbindlichkeit faßbar wird. In dieser Denkschrift wird sie faßbar. Die Kirche als ein Partner jenseits der politischen Fronten — gewiß, die politischen Fronten gehen auch mitten durch sie hindurch — hat mit ihrer Denkschrift eine Basis geschaffen, aufgrund derer sich ein Ausweg aus der innenpolitischen Verhärtung in der Oder-Neiße-Frage abzeichnet. Da die Denkschrift zu lang ist, als daß sie in Tageszeitungen hätte abgedruckt werden können, referieren wir hier stichwortartig einige ihrer wichtigsten Thesen:

1. Hinsichtlich der sozialen Integration der Vertriebenen in die Gesellschaft stellt die Denkschrift fest, daß zum Beispiel der Personenkreis, dessen Einkommen am Rande des Existenzminimums liegt, das sind diejenigen, die laufende Unterstützung der Sozialhilfe empfangen, bei den Vertriebenen dreimal so hoch ist wie bei den Einheimischen; daß halb so häufig Vertriebene Eigentümer der von ihnen bewohnten Wohnungen sind wie Nicht-Vertriebene; daß relativ viele Vertriebene rentenmäßig unzureichend oder gar nicht versorgt sind, weil sie niemals oder erst spät ein sozialversicherungspflichtiges Arbeitsverhältnis aufgenommen haben. Die Tatsache, daß die Vertriebenen weit über den Rahmen der allgemeinen sozialen Umstrukturierung der Bevölkerung hinaus vom sozialen Abstieg betroffen wurden — von den erwerbstätigen Vertriebenen sind 62,9 Prozent Arbeiter gegenüber 47,9 Prozent bei den Einheimischen — erklärt, nach Meinung der Denkschrift, das Trauma und die Empfindlichkeit auf seiten der Vertriebenen, die einer sachlichen Aussprache im Wege stehen.

2. Ausführlich setzt sich die Denkschrift mit der Frage der völkerrechtlichen Rechtmäßigkeit der Vertreibung, der Annektion fremden Staatsgebietes und der Frage des Heimatrechtes auseinander. Ihre Schlußfolgerungen sind eindeutig: Die Deportation sei unrechtmäßig gewesen; die Rechtmäßigkeit der polnischen Herrschaft über die polnischen Ostgebiete bedürfe noch einer Legitimation, die nur durch eine deutsche Anerkennungserklärung geschaffen werden könne. Der von der Regierung der DDR ausgesprochene Verzicht reiche völkerrechtlich nicht aus, weil es sich um Gebiete des alten deutschen Reiches handelt. „Die in der innerdeutschen Diskussion da und dort im Trotz erhobene Frage, ob denn Deutschland rechtlos geworden sei, kann also klar verneint werden." Aber auch der polnischen Argumentation billigt die Denkschrift Rechtmäßigkeit zu: Sie würdigt den Begriff einer deutschen Friedenssicherungspflicht, insbesondere dem, was Deutschland Polen angetan hat; eine volle Wiederherstellung des alten Besitzstandes würde Polen in seiner Existenz bedrohen, „die Deutschland zu respektieren hat".

3. Der Ausweg, den die Denkschrift ins Bewußtsein rückt, liegt im Begriff der „Versöhnung". „Der zentrale Gedanke der Versöhnung entbindet mit einer gewissen Dynamik den Willen zur Neugestaltung der politischen Zukunft." Recht und Versöhnung würden sich als Gestaltungsprinzipien einer neuen Ordnung durchdringen müssen. „Die ethischen Erwägungen führen zu der notwendigen Konsequenz, in klarer Erkenntnis der gegenseitigen Schuld und ohne Sanktionierung von Unrecht... das Verhältnis der Völker... neu zu ordnen und dabei Begriff und Sache der Versöhnung auch in das politische Handeln als einen unentbehrlichen Faktor einzuführen."

4. Die Denkschrift sagt nicht, welche politischen Wege auf dem Weg der Versöhnung zu begehen sind. Es kommt ihr darauf an, „im deutschen Volk selbst und nach außen eine Atmosphäre zu schaffen, in der dann auch in einzelnen Schritten Akte der Versöhnung mit den östlichen Nachbarn möglich werden". „Das deutsche Volk muß auf die notwendigen Schritte vorbereitet werden, damit eine Regierung sich ermächtigt fühlen kann zu handeln, wenn es nottut."

Das alles, behutsam, sachlich, mutig und ehrlich vorgetragen, verdient Bewunderung, weil die Denkschrift mit Zustimmung des Rates der Evangelischen Kirche in Deutschland erschienen ist und man annehmen darf, daß weite Kreise der EKiD den Inhalt der Denkschrift bejahen. Dabei ist es den Verfassern gelungen, einen Ton zu finden, der didaktisch und sachlich so unmißverständlich ist, daß sie auch dort auf Gehör hoffen dürfen, wo ihre Fragestellung bisher als Tabu empfunden wurde. Als Diskussionspartner scheidet aus dem Forum, das die Denkschrift geschaffen hat, nur aus, wer sich selbst ausschließt. Daß es solche Stimmen schon gegeben hat, widerlegt freilich die These der Denkschrift, es sei der politischen Führung der Bundesrepublik gelungen, durch ihre abwartende Haltung eine nationalistisch bestimmte Radikalisierung des Vertriebenenproblems zu vermeiden. Das Giftstoffattentat auf Kay und Lore Lorentz widerlegt die Denkschrift ebenfalls in diesem Punkt.

Wir können auch nicht ganz zustimmen, daß das Unrecht der Vertreibung und die soziale Benachteiligung der Vertriebenen allein das tiefe Ressentiment der Vertriebenen gegenüber der Oder-Neiße-Frage geschaffen, sie nach wie vor als Gruppe gegenüber den Einheimischen isoliert habe. Hinzu kommt die von der Bundesregierung begünstigte Politik der Vertriebenenverbände, die bewußte Aufrechterhaltung von Illusionen, wie sie auf Vertriebenentreffen jahraus, jahrein betrieben worden ist. Ungesagt bleibt auch, daß das Verständnis der Vertreibung als Buße für die Verbrechen der nationalsozialistischen Politik — und bedingt möchte die Denkschrift die Vertreibung so begriffen sehen — erschwert, wenn nicht unmöglich gemacht worden ist durch die Integration hoher und höchster NS-Mitarbeiter in Parlament, Regierung und Verwaltung. Es ist wahrscheinlich für viele Vertriebene schwer einzusehen, warum sie unwiderruflich die Folgen von NS-Verbrechen zu tragen haben, während die Strafbarkeit der Täter — und waren sie auch nur Handlanger — verjährt oder sogar bestritten wird. Dieser Zusammenhang mag wenig bewußt sein, aber er hat das Klima mitgeschaffen, in dem sich die Position der Vertriebenen, insbesondere ihrer Sprecher, verhärten konnte.

Wir räumen ein, daß solche Erwägungen bereits weiter gehen, als denen, die durch die Denkschrift zu realistischen Erwägungen zurückgerufen werden sollen, zumutbar ist. Wenn die Denkschrift nur eines bewirkt, den politischen Weg des derzeitigen deutschen Außenministers etwas zu befestigen, seine Handlungsmöglichkeiten im Rahmen der neuen Bundesregierung zu sichern, wäre wahrscheinlich schon viel gewonnen

Nr. 11/1965

*Die öffentliche Kritik an der US-Aggression in Vietnam
kontert Bonn mit der Behauptung, in Vietnam werde die
Freiheit des Westens verteidigt:*

Vietnam und Deutschland

Das wird nun systematisch unter die Leute gebracht: In Vietnam verteidigt Amerika die westliche Freiheit; in Vietnam stellt Amerika seine Bündnistreue unter harten, rührenden, dankenswerten Beweis; Vietnam — das könnte morgen schon Deutschland sein. Nichts von all dem ist wahr. Nachweisbar ist nur, daß die Bevölkerung, die derlei glauben gemacht wird und die Presse, die derlei glauben macht, bis hin zu den Politikern, die das bekräftigen, in diesem Krieg eine Funktion haben. Eine Funktion, die durchaus übersichtlich und benennbar ist, die aber mit deutschen Sicherheitsfragen nur sehr indirekt zusammenhängt. Die 100 Millionen Mark, die Bonn nach Vietnam geschickt hat und die Friedensglocken, die die Berliner Presse organisiert hat, haben nichts mit Vietnam, dafür sehr viel mit Bonner Politik zu tun.

Johnson ist auf das Einverständnis der westlichen Welt mit seinem Vietnam-Krieg angewiesen. Die Proteste in seinem eigenen Land gegen diesen Krieg sind längst weltöffentlich geworden. Sie reichen bis in Kongreß und Senat, sie spielen eine Rolle an den Universitäten, große Teile der amerikanischen Bürgerrechtsbewegung sind übergegangen zum Widerstand gegen den Krieg in Vietnam (vgl. Herbert von Borch in der WELT vom 27. 11.). Johnson braucht, das hat Dean Rusk die Nato-Ministerratstagung in Paris sehr deutlich wissen lassen, die Unterstützung der Nato-Länder für seinen Krieg als Argument gegen die Opposition im eigenen Land. Die Kräfte, die ihren Einsatz für verlorenes amerikanisches Prestige in Südost-Asien verweigern, sind immer noch mobilisierbar für Berlin, für amerikanischen Einfluß in Europa, für die traditionelle Verbundenheit mit England. Wilson spielt auf komplizierte Art mit. Selbst in Schwierigkeiten, mit seiner Zahlungsbilanz, mit Rhodesien, will er — so wurde es zwischen ihm und Johnson im Dezember besprochen — sein militärisches Engagement „östlich von Suez" in Aden und Singapoor abbauen. Seine Gegenleistung für

amerikanische Zustimmung ist Billigung und Schweigen zum Krieg in Vietnam. Es gibt allerdings auch die Spekulation, Wilson fürchte eine Verstärkung der Achse Bonn—Washington, wenn England sich vom Vietnam-Konflikt lossagen würde, an deren Ende deutscher Atomwaffenbesitz stehen könnte. Eine sachlich unwahrscheinliche Spekulation, realistisch aber doch im Blick auf Befürchtungen in der englischen Öffentlichkeit.

Bonn, in der Ära John Foster Dulles groß geworden — triumphal waren Adenauers Amerika-Reisen in den fünfziger Jahren — unterstützt den Vietnam-Krieg aus egoistischem, um nicht zu sagen aggressivem Interesse. Er beweist — fragwürdig genug — die Bedrohung aus dem Osten; er rechtfertigt die Strategie der Vorwärtsverteidigung, der Raketenbasen an den Grenzen der DDR; er gibt Gelegenheit, die USA täglich und ündlich an ihre Sicherheitsgarantien für Berlin und die Bundesrepublik zu erinnern; er liefert Nervosität und Zündstoff, wo Unfrieden in Deutschland gestiftet werden soll. Immerhin hat Barzel bekräftigt, was in der Regierungserklärung dokumentiert wurde: Es gäbe keinen Frieden in Europa ohne Wiedervereinigung. Sprich: Vietnam — das könnte morgen schon Deutschland sein. Die das propagieren, setzen sich dem Verdacht aus, dergleichen vorzubereiten zu wollen.

Der dubiose Verein „Moralische Aufrüstung" hat das alles in einer ganzseitigen Anzeige in deutschen Tageszeitungen sehr bündig und unverhohlen ausgesprochen. Da wurde dem Bundeskanzler eine gute Reise gewünscht, und er wurde gebeten, Johnson und dem amerikanischen Volk zu sagen, „daß wir Deutschen dankbar sind für die Opfer an Leben und Gut, die Amerika in Vietnam für die Freiheit — auch unsere Freiheit — bringt." Und dann fand man sehr schnell den Dreh, den wir befürchten: „Die Fragen der Wiedervereinigung und der Oder-Neiße-Linie (sicl) werden nur dann eine echte Lö-

sung finden, wenn wir alle unsere Kräfte gemeinsam für die Verwirklichung einer freien, auf allgemeinverbindlichen moralischen Maßstäben begründeten Weltordnung einsetzen. Amerika und Deutschland müssen sich entscheiden, mit der Ideologie der Freiheit voranzugehen." — Voran — wohin?

Um solch bösartiger Erwägungen willen bleiben dann alle Fakten auf der Strecke, die in Sachen Vietnam einfach und klar sind: Daß die Bündnistreue der USA diesem Land aufgezwungen wurde — also keine ist —, das war 1954, als Dulles das Land unter Diem in den Manila-Pakt manipulierte; als die freien Wahlen 1956 nicht stattfanden, weil Vietnam dann neutral geworden wäre, zweifelhafte Bündnistreue abgewiesen hätte. Dann bleibt auf der Strecke, daß es in Süd-Vietnam westliche Freiheit im Sinne von Pressefreiheit, Meinungsfreiheit, Religionsfreiheit nie gegeben hat und daß der Vietkong eine Volksbewegung ist, die mit dem Wort „Kommunistisch" nicht definiert werden kann.

Damit das alles auf der Strecke bleibt und nicht bekannt wird, verhängt die Berliner Presse einen Anzeigenboykott gegen Wolfgang Neuss, veröffentlicht DIE WELT nur 8 Zeilen über die 120-Zeilen-Erklärung der Schriftsteller und Hochschullehrer gegen den Krieg in Vietnam, dafür aber Krämer-Badonis Gegenaufruf und dreimal eine Serie von Leserbriefen gegen die praktisch unveröffentlichte Schriftstellererklärung. Es gehört zum Bonner Geschäft mit dem Vietnam-Krieg, daß der Bevölkerung Tatsachen vorenthalten werden, Zusammenhänge unklar bleiben, daß die Bevölkerung nichts durchschaut, aber mitmacht.

Es ist unwahrscheinlich, daß Bonn durch Vietnam-Solidarität zu eigenem Atomwaffenbesitz, zum Vietnam-Krieg in Deutschland vorstößt. Aber immerhin: „Handlungen, die geeignet sind und in der Absicht vorgenommen werden, das friedliche Zusammenleben der Völker zu stören . . . sind verfassungswidrig." (GG Art. 26)

Nr. 1/1966

Im Januar 1966 startet der Gesamtverband der metallindustriellen Arbeitgeber eine Anzeigenkampagne gegen „das Prestigedenken ehrgeiziger Funktionäre", weil die IG Metall eine Verkürzung der Arbeitszeit um eindreiviertel Stunden gefordert hat. Ulrike Meinhof beschreibt Absicht und Wirkung der Kampagne in:

Lohnkampf

Seit November, seit der Kündigung der Lohn- und Gehaltstarife durch die IG-Metall und andere Gewerkschaften, die folgten, hat sich einiges getan, das Klima bevorstehender Tarifverhandlungen zu verderben, die öffentliche Meinung gegen die Gewerkschaften einzunehmen:

- Die Maßhaltedebatte des Bundestages und die Forderung des Kanzlers nach einer Stunde Mehrarbeit. (Arbeitsminister Katzer: „. . . eine Aufforderung an die Tarifpartner . . ., die ganze Tragweite der Arbeitszeitfrage zu sehen.")
- Demoskopische Umfragen über die Bereitschaft zur Mehrarbeit in der Bevölkerung auf dem Hintergrund der Ausländerbeschäftigung. Eine Mehrheit der Deutschen würde gerne eine Stunde mehr arbeiten, wenn es dafür keine ausländischen Arbeiter gäbe.
- Die nordrheinwestfälische Metallindustrie teilte im Dezember mit, es stünden Massenentlassungen bevor, eine Meldung, die sich wenige Tage später als Ente erwies und zurückgenommen werden mußte.
- Nordhoffs Drohung mit einer Erhöhung des VW-Preises.

Gewerkschaftspolitik ist aber mehr als Unternehmerpolitik auf öffentliche Meinung angewiesen, auf die Stimmung in den Betrieben nämlich, auf die Gefühle der Millionen, der Mitglieder, der Bildzeitungsleser. Gewerkschaftspolitik kann sich wohl bei ihren Funktionären auf wirtschaftlichen Sachverstand und harte politische Information stützen, die Wählermasse ihrer Mitglieder aber ist – angewiesen auf Boulevardblätter, meist aus dem Springer-Haus – sicherlich anfälliger gegenüber Falschinformation und Fehlmeldung als Hochschulabsolventen in Arbeitgeberverbänden. Auf die alles vereinfachende Rede von der Lohn-Preis-Spirale fallen Lohnempfänger herein, nicht Preismacher.

Wenn in den letzten Monaten die Stimmung gegenüber Lohnerhöhung und Arbeitszeitverkürzung angeknackst worden ist, dann ist das einer bemerkenswert reibungslosen Kooperation zwischen Bundesregierung, Arbeitgeberverbänden und demoskopischen Institutionen zu verdanken – wobei es gleichgültig ist, ob da Regie geführt oder spontan agiert wurde. In den Anzeigen von Gesamtmetall (Gesamtverband der metallindustriellen Arbeitgeberverbände e.V., Köln)

wurde das alles jedenfalls ebenso säuberlich wie verwirrend gebündelt den Gewerkschaften vorgehalten – kein Meisterstück, doch ein gerüttelt Maß an Demagogie wird da praktiziert:

Die Sicherheit der Arbeitsplätze stünde angesichts der Arbeitszeit- und Lohnforderungen der IG-Metall auf dem Spiel – aber die Massenentlassungen in Nordrhein-Westfalen finden und fanden nicht statt, dafür gibt es fast 700 000 offene Stellen in der Bundesrepublik, und die Bundesanstalt Arbeitsvermittlung in Nürnberg rechnet bis 1970 mit einem weiteren Arbeitskräftemangel von 400 000 – auf Grund der natürlichen Bevölkerungsentwicklung und der Verlängerung des Schulbesuches.

Die Bevölkerung hätte wenig Verständnis für das Vorgehen der Gewerkschaften, hätten doch die Wickert-Institute in Tübingen am 10. Januar mitgeteilt, daß 87 Prozent aller Männer und 92 Prozent aller Frauen bereit wären, eine Stunde oder länger Mehrarbeit zu leisten. Aber auch Gesamtmetall dürfte es nicht entgangen sein, daß die Stunde Mehrarbeit in der Bundesrepublik im Zusammenhang mit den ausländischen Arbeitern diskutiert wird, daß weniger deutscher Fleiß als die Antipathie gegenüber den Ausländern als Bereitschaft zur Mehrarbeit zu Buche geschlagen ist. Eine Antipathie, derer sich Gesamtmetall bedient: „Ist es nicht widersinnig, kürzer zu arbeiten und da noch mehr Ausländer zu beschäftigen?" Otto Brenner: „. . . man spekuliere anscheinend auf primitive nationalistische Instinkte."

Wahrscheinlich gibt es sie, die nationalistischen Instinkte, aber mehr noch mögen die von den Arbeitgebern geschaffenen Wohnbedingungen der Ausländer an den Spannungen mit Deutschen Schuld sein: Barakenlager, Kasernierung in Hochhäusern (Männersilos), Belegung der Zimmer mit vier, sechs und acht Mann, primitive Waschanlagen, oft keine, oft miserable Reinigungsdienste, fast keine Ehepaar- und Familienunterkünfte. Zunahme der Prostitution also in den Großstädten, uneheliche Kinder bei deutschen Mädchen, als Folge dieser isolierten Wohnsituation aber auch geringe deutsche Sprachkenntnisse bei den Ausländern, geringe Verständigungsmöglichkeiten am Arbeitsplatz.

Die Gewerkschaften haben im übrigen darauf verzichtet – offenbar aus Sorge vor je-

nen nationalistischen Instinkten, auf die die Arbeitgeber jetzt anspielen –, die Ausländerpolitik der Unternehmer als Lohndrückerpolitik zu bekämpfen. Die Arbeitgeber sind besser beraten. Das Institut für Wirtschaftsforschung, Berlin: „Bei einer sich hier und da abzeichnenden Ablehnung des anhaltenden Zustroms von Gastarbeitern muß man sich klar darüber sein, daß mit einem vom Ausland abgeschlossenen Arbeitsmarkt der Lohndruck in der Bundesrepublik infolge stärkter Konkurrenz der Unternehmen um das einheimische Kräftepersonal noch erheblich stärker werden würde." (Der Arbeitgeber, Juni 1965.) Der Verzicht der Gewerkschaften, das Ausländerressentiment der Deutschen gegen die Arbeitgeber auszunutzen – offenbar aus Gründen demokratischer Raison –, wird honoriert, indem die Unternehmer nun eben dieses durch Unternehmerpolitik geschaffene Ressentiment gegen die Gewerkschaften ausspielen.

Der Metallindustrie fehlten wöchentlich 4 Millionen Arbeitsstunden, die Leistung von 100 000 Arbeitnehmern, schreibt Gesamtmetall in seinen Anzeigen. Aber täglich (!) fehlen in der Bundesrepublik 200 000 Menschen am Arbeitsplatz, weil sie einen Arbeitsunfall hatten; und jährlich werden 300 000 Menschen zu Rentnern bei einem Durchschnittsalter von 57 Jahren. Der Hamburger Bürgerschaftsabgeordnete Max Rei (SPD) in der Etatdebatte am 7. 12. 65: „Wenn wir nur die Hälfte der Berufsunfälle eleminierten, könnten wir uns die ganze deutsche Überstunde sparen." Mehr als ein Drittel (924 000 von insgesamt 2,5 Millionen) aller Arbeitsunfälle passierten 1964 in der Metallindustrie. Wie, wenn die deutsche Industrie ihr Arbeitskräftereservoir, zum Beispiel durch Lohnerhöhung und Verkürzung der Arbeitszeit, durch Schonung also aufstockte, statt es durch Strapazierung und Überbeanspruchung zu verschleißen? (Die Ergebnisse des Max-Planck-Instituts für Arbeitsphysiologie, Dortmund, liegen längst vor: Daß 8 Stunden Arbeitszeit, also die 40-Stunden-Woche, bei der gegenwärtigen Arbeitsintensität das Optimum dessen sind, was der Körper durch Schlaf und Erholung aufholen kann.)

Die laufenden Tarifverhandlungen über Löhne und Arbeitszeit sind geeignet, wirtschaftliches Wachstum und Gemeinwohl einander anzupassen, den Menschenverschleiß der deutschen Industrie zu bremsen. Die Arbeitgeber haben sich bisher nicht fair verhalten, vor allem: kurzsichtig. Nr. 2/1966

Im Wahlkampf 1965 hat sich Rainer Barzel – *wie Ulrike Meinhof schreibt – „zum CDU-Kanzlerkandidaten hochgeschwafelt". Sie schreibt das politische Porträt:*

Barzel

Daß Barzel mit dem Jargon der Eigentlichkeit ganz gut ankommt, daß Bollnow, Jaspers, Thielicke ihm die Zitate liefern, daß er sich mit kleinbürgerlichen Phrasen zum CDU-Kanzlerkandidaten hochgeschwafelt hat, spricht gegen die CDU, nicht nur gegen Barzel. Nicht daß er eine schlechte Figur macht — wie Augstein meint — ist besorgniserregend, sondern daß die schlechten Figuren im Kommen der CDU gerade recht sind. Ob Manager der Macht, ob neue Generation, ob ehrgeizig, fleißig, opportunistisch — was diesen Mann interessant macht, ist sein Programm im Bündnis mit der Fähigkeit, eins durchzusetzen. Nicht daß er im allgemeinen unsympathisch ist, ist zu verübeln, mehr, daß er auf Kriegsfuß steht mit Demokratie und Vernunft, daß er harte politische Ziele einnebelt in irrationale Sprüche, ungreifbar scheint, indes er schon zuschlägt.

Aus dem Desaster mit dem Verein „Rettet die Freiheit" (Enzensberger war damals beleidigt, weil sein Name in Barzels Rotbuch fehlte) hat er tatsächlich gelernt. Er hat gelernt, daß man Handschuhe anziehen muß, wenn man ein Ding drehn will und Isolierband um den Knüppel wickeln. Barzel: „Es muß nicht unbedingt sein, daß wir über weite Strecken allein von Bedrohung, Waffen, Kommunismus sprechen. Das ermüdet die Welt. Wir sollten davon sprechen, daß in Deutschland kein Frieden ist, daß nicht alle Deutschen die Menschenrechte haben. Frieden — das ist unser Problem!"*) — So macht man das. Und so: „Wir träumen noch von anderen, sogenannten kleinen Dingen. Wir möchten, daß unsere Frauen nicht mehr so stark belastet sind, wir möchten unseren Kindern das Leben erleichtern, und wir träumen davon, mehr Zeit für sie zu haben. Und wir träumen von einem Deutschland ohne Stacheldraht, von ganz Deutschland, von ganz Europa." Er läßt die Katze durchaus aus dem Sack. Eine maßgeschneiderte Fehlleistung, das auszuspre-

chen, was nur Traum sein soll, also schweigend gedacht.

Aber wie macht man das: Frieden in ganz Deutschland, ganz Europa? Wie führt man ihn herbei, den „Tag der Freiheit für alle Deutschen"? Barzel: „Die Wegsteine zur neuen Wirklichkeit tragen die Namen: Spontaneität, Wagemut, Opfer, Gerechtigkeit, Solidarität, Gemeinsinn."

Mit „Opfer" meint Barzel Geld. „Wir brauchen ausreichende Mittel, um den weltweiten Kampf um unsere Selbstbestimmung zu gewinnen. Das freie Deutschland braucht Geld für Politik, sonst wird es nie zur Einheit des Landes kommen."

Mit „Wagemut" meint er den Mut zur Führung, den Mut zu unpopulären Maßnahmen, den Mut, auch gegen die Öffentliche Meinung zu regieren und zu handeln. Wobei für die Öffentliche Meinung bei Barzel „Demoskopismus" steht, ein Trick, den er selbst, gäbe er ihn zu, wahrscheinlich „demagogistisch" nennen würde. „Führung ist durch nichts zu ersetzen, nicht durch Konstruktionen und Gremien, nicht durch bessere Wahlergebnisse und nicht durch Verbreiterung der parlamentarischen Majorität."

„Auch die Demokratie braucht Führung!"

„Gerechtigkeit", das heißt „Teilhabe am nuklearen Entscheidungsprozeß", „Solidarität" meint politische Koordination der Natostaaten. „Wir, die Deutschen, müssen darauf drängen, aus der Nato mehr zu machen als einen militärischen Verband." Schließlich „Gemeinsinn": „Keiner darf uns übertreffen im Engagement für die Menschenrechte und für Humanität."

Woher nimmt Barzel das Recht und die Freiheit, so viel Braundeutsch auf einmal zu produzieren, woher das Selbstbewußtsein? „Die CDU/CSU sind christliche Parteien, also politische Vereinigungen von Menschen, die auch ihr politisches Handeln unter Gottes Wort und Gebot stellen und eine Ordnung erstreben, die vor Gottes Gebot bestehen kann." „Gott hat uns heute gewollt. Er gibt

uns heute Kraft — auch für morgen!" Wohlgemerkt: Gott, nicht etwa die 46 Prozent CDU-Wähler.

Gott und die Wirtschaftsmacht Bundesrepublik. „Wir sind wieder wer in der Welt. Man sagt, wirtschaftlich und sozial seien wir ein Gigant, politisch aber ein Zwerg... Wir müssen unsere politische Geltung und unseren ökonomischen Rang mehr zur Deckung bringen. Wir müssen aus der Not eine Tugend machen. Wir sind nicht in der UNO, wir haben alle Soldaten unter Natobefehl. Wir sind keine nukleare Weltmacht. Unsere Rolle in der Welt kann nur sein, bedeutsam zu werden durch Werke des Friedens, Anwalt des Humanen zu sein."

Zugegeben, es ist einigermaßen qualvoll, das alles zu lesen und zu zitieren. Man verliert schier den realen Kern aus den Augen — was Augstein denn auch passiert ist, indem er die Sorgen der CDU zu seinen eigenen gemacht hat —, daß dieser Mann, der mit „Rettet die Freiheit" sein Debut auf Bundesebene gab, eine Politik propagiert, die außenpolitisch hochexplosiv ist und innenpolitisch auf die formierte, die gegängelte Gesellschaft zielt. Der Sprachduktus ist völkisch, die Ziele aber, hoch bewußt und unmißverständlich, sind Kriegsziele: die Befreiung der DDR von kommunistischer Herrschaft, der osteuropäischen Länder gleich mit. Das ist gemeingefährlich, nicht nur ärgerlich.

Das Phänomen ist, daß die deutsche Öffentlichkeit das alles verdaut, keinen Anstoß nimmt, im Gegenteil: Klatscht. Die FAZ sprach im Wahlkampf von „Rainer Kennedy", Matthias Walden findet: „Er hat sehr viel Vernunft. Meist sagt er Richtiges, Logisches, die CDU hält ihn für ihren begabtesten Mann. Er ist nicht begabt. Er ist gefährlich.

---

*) Die Zitate von Barzel sind aus seiner Rede vor dem Forum 66 zur Wirtschafts- und Gesellschaftspolitik, 4. Februar 1966; aus seiner Bundestagsrede zur Regierungserklärung am 29. November 1965; aus seiner Wahlanalyse zur Bundestagswahl 1961 vom März 1962. Nr. 3/1966

Im März und April 1966 kommt es zu Kontakten zwischen der DDR und der BRD: Der FDP-Fraktionssprecher Wolfgang Mischnick spricht mit Mitgliedern des Erfurter LDPD-Bezirksvorstandes, es kommt zu einem Briefwechsel zwischen dem Parteivorstand der SPD und dem ZK der SED. Walter Ulbricht schlägt eine Konföderation der beiden deutschen Staaten vor:

Politik der

Sie sind sich in der Sache kaum näher gekommen, aber sie haben beide — der Parteivorstand der SPD und das Zentralkomitee der SED — einen Ton gefunden, in dem die Darlegung auch unvereinbarer Standpunkte nicht zum Abbruch des Gespräches führt. Auf beiden Seiten sind schroffe, ja schrille Formulierungen gefallen, auf beiden Seiten ist aber auch wiederholt betont worden, man wolle nicht polemisieren. Keiner der vier bisher geschriebenen Briefe ist frei von Ressentiments, spürbar aber ist ebenso in allen vier Briefen der Versuch, sich von eben diesen Ressentiments nicht überwältigen zu lassen, vielmehr die Positionen so abzustecken, daß sie für den andern übersichtlich bleiben, diskutabel auch dann, wenn sie nach allem Gewesenen undiskutabel scheinen. Beide Seiten haben es erfolgreich vermieden, für die Begegnung von SPD- und SED-Mitgliedern auf öffentlichen Veranstaltungen in der Bundesrepublik und in der DDR Bedingungen zu stellen, die sachlich oder psychologisch für die andere Seite unannehmbar wären. Wenn WELT und FAZ, die Springerpresse und die ihr nahestehen, jetzt bemüht sind, die „wahren Absichten" der SPD zu entlarven, so steht das in offenem Gegensatz zur Politik der offenen Worte, die SPD und SED eingeleitet haben. Wer über Hintergedanken orakelt, setzt sich nach dem, was mit diesen vier Briefen vorliegt, dem Verdacht aus, selbst welche zu haben.

Nicht Hintergedanken, sondern das, was vorliegt, ist zu analysieren. Unabhängig davon, ob es schon im Mai zu den Veranstaltungen in Hannover und Chemnitz (Karl-Marx-Stadt) kommen wird (heute, am 20. April, ist das noch nicht entschieden), hat man sich darüber verständigt, eine breite Diskussion über die deutsche Frage in Gang bringen zu wollen, in beiden Teilen Deutschlands, unter Einschluß

aller Meinungen, die von den Parteien in Deutschland vertreten werden. Die SED ist eingeladen, ihre Ansichten in der Bundesrepublik zur Diskussion zu stellen, die SPD wird Gelegenheit haben, ihre Vorstellungen über die Lösung der deutschen Frage vor der Bevölkerung der DDR zu entwickeln. Die Deutschlanddiskussion, die jahrelang auf einseitige Proklamationen oder Expertengespräche beschränkt war, soll damit zu einer Diskussion aller Deutschen gemacht werden. Eine Diskussion, die, wenn sie stattfindet, nüchtern sein wird, in der Sozialdemokraten und Kommunisten auf rhetorische Provokationen werden verzichten müssen, wollen sie ihr Publikum nicht verführen, dem jeweils andern Redner das Wort abzuschneiden. Das haben die Gespräche zwischen Freien Demokraten und Mitgliedern der LDP in Bad Homburg und zwischen WDR- und ZEIT-Redakteuren auf der einen Seite, ND- und Deutschlandsender-Redakteuren auf der andern Seite (vgl. Frankfurter Rundschau vom 14. und 16. April) im Mikro-Modell gezeigt. Die Deutschlanddiskussion, zu der zumindest SPD und SED bereit zu sein scheinen, wird, wenn sie stattfindet, die Deutsche Frage immens versachlichen. Versachlichung aber wäre nach dem, was 17 Jahre lang zwischen der DDR und der Bundesrepublik gespielt wurde, selbst schon ein Stück Entspannung, es wäre der Spielraum, in dem neue politische Gedanken überhaupt erst entwickelt werden könnten.

SPD und SED haben beide in ihren Briefen eine Schlüsselformel für das gefunden, was sie im Gespräch von der anderen Seite erwarten. Die SPD hat in ihrem ersten Brief sieben Fragen gestellt, von denen vier auf die Formel „menschliche Erleichterungen" zu bringen sind, zwei Fragen beschäftigen sich mit dem Status von Berlin, eine fordert die unbedingte

Freimütigkeit der Diskussion in beiden Teilen Deutschlands, gehört also im weiteren Sinn auch zum Themenbereich Menschliche Erleichterungen.

Die Schlüsselformel der SED heißt: Diskussion der „Grundfragen", worunter verstanden wird: Regierungsverhandlungen zwischen beiden deutschen Regierungen; Friedensvertrag; Status eines wiedervereinigten Deutschland. Im einzelnen: Verzicht auf atomare Rüstung und Mitbestimmung; Anerkennung der bestehenden Grenzen; Aufgabe der Hallsteindoktrin.

Beide Schlüsselformeln scheinen den Nerv der andern Seite gerade da zu treffen, wo Kompromisse und Verständigung unmöglich sind. Aber der SPD sind menschliche Erleichterungen kein reiner Vorwand im propagandistischen Punktspiel. Sie kann sich mit Recht auf das Berliner Passierscheinabkommen berufen, das Willy Brandts, nicht Erhards Verdienst ist, und die Forderung nach Nachbarschaftsverkehr an der Zonengrenze, Zeitungsaustausch, Wirtschafts- und Kulturaustausch gehen nur scheinbar an der Grundfragen-Formel der SED vorbei. Die SPD spricht mehrfach davon, daß durch die Lösung praktischer Fragen im Interesse der Menschen weitreichende Entwicklungen positiv beeinflußt werden könnten. Mit „weitreichenden Entwicklungen" dürften aber nach Ton und Inhalt der Briefe durchaus die Lösung der „Grundfragen" gemeint sein. Anders als die Bundesregierung stellt die SPD den Alleinvertretungsanspruch der Bundesrepublik nicht in den Mittelpunkt ihrer Erklärungen.

Umgekehrt spielt eine Reihe von Punkten in dem „Grundfragen"-Katalog der SED auf Forderungen an, die, wenn nicht von Wehner und Erler, so doch von weiten Kreisen in der SPD für richtig und notwendig gehalten werden: Verzicht auf Atomwaffen, keine Notstandsgesetze, Abrüstung in Deutschland und Mitteleuropa. Schließlich sind beide Seiten in ihren Zweitbriefen der anderen in einem ent-

offenen Worte

scheidenden Punkt entgegengekommen. Zwar hält die SED an der Behauptung fest, Westberlin sei kein Land der Bundesrepublik, vielmehr „ein besonderes Gebiet unter Besatzungsregime auf dem Territorium der DDR", erklärt aber zugleich: „Jeder Versuch, diesen Status quo zu ändern, birgt Gefahren und Konfliktstoffe," eine Formulierung, die in der Laufzeit von Chruschtschows Berlin-Ultimatum doch wohl undenkbar gewesen wäre. — In klarem Widerspruch zu Erhards Regierungserklärung schreibt umgekehrt die SPD, es wäre für das ganze deutsche Volk am besten, „wenn über die grundlegenden Fragen einer anzustrebenden Friedensregelung für ein wiedervereinigtes Deutschland und die Beziehungen zu seinen Nachbarn offen und öffentlich diskutiert würde" — kein Wort von freien Wahlen, kein Wort von jener ultimativen Forderung, erst eine frei gewählte gesamtdeutsche Regierung könne über den außenpolitischen Bündnisstatus Deutschlands entscheiden.

Wenngleich beide Seiten genügend Sprengstoff in ihre Briefe eingebaut haben, um auch wieder zum Rückzug blasen zu können, scheint es uns doch ein Zeichen politischer Potenz, daß die SPD sich überhaupt auf diese Korrespondenz, und zwar mit konkreten, realisierbaren Vorschlägen, eingelassen hat. Das politische Vakuum, das durch den Zerfall der Nato, den Eigensinn de Gaulles und den politischen und moralischen Prestigeverlust der USA als Führungsmacht des Westens durch ihr Vietnam-Desaster entstanden ist, dieses politische Vakuum macht eine eigenständige, unabhängige Politik in Deutschland geradezu zwingend. Der Anflug von Einsicht, der den 90jährigen Adenauer ankam, als er vom Friedenswillen der Sowjetunion sprach, die Wiedervereinigungsvision von Rüdiger Altmann zeigen, daß es selbst in der CDU einzelne gibt, die die Zeichen der Zeit zu lesen fähig sind. Die Regierung Erhard allerdings ist hilflos. Ulbricht hat der SPD die Chance verschafft, das Gesetz des Handelns zu übernehmen. Die Konstellation ist neu und einzigartig. Auch ohne sich über die SPD Illusionen zu machen, ohne zu glauben, sie sei nun endlich zum Deutschlandplan zurückgekehrt, gibt es eine Hoffnung, daß sie den aufgenommenen Faden sinnvoll weiterspinnt: Es gibt politisch gar keinen anderen Weg, in der deutschen Frage weiterzukommen, es bleibt der SPD vernünftigerweise gar nichts anderes übrig, als mit der SED zu rechnen und zu reden.

Nr. 5/1966

Die Sowjetunion antwortet auf die „Friedensnote" Kanzler Erhards vom März 1966. Warum die sowjetische Note für Bonn annehmbar sein müßte, beschreibt Ulrike Meinhof in dem Beitrag:

Die sowjetische Note

Amerikaner und Franzosen ziehen Truppen aus dem Kommandobereich der Nato ab, was faktisch eine militärische Verdünnung ausmacht, obwohl von einer Disengagement-Politik in Mitteleuropa sowenig die Rede ist wie eh und je. Der materielle Zerfall der Nato hat schon seine zweite Phase erreicht, ihr ideologischer Zerfall fängt erst an.

Primär wurden Sinn und Zweck der Nato durch die militärtechnische Entwicklung überholt. Das begann am 4. Oktober 1957, als die Russen ihren ersten Sputnik um die Erde schickten und damit bekanntmachten, daß sie über Interkontinentalraketen verfügten. Damit konnten die USA nicht mehr in Europa verteidigt werden, seitdem sind die Atomwaffen produzierenden Staaten nicht mehr auf Abschußrampen in fremden Ländern angewiesen, das atomare Patt gilt für alle Punkte der Erde zugleich. Der konventionelle, lokale Krieg wurde wieder diskutabel als einzig mögliche Kriegsform mit Überlebenschance. Atomwaffen sind seitdem Insignien von Macht; strategisch kommen sie nur insofern vor, als man sie nicht einsetzen will — jedenfalls auf amerikanischer und russischer Seite nicht. Ihre Anwendung wäre nicht mehr nur moralischer Mißbrauch, sondern auch politischer; die Folgen von Hiroshima waren abzusehen, heute wären sie es nicht.

(Parallel zum Zerfall der Nato erweist sich die ebenfalls von John Foster Dulles geschmiedete Seato heute als funktionsunfähig. Für das Engagement der Amerikaner in Vietnam dient sie nur noch als Vorwand, selbst einsatzfähig ist sie nicht.)

Das Instrumentarium des Kalten Krieges — Militärbündnisse und Militärbasen rund um die Sowjetunion — ist durch die militärtechnische Entwicklung unbrauchbar geworden.

Indem die Nato ihre militärische Logik verlor, wurde sie auch propagandistisch unglaubwürdig. Antikommunismus allein genügt nicht, Bündnisse und Freundschaften zu stiften. Zumal die Mär von der Aggressionsabsicht des Weltkommunismus seit der Eroberung Osteuropas infolge deutscher Kriegsstiftung keine Nahrung mehr erhalten hat, die Angst der Völker vor kommunistischer Eroberung propagandistisch verbraucht ist. Nur so ist es zu erklären, daß die Bundesregierung in ihrer Friedensnote davon ausgeht, die Erklärungen der UdSSR, sie wünsche keinen Krieg, seien ernst gemeint. Insofern stellt die Friedensnote durchaus den Versuch dar, sich auf eine neue Situation einzustellen, die Nato-Krise als Krise einer Politik nicht nur eines Bündnisses zu verstehen; sie deutet den ideologischen Nachholbedarf an, der durch den materiellen Zerfall des Bündnisses fällig geworden ist. Es fragt sich, ob das, was die Friedensnote an Ansätzen bietet, genügt, ob sie nicht doch hinter der tatsächlichen Entwicklung hinterherhinkt, zu der das faktische Disengagement durch den Abzug von Natotruppen gehört, aber auch das SED-SPD-Gespräch, schließlich der in London geäußerte Wunsch, der Nato einen politischen, einen entspannungsfreundlichen Inhalt zu geben — die Institutionen des Bündnisses für eine neue Politik einzusetzen.

Die Doppelzüngigkeit, die den östlichen Nachbarn nicht entgangen ist und den westlichen nicht entgangen sein dürfte, liegt darin, daß zwar den osteuropäischen Staaten Gegenseitigkeitserklärungen auf Gewaltverzicht in internationalen Streitigkeiten angeboten werden, dazu ein Beobachteraustausch bei Manövern der Streitkräfte, die Angebote aber die DDR auslassen, weil ihre Staatlichkeit nicht anerkannt wird, Streitigkeiten mit ihr also nicht international, sondern national wären, innerdeutsche Streitigkeiten, im Rahmen eines Inneren Notstandes wohl zu erledigen. (Wozu sonst das Heckmeck mit dem Inneren Notstand, wenn nicht, um mit der DDR Krach haben zu können, ohne sie deshalb anerkennen zu müssen?) Aus der Position des Alleinvertretungsanspruches ist Krieg gegen die DDR nicht Krieg, nur die Bereinigung einer innerdeutschen Angelegenheit. So ist es zu erklären, daß Ost und West in dieser Frage permanent aneinander vorbeizureden scheinen, so ist es zu erklären, daß eine Note, die allgemein bekannt macht, man werde sich den Handstreich gegen die DDR vorbehalten, „Friedensnote" genannt wird. Geht man davon aus, daß die DDR ein Staat ist, dann ist die Note der Bundesregierung — so schroff muß es gesagt werden — eine Kriegsnote.

Die Antwort der Sowjetunion fällt weniger scharf aus als unsere Kritik. Sie gibt zwar ihren Zweifeln an der Friedensbereitschaft der Bundesregierung Ausdruck, indem sie nachweist, daß der Verzicht der Bundesregierung auf nationalen Besitz und nationale Produktion von Atomwaffen den dritten Weg offen läßt, nämlich Mit-Besitz und Teilhabe an der Verfügungsgewalt im Rahmen eines Bündnisses. Sie gibt auch unverhohlen ihr Mißtrauen kund gegenüber Versicherungen, wie: Die Bundesrepublik wolle spaltbares Material nur für friedliche Zwecke verwenden (immerhin gibt es zu denken, daß der von Hans Magnus Enzensberger in einem Offenen Brief an Kai Uwe von Hassel vorgetragene Verdacht, die Bundesregierung arbeite mit der Südafrikanischen Union bei der Herstellung und Erprobung eigener Atomwaffen zusammen, vom Bundesverteidigungsministerium bisher nicht widerlegt, nicht einmal dementiert worden ist — vgl. Kursbuch 4/1966). Aber diese Zweifel und Verdächtigungen werden ohne Schärfe und Ingrimm vorgetragen.

Bemerkenswert und diskutabel erscheinen uns nun aber die Vorschläge, die die Sowjetregierung zum Verhandlungsgegenstand mit der Bundesregierung machen will. Da ist natürlich von einem Vertrag über die Nichtverbreitung von Atomwaffen die Rede, aber auch davon, daß gegen Nicht-Nuklear-Staaten, die auch keine Kernwaffen auf ihrem Territorium haben, keine Kernwaffen eingesetzt werden sollen. (Ein solches Abkommen würde die Luftschutzpläne der Bundesregierung überhaupt erst brauchbar machen.) Weiterhin ist die Rede vom Abzug ausländischer Truppen, von der Auflösung von Nato und Warschauer Pakt, vom Rapacki-Plan, der Aufnahme beider deutscher Staaten in die UNO, von einer europäischen Sicherheitskonferenz.

Jeder dieser Vorschläge könnte in Bonn ohne Prestige-Verlust, ohne den Skandal einer totalen Kursänderung erwogen werden. Es wäre durchaus möglich, den Kalten Krieg, dessen Institutionen sich bereits auflösen, einschlafen zu lassen. Die durch die Friedensnote provozierten Vorschläge der Sowjetunion sind in keinem Stück unzumutbar. Und niemand weiß, wie lange sie auf dem Verhandlungstisch liegenbleiben.

Nr. 6/1966

64

Ulrike Meinhof appelliert an die Sozialdemokraten, sich in ihrer Deutschlandpolitik nicht vom Beifall der CDU abhängig zu machen:

Schlagabtausch oder Redneraustausch?

Wir fanden es legitim, daß die SPD den Redneraustausch zum Anlaß nahm, sich selbst innenpolitisch ins Spiel zu bringen. Machtstreben korrumpiert nicht Überzeugungen (sofern welche vorhanden sind), im Gegenteil: Machtstreben und Parteiegoismus tragen dazu bei, Überzeugungen glaubwürdig zu machen. Es war auch einzusehen, warum die SPD in ihre Briefe an die SED ein Übermaß an Antikommunismus einbaute: Das schien der Versuch, sich vor Tiefschlägen von rechts zu schützen, die Vorbereitung des Redneraustausches vor denen, die ihn nicht wollen, abzusichern. Inzwischen aber ist die Rede vom „Schlagabtausch" nicht mehr nur ein taktischer Trick, vielmehr beherrscht dies Wort die bundesrepublikanische Diskussion, die Politik des Redneraustausches scheint von ihren Gegnern schon unterwandert zu sein.

Wer den Schlagabtausch will, braucht keinen Redneraustausch. Wer nichts anderes will, als den SED-Kommunisten eine Niederlage bereiten (FAZ am 28. Mai: „Um die höchsten kommunistischen Führer der Sowjetzone ... vor den Augen der Nation aufs Haupt zu schlagen ..."), braucht nicht nach Chemnitz zu fahren, kann das mit Querelen über Verhandlungsort und freies Geleit von hier aus erledigen. Wer die Anerkennung des Status von Berlin als Teil der Bundesrepublik und des Alleinvertretungsanspruchs der Bundesrepublik für ganz Deutschland zur Vorbedingung macht, will keinen Redneraustausch. Daß es beim Scheitern der Verhandlungen ein leichtes sein wird, den Schwarzen Peter der kommunistischen Seite zuzuschieben, dürfte nach 50 Jahren Antikommunismus im bürgerlichen Deutschland selbstverständlich sein.

Wenn die SED-Funktionäre trotzdem einigermaßen hartnäckig weiterverhandeln, so deshalb, weil sie kaum etwas zu verlieren, wohl aber eine Menge zu gewinnen haben: In ihrem Interesse liegt eine Auflockerung der erstarrten Fronten; die Chance, im deutschen Fernsehen zu erscheinen, ist die Chance, ein wenig sympathischer und vernünftiger zu erscheinen, als es das bundesrepublikanische Bild von ihnen vorschreibt; der Redneraustausch — ganz ohne Anerkennung der DDR und ohne eine einzige Annäherung der Meinungen — vergrößerte doch den Bereich, in dem informelle Kontakte möglich würden; er würde — mit einem Wort — das DDR-Regime ein bißchen entzaubern. Nur so aber hätten die politischen Forderungen der DDR überhaupt eine Chance, in der bundesrepublikanischen

Öffentlichkeit zur Kenntnis genommen zu werden: Atomwaffenverzicht in ganz Deutschland; Anerkennung der bestehenden Grenzen; Gewaltverzicht und Annäherung beider deutscher Staaten im Rahmen einer Konföderation. Solange es nur antikommunistische Rhetorik ist, die den SED-Unterhändlern entgegenschlägt, solange können sie verhandeln, um den Redneraustausch zu retten, und werden es vermutlich auch tun. Erst wenn zur Bedingung des Redneraustausches die Aufgabe ihrer politischen Ziele gemacht wird, werden sie sich zurückziehen. Deshalb ist es heute (am 20. Juni) noch nicht abzusehen, ob Hannover und Chemnitz scheitern oder gelingen werden.

Immerhin — die SPD sitzt selbst unter Druck. Allzu lange und allzu gründlich hat sie sich an der Gleichsetzung von entspannungsfreundlicher und kommunistischer Politik beteiligt. Ihre Verketzerung des eigenen Deutschlandplans, der Ostermarschierer und neuerdings der Notstandsgesetzgegner hat sie in die Zwangslage manövriert, vom Beifall der CDU abhängig geworden zu sein, unabhängige Politik überhaupt nur noch machen zu können, indem sie sich die politischen Ziele der CDU zu eigen gemacht hat. Die Frage ist, ob sie aus dieser Sackgasse heraus kann, ob es für sie einen politischen Weg gibt, der zwischen den Fronten, die immerhin von Regierungsparteien repräsentiert werden, hindurchführt.

Der Beweis, den die SPD jetzt öffentlich führen müßte, mit dem sie sich vom Beifall der Frankfurter Allgemeinen zum geplanten Redneraustausch befreien und den Redneraustausch doch durchführen könnte, ist der, daß nationale Politik in Deutschland, Atomwaffenverzicht, Gespräche mit DDR-Politikern, Vorbereitung eines Friedensvertrages die freiheitlich-demokratische Ordnung nicht in Frage stellen. Der Beweis wäre der, daß Alleinvertretungsanspruch und Viermächteverantwortung für Deutschland eben n i c h t, wie die FAZ behauptet, „dem politischen und gesellschaftspolitischen Antagonismus der beiden Landesteile entsprechen: dem ... freiheitlich geordneten ... und dem kommunistisch beherrschten" (Leitartikel vom 16. Juni), sondern lediglich dem Gesellschaftsbild der CDU und ihrer Politik gegenüber der DDR. Die SPD muß heraus aus der Täuschung: Was dem Osten nützt, schadet dem Westen. Die Alternative ist: Was dem Frieden in Deutschland nützt, nützt beiden Systemen. Der Schaden trifft höchstens die etablierte Macht der CDU.

Daß die SPD keine antikapitalistische Partei mehr ist, ist kein Grund, vor der in Sachen kapitalistischer Politik erfahreneren CDU zu kapitulieren. Die Behauptung, der Ost-West-Gegensatz in Deutschland sei der Klassengegensatz in Deutschland, CDU-Politik die einzige Möglichkeit nicht kommunistischer Politik (siehe FAZ), dient doch nur dazu, die SPD auf die Politik der CDU festzunageln. Merkt die SPD das nicht? Merkt sie nicht, daß man ihr damit den Redneraustausch vermasselt, die Chance, sich innenpolitisch aufzuwerten, Brandt zum Staatsmann zu machen? Oder hat Herbert Wehner nur deshalb mit der SED korrespondiert, um sie einmal mehr reinzulegen, um sich selbst einmal mehr koalitionsfähig zu machen?

Der, der auszieht, das Fürchten zu lernen, müßte zur Zeit in die Bundesrepublik kommen. Zum NPD-Parteitag, zum Sudetendeutschen-Treffen, nach Bonn, wo Barzel der Welt den Frieden um den Preis der DDR anbietet. Die SPD hätte mit dem Redneraustausch die Chance, sich von dem so beladenen Karren endlich wieder abzuspannen. Gespräche mit der SED, in denen davon zu reden wäre: Wie soll eine Konföderation in Deutschland überhaupt technisch aussehen? Unter welchen Bedingungen könnte es freien Reiseverkehr geben? Wie könnte ein mitteleuropäisches Sicherheitssystem funktionieren? etc. — Solche Gespräche gäben der SPD wieder eigenständiges Gewicht. Gespräche, die auch zu einem Informationsaustausch führen könnten, z. B. darüber, ob und wie wahr es ist, was Hans Magnus Enzensberger behauptet, daß die Bundesrepublik gemeinsam mit Südafrika Atomwaffen produziert; was der Sowjetunion zu der Verdächtigung Anlaß gab, spaltbares Material in der Bundesrepublik würde nicht nur für friedliche Zwecke verwendet.

Die SPD macht sich mit der SED nicht gemein, wenn sie mit ihr verhandelt. Sie hat es deshalb auch nicht nötig, sich mit der CDU gemein zu machen und kann sehr wohl auf deren Beifall verzichten. Sind ihre Minderwertigkeitskomplexe denn so stark, daß sie nicht merkt, daß sie nicht mit, sondern nur gegen die CDU etwas werden kann? Ist die Bundesrepublik schon so isoliert, daß selbst die SPD nicht merkt, wie stark der außenpolitische Beifall wäre, wenn sie eine anti-isolationistische, eine Anti-Hallstein-, eine antiantikommunistische Politik machen würde? Soll Barzels Pseudo-Initiativen die deutsche Politik überlassen bleiben? Hat die SPD das nötig?

Nr. 7/1966

*Im Sommer 1966 wird der Panorama-Chef Joachim Fest –
selbst CDU-Mann – auf CDU-Druck gefeuert. Ulrike
Meinhof schreibt über:*

Joachim Fest oder die Gleichschaltung

Am 4. Juli brachte PANORAMA unter der Leitung von Joachim Fest eine dreiviertelstündige Sendung über die Notstandsgesetze. Es war die schärfste Kritik und klarste Darstellung dieses Gesetzgebungswerkes, die dem Millionenpublikum des Deutschen Fernsehens je vorgeführt worden ist. In den gleichen Tagen hatte sich Kai-Uwe von Hassel im Deutschen Bundestag wegen Vorwürfen, die Panorama gegen ihn erhoben hatte, zu rechtfertigen. Die Wahlen in Nordrhein-Westfalen und damit eine erneute Diskussion der Großen Koalition standen bevor. Da wurde Joachim Fest, fünf Tage nach seiner Notstandsgesetzsendung, von seinen Aufgaben als Leiter und Moderator von Panorama zum 1. Januar 1967 — gegen seinen Willen — entbunden.

Als der Fall ruchbar wurde — aber auch erst dann — beeilte sich die NDR-Pressestelle, wissen zu lassen, man brauche einfach von Zeit zu Zeit neue Köpfe, ein Wechsel sei doch nichts Besonderes. Ob das stimmt oder nicht, die Meldung ist bemerkenswert. Angenommen, Fest sollte tatsächlich nur aus Gründen formalen Wechsels — aus interner Arbeitsverteilung — von Panorama entlastet werden, so ist die Naivität erschreckend, die meint, man könnte mitten in heftigen Auseinandersetzungen um Panorama dessen Leiter absetzen, ohne damit ein Politikum zu schaffen. Angenommen dagegen, die Öffentlichkeit sollte mit dieser Meldung über die tatsächlichen Gründe von Fests Absetzung hinweggetäuscht werden, so ist die Naivität erschreckend, mit der man glaubt, zu diesem Zeitpunkt eine so politische Maßnahme kaschieren zu können, das Publikum für blind verkaufen zu können. Wer dem NDR diese Version des Falles Fest gutgläubig abnimmt, weder von der Naivität noch von der Rancune der Meldung irritiert, muß sich den Verdacht gefallen lassen, entweder nicht politisch denken zu können oder aber, es in diesem Fall nicht zu wollen.

Der Fall Fest ist ein Politikum — ob die, die ihn geschaffen haben, das wahrhaben wollen oder nicht. Ein von Joachim Fest geleitetes Panorama steht in mehr als einem Punkt einer Entwicklung im Wege, die von oben, mit den Mitteln der Autorität, nicht von unten mit demokratischen Mitteln angebahnt wird.

Seitdem die SPD nur noch formal Oppositionspartei ist, in fast allen politischen Sachfragen dagegen mit der Politik der Bundesregierung kollaboriert, in vielen mißlichen Lagen der Regierung das Gesicht wahren hilft, ist politische Opposition in der Bundesrepublik zunehmend in Mißkredit geraten, Kritik verpönt.

Die Große Koalition braucht keine Kritiker, nur noch Interpreten. Große-Koalitions-Politik setzt die Umwandlung von Interessenparteien in Volksparteien voraus, die Bagatellisierung — mit anderen Worten — von Interessengegensätzen in Staat und Gesellschaft zugunsten Höherer-Ziele. Wer aber die Maßnahmen von Volksparteien kritisiert, kann leicht dem Verdacht ausgeliefert werden, er kritisiere das Volk selbst und dessen von den Parteien artikulierten Willen. Selbstverständlich, daß Volksparteien sich weniger durch Volksprogramme als durch Volkspolitiker (am liebsten Volksredner) der Öffentlichkeit vorstellen. Zu den Mitteln Großer-Koalitions-Politik gehören mit anderen Worten: Die Verdrängung politischer Sachdiskussion zugunsten von Personalfragen („neue Köpfe"!), die Unterordnung politischer Meinungsverschiedenheiten unter ein alle Personen ergreifendes Ziel. Was mit diesen Mitteln bewirkt wird, ist das, was man gemeinhin Entpolitisierung nennt. Die Politik der Großen Koalition zielt nicht auf eine regierungstreue Bevölkerung, sondern auf eine unpolitische. Regierungstreue stellt sich dann von selbst ein.

Joachim Fest ist nicht das erste Opfer dieser Entwicklung. Der Abgang seiner Vorgänger beweist es. Wohl aber ist sein Fall symptomatisch für den derzeitigen Stand der Dinge. Proske, Paszensky und Kogon mochten noch unliebsam sein, weil sie nicht nur im Detail, sondern auch im allgemeinen etwas gegen die Bundesregierung hatten. Fest — so scheint uns — muß gehen, nicht einfach, weil er von Fall zu Fall Maßnahmen der großen Parteien kritisiert hat, aber doch auch nur gelegentlich — sondern weil er mit Panorama systematisch Politik gegen die allgemeine Entpolitisierung und dabei mehr als einmal Personalfragen wieder zu Sachfragen gemacht hat. Vielleicht hat auch deshalb die Öffentlichkeit so empfindlich auf den Fall Fest reagiert, weil sie von ihm eineinhalb Jahre lang am Bildschirm darüber in Kenntnis gesetzt wurde, daß es Routine-

geschäfte ohne politischen Bezug nicht gibt. Der Teufel steckt im Detail.

Gesündigt hat Fest außerdem gegen die Einigkeitsideologie der Parteien, die primär auf Antikommunismus basiert, der in der Bundesrepublik die Funktion des Antisemitismus der NS-Zeit abgelöst hat. Wer den Glauben an die alles erdrückende Bedrohung aus dem Osten bedingungslos teilt, verzichtet darauf, Schwächen und Fehler ans Licht der Öffentlichkeit zu zerren, die im zivilen und militärischen Bereich bei der Abwehr dieser Bedrohung unterlaufen. Notstandsgesetze, Starfighterabstürze, Vertriebenenpolitik, einen reaktionären Justizminister und illegale Flugblattaktionen der Bundeswehr gegen die DDR bemäkelt nicht, wer sich dem höheren Ziel dieser Maßnahmen verpflichtet fühlt, dem Antikommunismus.

Fest ist ein Einzelner. Große Koalitionspolitik, angewiesen auf Verschleierung realer Interessengegensätze in Volksparteien, gibt einzelnen keine Chance oder, wie Peter Miska es in der Frankfurter Rundschau am 9. Juli — bevor der Fall Fest bekannt war — in bezug auf die Politik der Parteien im NDR ausdrückte: „Niemand ist den großen Parteien unangenehmer als ein Mann, der weder eindeutig für die CDU noch klar für die SPD ist. Er ist ihnen zu unabhängig . . . und wird über kurz oder lang von CDU und SPD gemeinsam ,abgeschossen'." Oder wie Karl Jaspers sagt: „Vielleicht ist es in Deutschland innerhalb der abendländischen Welt am ungünstigsten . . . Hier sucht man Kollektiv. Hier ist derjenige, der allein für sich verantwortlich sein will, irgendwie ärgerlich."

Es sieht so aus, als bliebe Fest nichts anderes übrig, als sich — willig oder unwillig — ins Dritte Programm abdrängen zu lassen oder zur Illustriertenpresse zu gehen, jenem seiner Natur nach unpolitischen Medium, das schon anderen Narrenfreiheit gab, weil sie dort nicht mehr als Außenseiter sein können: Er käme in die individuelle Gesellschaft. Es bliebe ihm freilich auch die Möglichkeit, Bücher zu schreiben, die wiederum nur jene lesen, die die Zeichen der Zeit auch so verstehen. Die Große Koalition schickt den Einzelnen, der den Anschluß verweigert, in die Isolation. Es wäre gut, wenn Fest das nicht kampflos mit sich geschehen ließe. Solange er noch Einfluß auf Panorama hat, hat er die Chance, die Entwicklung, deren Opfer er ist, zu retardieren. Das wäre auch für seinen Nachfolger eine Verpflichtung. Vielleicht wäre der ihm eines Tages sogar dankbar dafür Nr. 8/1966

Die Antigewerkschaftspolitik, besonders v. Hassels und General Trettners, *gegen die ÖTV in der Bundeswehr,* Springers *Beteiligung an der Notstandspropaganda und* Erhards *Scheitern an einer realistischen Innen- und Außenpolitik faßt Ulrike Meinhof zusammen:*

Krise der Demokratie

Die Konstellation ist denkbar verwirrend. Panitzki tritt zurück, weil ihm von Hassel zu undemokratisch ist, Trettner und Pape, weil ihnen der Minister zu demokratisch ist. Sicher ist, daß das autoritäre Gehabe des Ministers letztlich daran Schuld sein dürfte, daß die aufgebrochenen Meinungsverschiedenheiten nicht intern ausgetragen werden konnten. Sicher ist auch, daß die Zurücknahme des ÖTV-Erlasses durch den Minister nur unter Druck erfolgte, nur so war eine Niederlage vorm Bundesverwaltungsgericht zu vermeiden. Sicher also ist auch, daß Trettner nicht eigentlich aus Protest gegen den Minister zurücktrat, sondern aus Protest gegen die Ohnmacht des Ministers, der ÖTV den Zutritt zu den Kasernen weiterhin zu verwehren, die Ohnmacht des Ministers, gegen Grundgesetz und Soldatengesetz einfach zu verstoßen, wenn er die Truppe das für nötig hält, wenn militärische Logik das nahelegt.

Es gibt keinen Grund, Trettners Hinweis auf den ÖTV-Erlaß für einen Vorwand zu halten. Man hat es zwar nicht gern, wenn den Gewerkschaften so große Bedeutung beigemessen wird, wie Trettner es damit tut, andererseits ist es nicht nur die ÖTV in der Bundeswehr, sondern sind es die Gewerkschaften insgesamt, die sich bisher einer autoritären Entwicklung am schärfsten entgegengestellt haben. Der Protest gegen den Einzug der ÖTV in die Kasernen der Bundeswehr und Trettners Interesse, den Generalinspekteur dem Staatssekretär gleichzustellen, liegen auf einer Ebene: Politische Kontrolle und zivile Einflüsse auf die Bundeswehr sollen zurückgedrängt werden.

Es ist die Frage, ob es sich hier nur um eine Führungskrise im Bundesverteidigungsministerium handelt, ob nicht auch das Hick-Hack um Erhard, der Krach um Hoogen, die Führungskrise in der CDU als Symptome einer politischen Krise dazugehören, zu deren Lösung mehr gehört, als nur einiger Personalwechsel. Hassels und Erhards persönliche Unzulänglichkeiten reichen nicht aus, die Krise, in die sie sich selbst hineinmanövriert haben, zu erklären.

Uns scheint, es gibt zwei Möglichkeiten, der Dinge Herr zu werden. Die eine läge darin, die Politik der Bundesregierung an die außen- und innenpolitischen Realitäten anzupassen; die andere — als deren Promotoren die Springerpresse und auch Herr Strauß auftreten — wäre die Anpassung von Gesetz und Verfassung an jene Bestrebungen, die mit Trettners Rücktritt eklatant zutage getreten sind. Zu den außen- und innenpolitischen Realitäten, an die Anpassung notwendig scheint, gehört, daß die Bundesrepublik angesichts ihrer gespannten Haushaltslage den Zerfall der Nato und das Abflauen des Kalten Krieges nicht durch erhöhte rüstungspolitische Anstrengungen kompensieren kann. Die Bundesregierung kann auch nicht durch ein bißchen Vietnam-Hilfe die USA dazu zwingen, ihr doch noch die MLF zu verschaffen, die sie gar nicht bezahlen könnte. Die Zeiten der Vorwärtsverteidigung sind vorbei. Der Zerfall der Nato macht eine neue politische Standortbestimmung für die Bundeswehr nötig, die ihrer Rolle als nationaler Armee im gespaltenen Deutschland gerecht wird. Darin, daß Moskau ausgerechnet seinen Abrüstungsexperten als Botschafter nach Bonn geschickt hat, liegt — so scheint uns — bereits das Angebot, einer Umorientierung der deutschen Politik ohne Aufhebens die Wege zu ebnen. Wie, wenn mal einer die Gelegenheit nutzen würde, bei Herrn Zarapkin vorbeizuschauen. Wenn sich die Herren von der CDU nicht trauen, vielleicht weil sie zu sehr damit beschäftigt sind, Ministersessel neu zu verteilen, warum dann nicht Helmut Schmidt oder Fritz Erler oder Egon Bahr für Willy Brandt?

Die andere Alternative hat die größere Chance, durchgesetzt zu werden. Die Offenheit, mit der sie in diesen Tagen von Strauß und der Springerpresse vorgetragen wurde, war einigermaßen verblüffend.

Viel zu wenig hätten sich in der deutschen Politik die Führungsprinzipien der Großindustrie durchgesetzt, meinte kürzlich erst Strauß, womit gewiß nicht der Mitbestimmung das Wort geredet werden sollte, sondern eher wohl jenen Formen der Machtausübung, die die Manager der Großbetriebe praktizieren, die von denen, die sie regieren, nicht kontrolliert werden können. Für einen Abbau demokratischer Rechte plädierte auch H. G. von Studnitz in der WELT AM SONNTAG (14. 8.), als er über die Zurücknahme des ÖTV-Erlasses schrieb, die Bundeswehr liefe Gefahr, „auf dem Altar des Grundgesetzes der Zersetzung überliefert zu werden". Er fordert die Aufhebung der Koalitionsfreiheit für Soldaten durch Änderung des Soldatengesetzes. Darüber, daß das Grundgesetz erst geändert werden muß, ehe Soldaten bei Innerem Notstand eingesetzt werden dürfen, setzt er sich kurzerhand hinweg: „Um dem Notstand zum Respekt zu verhelfen, kann die Exekutive der bewaffneten Macht nicht entraten. Wie aber wird diese sich verhalten, wenn ein Teil der Offiziere und Mannschaften von ihren Gewerkschaften Gegenordres erhält?" Nicht der Verfassungsbruch steht Herrn von Studnitz' Vorstellungen im Wege, sondern die Gewerkschaften, die ihn nicht zulassen würden. Winfried Martini schließlich, seit je als Befürworter einer autoritär-klerikalen Ständeordnung nach dem Modell des Salazarregimes bekannt, schrieb anläßlich Panitzkis Rücktritt in der WELT (24. 8.), es sei „ein Unikum der universalen Verfassungsgeschichte", daß die Bundeswehr den Staat bei einem inneren Notstand nicht schützen dürfe, beklagt die „Pauschalverehrung" des 20. Juli, nennt ihn ein „befohlenes Leitbild", moniert das „so massive Übergewicht der politischen Gewalt" über die Bundeswehr.

Da bahnt sich an, was Trettner mit seinem Rücktritt noch nicht vorwegnehmen, wohl aber signalisieren kann: Die Legalisierung von Einstellungen und Praktiken, die gesetzlich und grundgesetzlich nicht mehr gedeckt sind. Die Anmaßung, die darin liegt, eine demokratische Entscheidung des Ministers mit dem Rücktritt zu beantworten, läßt ahnen, wie weit sich die Machtverhältnisse in der Bundesrepublik bereits zugunsten der Armee verschoben haben.

Erhards Mißerfolge beruhen nicht nur auf persönlicher Unzulänglichkeit, sie sind auch Mißerfolge einer verfahrenen Politik. Nur in einer Änderung dieser Politik im Sinne einer Anpassung an die Realitäten läge — so scheint uns — die Möglichkeit, den immensen Prestigeverlust der politischen Instanzen — auch gegenüber dem Militär — aufzuholen. Nur so vermöchte die Bundeswehr wieder in ihre Schranken verwiesen zu werden. Nur so könnte verhindert werden, daß die Krise einer Politik in eine Krise der Demokratie umschlägt. Nr. 9/1966

Im November 1966 stürzt Kanzler Erhard über seine Bank-
rott-Politik. Der Ex-Nazi Kiesinger mußte die SPD in die
Regierung nehmen. Ulrike Meinhof artikuliert den Wider-
willen vieler Sozialdemokraten gegen das Bündnis:

Große Koalition

Der Schritt war fällig. Man kann sich darüber ärgern, man braucht sich nicht zu wundern. Er ist seit Godesberg systematisch vorbereitet worden. Alle Hoffnungen, die sich in diesen Jahren an die SPD knüpften, waren Selbsttäuschungen. Der Überraschungseffekt, die Sensation liegt nicht im Verrat, nicht darin, daß sich Bluff als Bluff erwiesen hat, nicht darin, daß Wehner der ist, für den ihn seine Gegner, die ihn haßten, weil sie ihn lieben wollten, immer gehalten haben. Die SPD hat sieben Jahre lang auf die Große Koalition hingearbeitet, und daß ihr erst jetzt die Chance in den Schoß fiel, ist nicht ihre Schuld. Sie wollte sich prostituieren, was ist dabei, daß sie es endlich tut? Das Erstaunliche ist, daß sie es in einem Moment tut, in dem das Gewerbe nichts mehr einbringt.

Die Voraussetzung für den Wandel der SPD zur Volkspartei war ein Wirtschaftswunder, das alle Bevölkerungsschichten in seinen Sog nahm, so daß Interessengegensätze in Staat und Gesellschaft verschleiert werden konnten. Jahrelange Vollbeschäftigung täuschte den Arbeiter darüber hinweg, daß sein Arbeitsplatz so wenig gesichert ist, so anfällig für Konjunktur und Baisse wie eh und je. Arbeitskräftemangel führte zu Verdienstmöglichkeiten, die mehr langfristige Konsumplanung zuließen, als deutsche Arbeitnehmer je hatten, ließ ein Gefühl von Unabhängigkeit entstehen, das die Tatsache unverminderter Abhängigkeit aus dem Bewußtsein des einzelnen verdrängte. Die Chance für jedermann, die eigene Lebenslage zu verbessern, gab ein Gefühl der Zufriedenheit, das nicht geeignet war, sich an den Grenzen der eigenen Freiheit zu stoßen, machte gegenüber den Regierenden vertrauensselig und lustlos zur Kritik. So konnte Kritik als Gemecker verpönt werden, Meinungsverschiedenheiten als Gezänk, die Notwendigkeit einer politischen Alternative war nicht offensichtlich, es schien ja auch so alles glatt zu gehen. Überlegener westlicher Lebensstandard ließ keinen Zweifel an der Überlegenheit der herrschenden antikommunistischen Weltanschauung aufkommen. Rehabilitation und Anerkennung in der westlichen Welt beruhigten das schlechte Gewissen, wann immer es sich rührte, gegenüber einer restaurativen innenpolitischen Entwicklung, der Wiederverwendung alter Nazis, der Remili-

tarisierung, dem Abbau demokratischer Freiheiten durch die Notstandsgesetzgebung.

Es waren diese materiellen Voraussetzungen, auf Grund derer die SPD-Führung den Rechtsruck ihrer Partei durchsetzen konnte, die Linke austricksen, Volkspartei werden, die CDU umarmen, gemeinsame Außenpolitik konzipieren, von Sozialpartnerschaft faseln, Volksgemeinschafts- und Familiensinn entwickeln und die Gewerkschaften täuschen konnte und zugleich Stimmen gewinnen, Popularität, öffentliches Ansehen und Sympathie. Man wollte an den Erfolgen der CDU partizipieren.

Inzwischen ist man zum Opfer des eignen Opportunismus geworden, die Lust, sich zu verbünden, wurde zum Selbstzweck, nicht die Erfolge, die Mißerfolge, nicht den Profit, sondern den Bankrott zu teilen, ist man eingestiegen. Neu also und erstaunlich, zu beklagen auch ist nicht der Verrat, ist vielmehr die sich jeder Beschreibung entziehende politische Impotenz der SPD-Parteiführung. Die Situation wäre komisch, wenn sie nicht folgenschwer wäre. Die sich da verbünden, lieben sich nicht, und es ist absehbar, daß es der CDU gelingen wird, in drei Jahren die Schuld für eine unpopuläre Politik der SPD in die Schuhe zu schieben: Die eine Million Arbeitslosen, von denen der Präsident der Bundesanstalt für Arbeitsvermittlung in Nürnberg jetzt sprach; die Arbeitslosigkeit insbesondere an der Ruhr; die Verhärtung von Lohnkämpfen, die der Präsident der Bundesvereinigung der Arbeitgeberverbände ankündigte; der geplante Abbau von Sozialleistungen; die Entmündigung der Länder durch das Stabilisierungsgesetz; die Kosten für jeden einzelnen durch die schon von den alten Koalitionsparteien verabschiedeten Notstandsgesetze. Man wird die SPD sehr leicht zum Sündenbock machen, insofern das alles ja erst allgemein spürbar wird, nachdem sie in die Regierung eintrat. Gewinnen aber wird diejenige Partei dabei, die gegenwärtig die einzige mit einer politischen Alternative ist, die einzige, die verspricht, alles ganz anders zu machen, die NPD, und es ist durchaus vorstellbar, daß schon 1969 ein Kanzler Strauß CDU/CSU/NPD-Koalition führt. Immerhin hat Strauß schon jetzt die Meinung seines Parteisekretärs Jaumann, man könne mit der NPD nicht verhandeln, als dessen „persönliche Meinung" abgetan.

Wenn diese Prognose auch spekulativ ist, so ist die andere, daß der Deutsche Bundestag, der ohnehin seit 1959 keine diskutierfreudige Anstalt mehr ist, 1969 tot sein wird, so viel wie gewiß. Die FDP wird kaum in der Lage sein, die Regierung zu permanenter Rechenschaft herauszufordern, die Regierungsparteien aber erledigen in Kabinetts- und Fraktionssitzungen, was sie untereinander auszumachen haben.

Das Absterben der parlamentarischen Diskussion wird begleitet werden auch vom Absterben politischer Kontraste in den Funk- und Fernsehanstalten, die — weitgehend von den Regierungsparteien kontrolliert — mehr noch als bisher gehalten sein werden, Regierungspolitik nicht zu kritisieren, sondern zu interpretieren, nicht Meinung zu machen, sondern Erklärungen zu produzieren. Die Springerpresse — 39,2 Prozent der deutschen Tageszeitungen, 100 Prozent der Sonntagsblätter —, Einpeitscher der Großen Koalition, wird tun, was sie kann, mit Antikommunismus und Gemeinschaftsideologie, mit „Seid nett zueinander" und BILD-Familie, den ideologischen Überbau zu schaffen, die verbliebenen Kritiker zu verketzern, Stimmung zu machen, auch zu lenken, abzulenken.

Ist also Hopfen und Malz verloren, die zweite deutsche Republik perdu?
Es sieht so aus, es sei denn . . .

Es sei denn, die Gegner der Großen Koalition in der SPD und außerhalb schlagen Krach, und das sind doch wohl nicht wenige, wie man auf dem Frankfurter Anti-Notstandskongreß sah und in diesen Tagen an den partei-internen Diskussionen, und lassen sich nicht einschüchtern, sondern lassen wissen, daß es Stabilisierung nicht gibt, daß der Haushalt nicht einer zu teuren Politik angepaßt werden kann, sondern nur die Politik dem Haushalt, also weniger Kalter Krieg und weniger Rüstung, dafür mehr Entspannung Richtung Osten und weniger Propaganda, weniger Unterstützung für den Vietnam-Krieg, dafür mehr DDR-Kontakte, weniger Devisenausgleich, dafür mehr Passierscheinabkommen, weniger Wehner, mehr Harry Ristock, weniger Helmut Schmidt, mehr Schellenberg, weniger Antikommunismus, mehr gesamtdeutsche Kommissionen, weniger Notstandsgesetze, mehr Bildung. Das wären alles Illusionen? Es bleibt gar nichts anderes übrig. Nr. 12/1966

Ulrike Meinhof sieht in der Großen Koalition ein Vollzugs-organ der Formierten Gesellschaft:

Der Klärungsprozeß

Mit verblüffendem Tempo geht der Strukturwandel innerhalb des bundesrepublikanischen Regierungs- und Herrschaftsapparates nach Bildung der Großen Koalition vonstatten. Anders als Erhard sich das gedacht haben mag, erweist sich die Große Koalition als Vollzugsorgan der formierten Gesellschaft, ohne daß noch von dieser die Rede wäre. Die Fronten klären sich aber auch: Oppositionelle aus Opportunität erliegen — wie stets — der Anziehungskraft der gesellschaftlich machtvollsten Kraft: Das ist zur Zeit die Regierung. Die Opposition gewinnt, wenn nicht Zeit, so doch Gelegenheit, wieder prinzipiell zu werden, unängstlich, nüchtern. Sie hat nichts mehr zu verlieren, sie kann sich den Sand aus den Augen reiben.

Der Prozeß der Ausschaltung der oppositionellen Kräfte bei gleichzeitiger Integration — Einschaltung — der opportunistischen, verdient beschrieben zu werden. Die Indienstnahme von Conrad Ahlers und Ralf Dahrendorf in die Geschäfte dieser Regierung verschafft dieser das Alibi, erweist sich für jene, daß es nicht genügt, gesellschaftliche Prozesse und politische Ereignisse mit dem Gestus der Unparteilichkeit zu beschreiben. Sporadische Unzufriedenheit und gelegentliche Respektlosigkeit, wie sie der SPIEGEL in seinem anonymen Teil betreibt, hat eben noch nichts mit Opposition zu tun, ist noch keine Kritik. Wenn der SPIEGEL in den letzten Jahren manchmal für ein oppositionelles Blatt gehalten wurde, dann mehr wegen der Überempfindlichkeit der Regierungen Adenauer und Erhard, als wegen der Härte des Blattes, von Augstein mal abgesehen, der ja auch nicht nach Bonn geht.

Dahrendorfs Anschluß an die Große Koalition ist mindestens ebenso aufschlußreich. Noch vor gut Jahresfrist schrieb er: „Die Große Koalition hebt den Parteienstreit als Instrument demokratischer Regierung ebenso auf wie die Schaffung einer ‚überparteilichen‘ Autorität.“ Und: „Den Preis zahlt die deutsche Gesellschaft mit der Vitalität ihrer demokratischen Institutionen.“[1] Eine dieser Institutionen ist die deutsche Universität, innerhalb der Universität war Dahrendorf selbst schon Institution gewordene Kritik; Chefideologe des bejahten Konflikts — „Aversion gegen Konflikt ist ein Grundzug autoritären politischen Denkens, dessen Praxis allemal ... mit der Freiheit der Bürger bezahlt wird“[2] — hat er indes die Position, von der aus Widerspruch hätte wirksam sein können, verlassen und sich denen zur Verfügung gestellt, die den Konflikt kurzgeschlossen haben. Die unparteiisch vorgetragene Formel versagte gegenüber der Anziehungskraft der Macht, erwies sich als Formalität, hingesagt nicht um der Position des Industriearbeiters gegenüber Management und Kapital Spielraum zu verschaffen, der Opposition gegenüber der Regierung, dem Parlament gegenüber der Exekutive, war nicht mehr als eine geistreiche, unverbindliche Verallgemeinerung, vermittels derer den Herrschenden kein Stein in den Weg gelegt, sie höchstens stilistisch beraten werden sollten.

Diese Regierung, den Rücken frei, unverlegen gegenüber parlamentarischer Kontrolle, alibi-ausgestattet, vermochte in Monatsfrist auf die Tagesordnung zu setzen, wovon vorangegangene Regierungen nur träumten: Die Aufhebung der Tarifautonomie wird schon vorbereitet — Balke und Schiller sind sich einig —, die politischen Magazinsendungen im Deutschen Fernsehen (Panorama, Report, Monitor) sollen abgeschafft werden, der Bundesinnenminister erkundigt sich bereits nach Internierungsmöglichkeiten für politisch unliebsame Personen im Falle eines Notstandes, das Bundespräsidialamt reitet eine lange nicht dagewesene Attacke gegen die Intellektuellen, „die sich in der Zerstörung von Werten gefielen“, gegen arbeitsrechtliche Grundsätze im Verhältnis zwischen Beamtenschaft und Staatsgewalt, gegen eine demokratische Schulorganisation, die zum Verzicht auf Ausübung der Staatsgewalt verführe, gegen den Mißbrauch der Hochschulen als Forum politischer Agitation (Frankfurter Rundschau, 21. 12. 1966). Es ist eine Häufung von Attacken gegen demokratische Kräfte, die — weil sie nicht integrierbar sind in Geist und Sache der Großen Koalition — ausgeschaltet werden sollen. Gäbe es in Bonn noch eine parlamentarische Kontrolle, es müßte parlamentarische Anfragen hageln.

Da sich die Gewerkschaften mit ihren Lohnforderungen ohnehin seit Jahren „peinlich an das Wachstum gesamtwirtschaftlicher Produktivität“ halten, längst nicht mehr „eine Umverteilung des Volkseinkommens“ anstreben und damit eine Veränderung der Machtpositionen und der gesellschaftlichen Ordnung[3], sich also längst an die nicht so genannten „Lohnleitlinien“ des Sachverständigengutachtens halten, zielt Schillers Vorstoß längst über das hinaus, was im bürgerlichen, im Arbeitgebersinn recht und billig zu sein vermöchte, zielt darauf, den „Status quo der Verteilung“[3] noch abzubauen, die Gewerkschaften zu entmachten, indem er sie funktionslos macht. Das Interesse des Gemeinwohls, die allgemeine Wirtschaftslage kann nur als Vorwand in dieser Auseinandersetzung gelten, es zu beachten, war in den letzten Jahren ohnehin Gewerkschaftspolitik. Mag Schiller dabei noch in Ressortdenken befangen sein, und keine parlamentarische Opposition wird ihn darauf aufmerksam machen: der Effekt ist absehbar, daß hier nicht nur die Tarifautonomie angeknackt wird, sondern auch der politische Einfluß der Gewerkschaften. Waren vorangegangene Regierungen nur indirekt und mit Zurückhaltung gewerkschaftsfeindlich, so ist es die jetzige offen. Ein erstaunlicher Vorgang.

Die Große Koalition hat klare Fronten geschaffen, schneller und präziser als zu erwarten war. Der Innenminister nimmt die Verabschiedung der Notstandsgesetze, soweit sie noch ausstehen, schon vorweg, das Bundespräsidialamt macht sich zum Fürsprecher von NPD-Argumenten, die Arbeitsgemeinschaft der Rundfunkanstalten, die das erste Fernsehprogramm betreibt, bemüht sich schon um den Anschluß an den Geist der Springerpresse, die Katze ist aus dem Sack.

Es bleibt der Presse, soweit sie unabhängig ist, den Gewerkschaften, soweit sie Prinzipien haben und wissen, daß das kein Ballast ist, und einzelnen vorbehalten, das entstandene Vakuum auszufüllen, von falschen Freunden und hemmenden Illusionen entlastet.

[1] Ralf Dahrendorf: Gesellschaft und Demokratie in Deutschland, München 1965, S. 222 und S. 233.
[2] ebenda S. 222.
[3] Rudolf Hofmann: Produktivität als Fetisch — gewerkschaftliche Motive einer indexgebundenen Lohnpolitik, Frankfurter Hefte, November 1966, S. 765 und 766.

Nr. 1/1967

*Im Frühjahr 1967 verfliegt die weltweite Euphorie über den
Atomsperrvertrag. Ulrike Meinhof zeigt die Schwächen des
Abkommens auf:*

Atomsperrvertrag

Der Atomwaffensperrvertrag sollte ursprünglich ein Stück Koexistenzpolitik sein, friedens- und entspannungsfreundlich, kriegsverhindernd. Er kommt zu spät, um dergleichen noch in großem Stil leisten zu können. Die multilaterale Nato-Atommacht ist ohnehin gescheitert. Chinas Bomben sind schon gezündet, Frankreichs längst. Der Krisenherd Mitteleuropa wird durch ihn kaum mehr befriedet. Der Frieden in der Welt steht derzeit in Asien auf dem Spiel. Der Arm der sowjetischen Koexistenzpolitik umfaßt nur noch Teile des sozialistischen Lagers. Einfluß und Autorität der UNO haben gelitten, indem man China die Aufnahme verweigerte, solange es daran interessiert war.

Das derzeitige Hick-Hack um den Atomwaffensperrvertrag dokumentiert seine politische Schwäche als Folge seiner Verspätung. Er gehörte zum Instrumentarium einer durch Kennedy und Chruschtschow in Ansätzen glaubwürdig gewordenen Friedensstrategie der Großmächte. Der Vietnamkrieg indes erwies die Friedensunfähigkeit der USA — sie führen Krieg —, die Ohnmacht zugleich der sowjetischen Politik, die die amerikanische Einmischung in Vietnam nicht verhindern konnte. In einem idealen, nahezu utopischen Sinn mag der Atomwaffensperrvertrag immer noch ein Beispiel humanitären politischen Denkens sein, bestimmt von dem Willen, die Gefahr atomarer Massenvernichtung einzudämmen, kriegsverhindernde Koexistenzpolitik zu manifestieren. In dem Maße aber, in dem die amerikanisch-sowjetische Friedenspolitik zusammengebrochen ist, ist dieser Vertrag zur isolierten Aktion geworden, damit zum Spielball und Zankapfel divergierender Interessen, für die die Moral der Nichtweitergabe von Atomwaffen nur Deckmantel und Vorwand zu sein scheint.

Den Amerikanern kann derzeit nichts so willkommen sein wie eine Einigung mit der Sowjetunion, in welcher Frage auch immer: das verschärft den sowjetisch-chinesischen Streit und nützt dem amerikanischen Prestige in Vietnam, schadet dem chinesischen. Daß es den Amerikanern gelungen ist, die Sowjetunion gegenüber China und Vietnam ins Zwielicht zu manövrieren, nützt ihnen offenbar mehr, als ihnen die Vertrauenskrise in Europa schadet.

Daß eine multilaterale Nato-Atommacht nicht zustandegekommen ist, ist kaum ein Erfolg der sowjetischen Politik, wenngleich die Sowjetunion der schärfste und mächtigste Gegner einer westdeutschen Mitbestimmung in puncto Atomwaffeneinsatz ist und insofern zur Verzögerung und zum schließlichen Scheitern multilateraler Vorhaben beigetragen haben mag. Die Amerikaner aber mitverantwortlich zu machen für die Gefahren einer antisowjetischen und einer Anti-DDR-Politik in Westdeutschland, mag ein Versuch sein, die Chruschtschowsche Koexistenzpolitik noch einmal aufzuwerten, die Initiative zu einer weltweiten Friedenspolitik zurückzugewinnen.

Aber eben deshalb, weil dieser Vertrag nicht eingebettet ist in eine bilaterale Entspannungspolitik, eine Friedensstrategie, weil er eine isolierte Aktion ist und nicht als der erste Schritt weitreichender Abrüstungsplanung definiert werden kann, eben deshalb konnte es passieren, daß seine vorläufige Formulierung so widersprüchlich ist, so viel Widerspruch provoziert hat. Was als Abrüstungsdiktat gedacht war und z. B. den Griff der Bundesrepublik nach dem Atomdrücker moralisch und sachlich verhindern sollte, ist zur Diskriminierung aller nicht-nuklearen Mächte geworden. Statt ein Prüfstein für die Entspannungsbereitschaft der Länder zu sein, die eingeladen sind, den Vertrag zu unterzeichnen, trägt die gegenwärtige Diskussion eher zur Verschleierung als zur Klärung der Positionen bei.

Am Beispiel des schon berüchtigten Artikels III wird das Ungeschick der Politik deutlich, auf Grund derer der Vertrag formuliert wurde. Dabei geht es kaum — wie mißverständlich behauptet wird — um die Kontrollen überhaupt, sondern um die Kontrollinstanz, um die Internationale Atom-Energie-Organisation in Wien (IAEO), die der UNO untersteht und der 95 Staaten angehören, darunter die Sowjetunion. Die IAEO soll die Einhaltung der Vertragsbestimmungen kontrollieren und außerdem die Verteilung des zur friedlichen Nutzung benötigten spaltbaren Materials übernehmen. Die Bundesrepublik ist aber weder Mitglied der UNO noch können ihre Beziehungen zur Sowjetunion als vertrauensvoll und gut bezeichnet werden. Hinzu kommt, daß im Rahmen der Europäischen Atomgemeinschaft (EURATOM) die friedliche Nutzung der Kernenergie der europäischen Sechsergemeinschaft schon einer Kontrolle unterliegt und es zwischen dem EURATOM-Vertrag und dem Atomsperrvertrag Kollisionen gibt, die ausgeräumt werden müßten. Gewiß ist EURATOM, deren Mitgliedstaaten zugleich der EWG und der NATO angehören, keine Alternative zur IAEO, verdient noch weniger das Vertrauen der Sowjetunion als die IAEO das Vertrauen der Deutschen. Aber indem Russen und Amerikaner in ihrem Vertragsentwurf mit keinem Wort auf bestehende Abkommen wie das von EURATOM eingehen, mit keiner Silbe einen Integrationsvorschlag machen, war es für die Deutschen sehr leicht, sich überfahren zu fühlen und das auch glaubhaft darzustellen. Das Schlimmste, was passieren könnte, ist passiert: Es ist der Bundesregierung erspart geblieben, Farbe zu bekennen, im Gegenteil, schon wird beteuert, daß der Plan, im Rahmen einer europäischen Gemeinschaft eine deutsch-französische Atommacht aufzubauen, vom Atomsperrvertrag unberührt bleibe, das Vorhaben — sein Promotor ist Strauß — ist nahezu schon sanktioniert.

Man hat der Bundesregierung Handhaben zum Sturmlauf gegen den Atomsperrvertrag geboten, die dazu geführt haben, daß eine Woge nationaler Ressentiments hochgehen konnte — Adenauer und Probst Grüber sprechen beide von einem neuen Morgenthauplan, Weizsäcker macht sich zum Anwalt der Bundesregierung, Strauß kann unverlegen mit dem Rücktritt drohen — hätte man die Verwirrung planmäßig stiften wollen, größer hätte sie nicht werden können. Das uralte Adenauer-Argument, mit dem die Bundesrepublik sich seit 10 Jahren dem Verdacht aussetzt, jeden Abrüstungsschritt verhindern zu wollen: nur einer weltweiten Abrüstung könnte die Bundesrepublik zustimmen, erfährt unbemerkt und unentlarvt eine Neuauflage. Der Zwang, ihren Entspannungswillen unter faktischen Beweis zu stellen, ist der neuen Bundesregierung vorerst erspart geblieben. Sie brauchte den Einspruch der Regierung Erhard vom vergangenen Herbst gegen den Sperrvertrag nicht zu widerrufen, daß es die Bundesregierung nicht ertragen könnte, von der atomaren Mitbestimmung ausgeschlossen zu werden. —

Der Atomwaffensperrvertrag, so wie er gegenwärtig vorliegt und diskutiert wird, droht seinen Zweck nicht nur zu verfehlen, sondern ihn in sein Gegenteil zu verkehren: Der Bundesregierung ein Alibi zu verschaffen, ihre eigenen Pläne weiterzutreiben; den Schein einer Friedenspolitik zu wahren, dabei die Rüstung zu forcieren. Es müßte aber möglich sein, in Genf Formulierungen zu finden, die zur Klärung der Positionen beitragen könnten, statt zu ihrer Verschleierung. Nr. 3/1967

Im Februar 1967 legt Innenminister Paul Lücke (CDU) einen durch Einwirken der SPD „liberalisierten" Entwurf der Notstandsgesetze vor. Ulrike Meinhof schreibt über „den Pyrrhussieg der Linken":

Der dritte Entwurf

Freilich ist die Liberalisierung des neuen Notstandsentwurfs nur ein Pyrrhussieg der Linken. Trotzdem haben die Gegner der Notstandsverfassung Grund, sich ein bißchen darüber zu freuen. Was jetzt vorliegt, ist ein Kompromiß, dem Schröder schon nicht mehr zugestimmt hat, ein Beispiel durchaus für die Einflußmöglichkeiten einer außerparlamentarischen Opposition. Was jahrelang unverzichtbar schien, ist unter den Tisch gefallen: nur vier, nicht mehr sieben Tage lang soll einer ohne richterlichen Entscheid festgenommen werden dürfen; die Abgrenzung zwischen erlaubtem Arbeitskampf und verbotenem politischen Streik soll erst später erfolgen; die Dienstpflicht für Frauen entfällt, ebenso ein Notverordnungsrecht der Regierung; die Feststellung des Inneren Notstands bleibt dem Parlament vorbehalten. All diese „Abschwächungen" stellen durchaus eine Ermutigung dar, die Auseinandersetzung weiterzuführen, am Beispiel der Notstandsgesetze für den Bestand der bundesdeutschen Demokratie einzutreten, die Attacken der Regierung auf das Freiheitsprinzip des Grundgesetzes schließlich noch vollständig zu verhindern.

Diese „Abschwächungen" sind aber tatsächlich nicht nur ein Erfolg der massiven, intelligenten, hartnäckigen Proteste gegen die Notstandsentwürfe von Schröder und Höcherl, nicht minder stellen sie eine neue politische Situation in Rechnung — oder, wie Lücke ebenso verräterisch wie scharfsinnig sagte: „Die Entwicklung in den letzten acht Jahren hat zu neuen Erkenntnissen geführt." Was am Buchstaben des neuen Entwurfs als Erfolg der Linken notiert werden darf, muß zugleich als Folge ihres politischen Mißerfolgs verbucht werden. Was als Liberalisierung erscheint, ist der gut kalkulierte Reflex auf die Indienstnahme der SPD in die Geschäfte der CDU-Regierung.

Ein Parlament, das nicht mehr Kontrollinstanz ist, sondern nur noch Regierungsbasis, braucht nicht mehr ausgeschaltet zu werden. Eine außerparlamentarische Opposition, die mit der SPD zwar unzufrieden, aber von dieser noch längst nicht abgenabelt ist, braucht nicht so massiv bekämpft zu werden wie eine Opposition mit parlamentarischem Einfluß. Eine Übermacht der Regierung, wie sie faktisch besteht, kann auf verfassungsändernde Legitimationen zur Erlangung von Übermacht verzichten. Aber noch andere Erfahrungen und Entwicklungen der letzten Jahre konnten einkalkuliert werden.

Man braucht die Versammlungsfreiheit nicht aufzuheben, wenn man den Gebrauch vorhandener Versammlungsgesetze so handhabt, daß ohnehin nur in Nebenstraßen, nach langfristiger Anmeldung und sorgfältiger Vor-Kontrolle geplanter Demonstrationen polizeiliche Erlaubnis erteilt wird und wenn man außerdem eine Polizei hat, die jederzeit bereit ist, zuzuschlagen.

Noch ist es den Studenten in Berlin, Hamburg, Frankfurt, München und andernorts nicht gelungen, die Prügelaktionen der Polizei als Notstandsterror zu entlarven, wohl aber nutzte die Polizei die Gelegenheiten, sich in Brutalität zu üben, einzuschüchtern, Übermacht knüppeldick zu demonstrieren. Die nahezu ungeschoren gebliebenen Gewalttätigkeiten der Polizei in den letzten Jahren und Monaten, die Verrohung, die da zu registrieren ist — auch wenn die verantwortlichen Politiker in den Ländern alleweil um Mäßigung gebeten haben und sich davon distanzierten —, darf sicherlich als Fingerübung für den Fall eines Notstands verstanden werden, erspart unpopuläre Grundgesetzänderungen.

Weiter: Warum soll man eine Pressefreiheit einschränken, die ohnehin fast nur noch von relativ auflagenschwachen Zeitungen wahrgenommen wird, wo es einfacher sein dürfte, durch „SPIEGEL-Aktionen" einzelne auszuschalten, als sich jetzt mit dem etablierten Journalismus anzulegen. Der Springerkonzern steht auf seiten der Regierung, die FAZ dürfte im Notfall diszipliniert genug sein, der Regierung nicht in den Rücken zu fallen, dem SPIEGEL sind die Zähne gezogen, der Stern allein kann dem Stern nicht helfen.

Die Tatsache, daß bisher weder das Fernsehen noch die Boulevardpresse das, was man für Studentenkrawalle hält, als Polizeikrawalle entlarvt hat, das allein rechtfertigt den Verzicht der Regierung auf eine Einschränkung der Pressefreiheit im Fall eines Notstands. Abgesehen davon, daß die Konzentration im Pressewesen — zugunsten Springers — fortschreitet, eine Entwicklung, die man kaum anhalten wird durch eine Untersuchungskommission, der Springer selbst angehören soll.

Der — vorläufige — Verzicht, das Koalitions- und Streikrecht aufzuheben, ist ein Trick, für den man Lücke taktisches Genie bescheinigen sollte. Deutlich hat er gesagt, daß dieser Punkt verschoben und noch diskutiert werden soll, nicht daß er aufgehoben, aus den Intentionen der Regierung gestrichen wäre. Indem er aber aus dem jetzigen Entwurf herausgenommen wurde, stärkt Lücke nicht nur personell die Leber-Leute im DGB, auch ihren Argumenten gibt er Gewicht, man müßte verhandeln und Einfluß nehmen, nur so könnte man etwas erreichen. Er schwächt den Widerstand, das Bündnis zwischen Gewerkschaften und Intellektuellen, er nimmt sie sich einzeln vor, er weiß, was er tut, er kennt sich — im Unterschied zu Schröder und Höcherl — aus.

Im übrigen — gegen wen sollen denn Polizei, Bundesgrenzschutz und Bundeswehr im Fall eines Inneren Notstands eingesetzt werden, wenn nicht gegen organisierte Massen, also gewerkschaftlich organisierte, gegen Arbeitermassen. Wenn man das Streikrecht unangetastet läßt, braucht man kein Militär — für Enteignungsmaßnahmen und Dienstverpflichtung in einigen Versorgungsbetrieben kommt man doch wohl mit der Polizei aus.

Der neue Entwurf stellt die Gleichschaltung des Parlaments durch Bildung der Großen Koalition in Rechnung. Hinzu kommen gute Erfahrungen mit Pressekonzentration, Gummiknüppeln und der vom Bundesverfassungsgericht ungerügten SPIEGEL-Affäre.

Hinzu kommt der nicht unelegante Umgang der Regierung Kiesinger mit deutscher und ausländischer Öffentlichkeit. Was der Entwurf an Abschwächung und Liberalität enthält, ist Kompromiß, ist Trick, ist vor allem aber Macht, die diese Regierung schon hat, die sie sich nicht erst durch Notstandsgesetze verschaffen muß. Zugleich wird deutlich, daß diese Koalition im Begriff steht, sich auf Dauer einzurichten. Demokratie scheint den beiden daran beteiligten Parteien keinen Spaß mehr zu machen. Nr. 4/1967

*Lyndon Johnsons Vize Hubert Humphrey besucht West-
berlin. Kommunarden werfen aus Protest gegen die US-
Politik in Vietnam mit Puddingbeuteln nach ihm. Eine ra-
dikaler werdende Ulrike Meinhof schreibt über das Polit-
Happening:*

Napalm und Pudding

Ein Vorwurf kann den Berliner Pudding-Kommunarden nicht erspart bleiben: Daß sie, auf ihre plötzliche Publizität nicht vorbereitet, die Gelegenheit, in Fernsehen und illustrierter Presse ihre Aktion zu erklären, nicht nutzten. Anstatt das Aufsehen, das sie erregten, auf Vietnam zu lenken, anstatt die interessierten Fragen der Presse mit Wahrheiten über Vietnam zu beantworten, mit Fakten, Zahlen und Politik, redeten sie von sich selbst. Gewiß hat die Form des Zusammenlebens für diese Leute ihren Sinn in sich selbst, hinsichtlich ihrer Puddingaktion aber erwies sie sich vor allem als geradezu brillantes Mittel, Polizei, Presse und Politiker zu irritieren, sie zu jenen Kurzschlußreaktionen zu provozieren, in der sich ihre ganze moralische und politische Unsicherheit bezüglich des Vietnamkrieges dokumentierte. Indem die Studenten nicht nur eine Puddingaktion vorbereiteten, sondern obendrein den Bürgerschreck markierten, brachten sie das seit Jahren funktionierende Boykottsystem der Springerpresse und ihrer politischen Anhänger durcheinander, brachten — obendrein auf höchst amüsante Weise — die Mauer des Verschweigens, die sonst gegenüber oppositioneller Aktivität in der Bundesrepublik besteht, zu Fall. Ihre plötzliche Publizität aber nutzten sie nur für ihren privaten Exhibitionismus, snobten nicht nur die sie interviewenden Journalisten, sondern ja auch deren Zuschauer und Leser, verschenkten die Chance, zwischen ihrem besseren Wissen über das, was in Vietnam geschieht, und einer schlecht informierten Öffentlichkeit zu vermitteln. Offenbar sind sie selbst noch im Stadium der Verwirrung über ihr tabubrecherisches Liebesleben, haben ihren Mao, obwohl „Maoisten", nicht gelesen: „Bei einer Massenversammlung kommt es vor allem darauf an, die Anteilnahme der Menge zu erwecken" — das ist ihnen gelungen — „und passende Slogans aufzustellen" — die blieben sie schuldig. Wenn man begreift, daß es nicht jugendlicher Leichtsinn und pubertäre Gärung ist, der die Studenten zu ihren Aktionen verleitet, sondern besseres Wissen im Bündnis mit einer relativen Unabhängigkeit — mehr Zeit zum Diskutieren und besserer Zugang zu Informationsquellen, als andere Bevölkerungsgruppen sie haben —, dann wiegt es um so schwerer, daß diese Berliner Elf es nicht für nötig hielt, ihre Spielregeln verständlich zu machen.

Immerhin, es waren die Studenten, denen es in den letzten Monaten zunehmend gelang, mit ihren Protestaktionen gegen den Vietnamkrieg den Boykott der bundesrepublikanischen Presse zu durchbrechen, ihre Demonstrationen zu Ereignissen zu machen, mit denen sich die Öffentlichkeit beschäftigen mußte. Es sind gegenwärtig hauptsächlich Studenten, die jene neuen Modelle politisch-oppositionellen Verhaltens entwickeln, die nicht mehr als Beweis einer Pseudo-Liberalität verrechnet werden können, auch nicht verschwiegen werden können. Es sind hauptsächlich die Studenten, die die Befürworter der amerikanischen Kriegsführung in Vietnam, die bekanntlich identisch sind mit den Befürwortern einer Notstandsgesetzgebung, zwingen, Farbe zu bekennen. Mit Polizeiknüppeln fing es an, inzwischen wird bereits das Verbot des Sozialistischen Studentenbundes gefordert, der Ausschluß einiger Studenten aus der Universität, die Grenze zwischen politischem Radikalismus und Kriminalität sei überschritten.

Nicht Napalmbomben auf Frauen, Kinder und Greise abzuwerfen, ist demnach kriminell, sondern dagegen zu protestieren. Nicht die Zerstörung lebenswichtiger Ernten, was für Millionen Hunger und Hungertod bedeutet, ist kriminell, sondern der Protest dagegen. Nicht die Zerstörung von Kraftwerken, Leprastationen, Schulen und Deichanlagen ist kriminell, sondern der Protest dagegen. Nicht Terror und Folter durch Special Forces sind kriminell, sondern der Protest dagegen. Nicht die Unterdrückung einer freien Willensbildung in Südvietnam, das Verbot von Zeitungen, die Verfolgung von Buddhisten ist undemokratisch, sondern der Protest dagegen in einem „freien" Land. Es gilt als unfein, mit Pudding und Quark auf Politiker zu zielen, nicht aber, Politiker zu empfangen, die Dörfer ausradieren lassen und Städte bombardieren. Es gilt als unfein, auf Bahnhöfen und an belebten Straßenecken über die Unterdrückung des vietnamesischen Volkes zu diskutieren, nicht aber im Zeichen des Antikommunismus ein Volk zu kolonialisieren.

Hubert Humphrey durfte in Berlin erklären, „die Berliner dürften es gut verstehen, wenn sich die Vereinigten Staaten verpflichtet fühlten, ihr dem Volk von Südvietnam gegebenes Wort ebenso einzuhalten, wie ihr Versprechen zur Erhaltung der Freiheit Berlins" (Neue Zürcher Zeitung am 8. April).

Die Berliner sollten wissen, daß das Volk von Südvietnam nie um ein solches Versprechen gebeten hat, daß dieser Satz des US-Vizepräsidenten keine Zusicherung ist, sondern eine Drohung, die Drohung, amerikanische Berlin-Politik auch dann zu machen, wenn die Berliner es gar nicht oder anders wollen. Die Politiker in Bonn und Berlin wissen es. Wissend haben sie die Studenten zusammenschlagen lassen, verhaften, verleumden, bedrohen. Wissend hat Günter Grass die elf aus Uwe Johnsons Dachstuben gefeuert, wissend hat der akademische Senat in Berlin mit einem Verbot des SDS an der Freien Universität gedroht. Napalm ja, Pudding nein.

Die Frankfurter Rundschau mäkelte: „Wer glaubt, sich nur mit Explosionskörpern Gehör verschaffen zu können, muß sich gefallen lassen, daß er zu jenen gerechnet wird, die sich der Sprache der Bomben verpflichtet fühlen." (7. 4.) Milchprodukte in Tüten mit Bomben und Geschossen, die schlimmer als die von der Genfer Konvention verbotenen Dum-Dum-Geschosse sind, zu vergleichen, heißt einen Krieg zum Kinderspiel erklären. Und ist es der Frankfurter Rundschau noch nie aufgefallen, daß wie auch immer formulierte Meinungsäußerungen von Studenten und anderen oppositionellen Gruppen nicht abgedruckt werden, es sei denn, ihre Veröffentlichung wird lärmend erzwungen? Hält die Rundschau sich selbst für den Springerkonzern?

Um Avantgarde zu sein, sind die Studenten zu isoliert, auch wenig fähig, sich einer an BILD-Deutsch gewöhnten Öffentlichkeit verständlich zu machen. Aber sie haben Modelle geschaffen: Wie und daß man es machen kann, zur Kenntnis genommen zu werden, und was passiert, wenn Oppositionelle unmißverständlich werden. Das ist nicht Abenteuerei, sondern Witz, wenn man mit Pudding und Diskussion, und Konfetti, Bonbons, Joghurt und Eiern, und kleinen Gruppen vor amerikanischen Konsulaten Schlagzeilen hinkriegt. Polizeiknüppel, voreilige Verhaftungen und administrative Maßnahmen aber geben einen Vorgeschmack dessen, was durch Notstandsgesetze legalisiert werden soll. Mit ihren Vietnam-Demonstrationen ist es den Studenten gelungen, der bundesdeutschen Demokratie ein wenig auf den Zahn zu fühlen. Der ist faul. Das der Öffentlichkeit zur Kenntnis gegeben zu haben, ist ein Verdienst. Nr. 5/1967

Im Juni 1967 führt Israel einen Blitzkrieg gegen die Araber. Ulrike Meinhof entlarvt die ausländischen Komplicen:

Drei Freunde Israels

Israel genießt derzeit dreierlei Sympathie. Die Sympathie der europäischen Linken, die nicht vergessen wird, wie ihre jüdischen Mitbürger verfolgt wurden von dem Faschismus, den sie bekämpften; eine Solidarität, die die Jüngeren vorbehaltlos teilen, die gegen Globke und Vialon Stellung bezogen haben und heute noch und wieder gegen SS-Geist und -Praxis demonstrieren, deren letztes und wieder erstes Opfer Benno Ohnesorg heißt. Die europäische Linke hat und hatte nie einen Grund, ihre Solidarität mit den rassisch Verfolgten aufzugeben. Für sie wurde der Nationalsozialismus nicht erst durch die Judengreuel kompromittiert, nicht durch Wiedergutmachung wieder gut. Es gibt für die europäische Linke keinen Grund, ihre Solidarität mit den Verfolgten aufzugeben, sie reicht in die Gegenwart und schließt den Staat Israel ein, den britische Kolonialpolitik und nationalsozialistische Judenverfolgung begründet haben.

Die Menschen, die heute in Israel leben, die Juden nicht nur, auch die Araber, waren nicht Subjekt, sondern primär Objekt dieser Staatsgründung. Wer den Bestand dieses Staates glaubt zur Disposition stellen zu sollen, muß wissen, daß nicht die Täter, sondern wiederum die Opfer von damals getroffen würden. Wenn die Forderung nach einer Aussöhnung mit Polen Bezug nimmt auf das, was Polen durch den Nationalsozialismus angetan wurde, dann gilt dasselbe auch für Israel.

Die zweite Sympathie, derer Israel sich gegenwärtig erfreut, hat andere Motive, ist weniger selbstlos, weniger unbedingt, anders, wenngleich zur Zeit scheinbar ebenso vorteilhaft für das Land. Da sind US-amerikanische Ölinteressen im Spiel, deren Rang und Folgen für die Länder der Dritten Welt am Modell Persien von Bahman Nirumand analysiert und beschrieben worden sind. Vergleichbare Analysen für die amerikanische Öl-Politik in Syrien, Libyen, Kuwait, Saudiarabien liegen noch nicht vor, doch wäre es naiv und weltfremd, anzunehmen, sie spielten keine Rolle für den Konflikt im Nahen Osten, für das Interesse der USA, den Golf von Akaba als internationales Gewässer zu erhalten und am oder in der Nähe des Suez-Kanals durch verläßliche Bündnispartner gegenwärtig zu sein. Solidarität mit Israel rechtfertigt außerdem neben dem NATO-Bündnis mit Griechenland und der Türkei die Präsenz der 6. Flotte im Mittelmeer, hilft ihre Südflanke schützen. Nicht weil die USA und Großbritannien auf den Suez-Kanal als Transportweg für ihr Öl angewiesen wären (die Behauptung, der Seeweg ums Kap mit größeren Tankern sei nicht teurer als mit kleinen Tankern durch die Wasserstraßen des Vorderen Orient, ist glaubhaft), sondern weil die arabischen Länder, würden sie über ihr Öl verfügen können, auf den Suez-Kanal angewiesen wären, können die USA auf ein befreundetes Israel nahe dem Suez-Kanal nicht verzichten.

Auch die Politik der westeuropäischen Linken könnte nicht araberfreundlich im Sinne der Araber sein, müßte ihnen den Verzicht auf Palästina abverlangen, die Bereitschaft zur Koexistenz mit Israel. Die Politik der Vereinigten Staaten aber zielt nicht nur auf die Erhaltung Israels für die Israelis, sondern ebenso auf die Erhaltung des arabischen Öls für die amerikanische Wirtschaft. Wer glaubt, Israel wäre, wenn es diesen Krieg nicht geführt hätte, vernichtet worden, muß wissen, daß dieser Krieg nicht nur einen israelischen Sieg herbeigeführt hat. Wer die Araber verurteilt, muß bedenken, daß die arabische Politik gegen Israel auch berechtigte Interessen enthält, ob man bereit ist, diese zu würdigen oder nicht.

Die dritten Sympathien wurden in der Bundesrepublik hauptsächlich von einer bestimmten Presse zum Ausdruck gebracht und befanden sich augenscheinlich in Einklang mit dem, was als schwarzer Humor, als reiner Hohn empfunden worden wäre, als Politik aber allgemein geduldet wurde: Die Lieferung von Gasmasken an Israel. Erfolg und Härte des israelischen Vormarsches lösten einen Blutrausch aus, Blitzkriegstheorien schossen ins Kraut, BILD gewann in Sinai endlich, nach 25 Jahren, doch noch die Schlacht von Stalingrad. Antikommunistisches Ressentiment ging nahtlos auf in der Zerstörung sowjetischer Mig-Jäger; die Nichteinmischung der Sowjets wurde als Ermutigung erlebt, es in der deutschen Frage den Israelis gleichzutun; der Einmarsch in Jerusalem wurde als Vorwegnahme einer Parade durchs Brandenburger Tor begrüßt. Hätte man die Juden, statt sie zu vergasen, mit an den Ural genommen, der zweite Weltkrieg wäre anders ausgegangen, die Fehler der Vergangenheit wurden als solche erkannt, der Antisemitismus bereut, die Läuterung fand statt, der neue deutsche Faschismus hat aus den alten Fehlern gelernt, nicht gegen — mit den Juden führt Antikommunismus zum Sieg.

Nicht die Erkenntnis der Menschlichkeit der Juden, sondern die Härte ihrer Kriegsführung, nicht die Anerkennung ihrer Rechte als Mitbürger, sondern die Anwendung von Napalm, nicht die Einsicht in die eigenen Verbrechen, sondern der israelische Blitzkrieg, die Solidarisierung mit der Brutalität, der Vertreibung, der Eroberung führte zu fragwürdiger Versöhnung. Es ist der Geist des „Wer Jude ist, bestimme ich", der sich da mit Israel verbündete, gleichzeitig mit den Totschlägern in Berlin. Wäre Israel ein sozialistisches Land, kein Zweifel, diese Sympathien gäbe es nicht. Es gäbe nur noch die der europäischen Linken, die unbeirrbaren, rationalen, ehrlichen.

Diejenigen, die gegenwärtig kein kritisches Wort über die Politik Israels dulden wollen, kein Wort über die berechtigten Interessen der Araber (deren Drohung, Israel vernichten zu wollen, dadurch nicht weniger unerträglich wird), die hinter der Forderung, Israel möge sich auf seine Vorkriegsgrenzen zurückziehen, nur sowjetischen Imperialismus wittern — welch eine Verwirrung der Begriffe —, diejenigen tragen nicht dazu bei, Frieden für Israel zu bewirken. Man kann die Interessen eines Landes anerkennen, ohne seine Politik für geeignet zu halten, diese Interessen zu wahren.

Die Solidarität der Linken mit Israel kann sich nicht von den Sympathien der USA und der BILD-Zeitung vereinnahmen lassen, die nicht Israel gilt, sondern eigenen, der Linken gegenüber feindlichen Interessen. Die Solidarität der Linken schließt auch einen Mann wie Moshe Dajan ein, wenn er ermordet werden soll, nicht aber seinen Rechtsradikalismus, seine Eroberungspolitik; so wie sie selbstverständlich mit dem arabischen Nationalismus sympathisiert, nicht aber mit Nassers Kommunistenverfolgung. Die Frage nach vernünftigen, stabilen, politischen Lösungen droht gegenwärtig von pro- und anti-israelischem Freund-Feind-Denken erdrückt zu werden, dem auch die Linke erliegt, wo sie sich zwischen sowjetischer und israelischer Politik entscheiden zu müssen glaubt und davon doch nur auseinanderdividiert wird. Parteilichkeit ist mehr gefragt als Vernunft. Wir unterdrücken die Frage nicht: Was will Israel — leben oder siegen? Als Subjekt seiner eigenen Geschichte muß es diese Frage selber beantworten.

Nr. 7/1967

Die IG Metall veröffentlicht ein „Weißbuch zur Unternehmermoral". Für Ulrike Meinhof war das ein Anlaß zur Kritik an der angeblich anpasserischen Gewerkschaftspolitik:

Unternehmermoral

Das „Weißbuch" der IG Metall „zur Unternehmermoral" — eine Dokumentation über die Streichung freiwilliger und übertariflicher Leistungen in der Metallindustrie — kommt zwei Jahre zu spät und hätte lieber Rotbuch über den Klassenkampf von oben geheißen. Es ist eine Attacke gegen die Unternehmer und zugleich ein Dokument der politischen und theoretischen Schwäche der Gewerkschaften.

Die Entwicklung, die darin beschrieben wird, war vorauszusehen, die unternehmerische Unmoral, die darin angeklagt wird, war unternehmerisch — vor den Augen der Gewerkschaften und der Öffentlichkeit — geplant. „Sozialklimbim" und „Sozialpartnerschaft" waren Tricks einer Beschwichtigungspolitik gewesen, den Faktor Arbeit nicht selbstbewußt werden zu lassen zur Zeit der Vollbeschäftigung. Außertarifliche Vergünstigungen, übertarifliche Löhne machten den Arbeiterwohlstand zu einer Privatangelegenheit zwischen Betriebsrat, Belegschaft und Arbeitgeber. So wurde gewerkschaftlicher Einfluß aus den Betrieben herausgeekelt, Klassensolidarität zugunsten familiärer Gefühle zwischen Belegschaften und Unternehmern aufgehoben. Daß die Arbeiterschaft mit dieser privatistischen Familienideologie nur übers Ohr gehauen, nicht gesellschaftlich integriert, nur korrumpiert wurde, über ihre tatsächliche Abhängigkeit von der Willkür der Unternehmen getäuscht wurde, dokumentieren die Fakten, gesammelt im Weißbuch zur Unternehmermoral.

Freiwillige Sozialleistungen wurden in den letzten Monaten überall gestrichen, Lohnumgruppierungen vorgenommen, Vorgabezeiten reduziert, Zulagen für gesundheitsgefährdende Arbeiten, Milch für Schwangere, Fahrgeldzulagen gestrichen, Mieten von Werkswohnungen erhöht, Wasch- und Essenszeiten gekürzt. Weihnachtsgelder, Anwesenheitsprämien, Zuschüsse zur Arbeitskleidung, Zuschüsse zum Krankengeld wurden beseitigt — vieles und noch mehr von dem, womit man in den vergangenen Jahren die Arbeiter in die Betriebe köderte, die Gewerkschaften für überflüssig erklärte, Betriebsräten das Gefühl gab, sie kämen auch ohne die Unterstützung ihrer Gewerkschaft aus.

Die Sozialklausel des Kündigungsschutzgesetzes wird vielfach umgangen, Massenentlassungen werden bei den Arbeitsämtern, die Aufschub verlangen können, nicht angemeldet; die Bundesanstalt in Nürnberg hat festgestellt, daß die Arbeitslosigkeit unter den Männern über 55 und den Frauen über 35 unverhältnismäßig groß ist, die Alten, die Treugedienten werden vor die Tür gesetzt, die, deren Kräfte nachlassen, die am schwersten neue Stellen finden. Von Fällen wird berichtet Arbeitgeber die Ausgabe von Gewerkschaftszeitungen in den Betrieben davon abhängig machen wollten, ob ihnen der Inhalt paßt, wo Gewerkschaftsvertretern die Teilnahme an Betriebsversammlungen verwehrt werden sollte und Betriebsräte die Namen der Arbeiter notieren sollten, die den Betriebsrat aufgesucht hatten.

Das Weißbuch war fällig. Wer sich ein bißchen in bundesrepublikanischen Betrieben auskennt, weiß, daß die Unternehmerwillkür, die hier beschrieben wird, latent immer da war, in Schach gehalten nur durch Vollbeschäftigung. Der Zynismus, mit dem man die außertariflichen Leistungen „Konjunkturpuffer" nennt und sich jetzt von den Arbeiterhaushalten die Profite sichern läßt, ist alles andere als neu, hundert- und tausendfach war man zu diesen Leistungen nur bereit unter der Bedingung, daß die Gewerkschaften bei Vereinbarungen ausgeschaltet würden, betrog die Belegschaften um ihre Macht zur Zeit der Vollbeschäftigung mit einem Linsengericht.

Die Gewerkschaften aber — und da bildet die IG Metall keine Ausnahme — sind nicht ganz unschuldig an dieser Entwicklung, insofern es ihnen nicht gelungen ist, eine betriebsnahe Tarifpolitik durchzusetzen, als ihre Verhandlungsposition noch stark war, als freiwillige Leistungen noch hätten tariflich abgesichert werden können. Sie hätten wissen können und müssen, daß nicht Moral ein Unternehmergesetz ist, sondern Profit, daß Klassengegensätze nicht durch Handschlag überbrückt werden, durch Konjunktur und Wohlstand nur verschleiert wurden. Sie hätten wissen müssen, daß die Schwierigkeiten, sich gegen einen gewerkschaftsfeindlichen Pressekonzern verständlich zu machen, nicht kleiner werden würden mit der Zeit und die Schwierigkeiten gewerkschaftsfreundlicher Journalisten, im Fernsehen die Wahrheit zu sagen, auf dem Weg der SPD zur Großen Koalition eher größer würden. Sie hätten es wissen müssen.

Indem sich ihr Protest gegen die „Unternehmermoral" richtet, folgen sie aber immer noch den Gesetzen eben dieser Unternehmer, als spielte für deren Eigeni eresse Moral überhaupt eine Rolle, als e die Rede von Moral im Wirtschaftsleben noch etwas anderes als eine demagogische Phrase, eine Verbrämung tatsächlich unvereinbarer Interessengegensätze. Indem sich die Gewerkschaften — pikiert und übelnehmerisch — einer Argumentation bedienen, die aus dem Arsenal der Herrschenden stammt, vermag sie vielleicht Proteste im „Industriekurier" zu provozieren, nicht aber die Betroffenen, deren Rechte sie zu verteidigen wünscht, wachzurütteln. Die Wut, die in den Betrieben jetzt aufgekommen ist, bleibt blind, wenn sie sich in moralischen Protesten Luft zu machen sucht, der Raubbau am Arbeitnehmereinkommen, wie er sich breitmacht, wird nicht gestoppt, wenn die Proteste unpolitisch bleiben. Sentimentalität nutzt nichts. Das Ende des Sozialstaats Bundesrepublik wird nicht durch moralische Appelle aufgehalten.

Es ist an der Zeit, die Diskussion politisch zu führen. Noch gibt es so etwas wie Meinungsfreiheit und politische Demokratie in der Bundesrepublik, noch also kann der Protest gegen die soziale Demontage, die wir erleben, verbunden werden mit der Forderung nach Herstellung demokratischer Verhältnisse auch in der Wirtschaft, demokratische Kontrolle der Unternehmensleitung, Mitbestimmung der Arbeitnehmerschaft. Sollte der Abbau der außertariflichen Leistungen der Betriebe tatsächlich zwingend sein, würde er ja wohl auch in einer demokratisch organisierten Wirtschaft durchgeführt werden. Man sollte nicht so viel moralisieren, Einsicht in die Buchhaltungen der Unternehmen durch Arbeitnehmervertreter dürfte genügen.

Nr. 8/1967

Am 2. Juni 1967 wird in Westberlin beim Schahbesuch der Student Benno Ohnesorg *von dem Polizisten* Kurras *erschossen. Die Zeitungen des Springer-Konzerns entfachen eine systematische Hetze gegen „langbehaarte Affen" – gegen demonstrierende Studenten.* Ulrike Meinhof *fordert:*

Enteignet Springer!

Springer ist nicht alleine schuld am Einheitsdenken der Deutschen: Dem Rechtsruck der SPD, dem KPD-Verbot, dem Antikommunismus, der Nato-Treue, der Vietnam-Komplizenschaft. Im Gegenteil: Er profitierte davon, wurde dadurch erst so groß, wie er heute ist, politisch und wirtschaftlich. Wir wissen es.

Daß der SPIEGEL kein kritisches Wort über Persien zum Schahbesuch fand und der Norddeutsche Rundfunk PANORAMA paralysierte, ist nicht einfach Springers Schuld, und Matthias Walden mochte Barzel schon gerne, als er noch in der Quick schrieb, bevor sie verkauft war, und William S. Schlamms Kolumnisten-Karriere begann im Stern, nicht in Springers Welt am Sonntag.

Und daß Augstein seinen platonischen Ruf nach einer Lex Springer mit einem ebenso platonischen Demokratiebegriff begründete („Demokratie meint nicht Volksherrschaft. Das Volk kann nicht herrschen. Das Volk schläft. Es kann sich im Schlaf lümmeln und rekeln."), einem Demokratiebegriff, der dem Hause Springer wohl besser anstünde, ist Augstein, nicht Springer vorzuwerfen. Das Volk als Vieh, als Koloß, als Monstrum — Augstein und die Regierung als Führungselite mit internen Meinungsverschiedenheiten dagegen —, hier ist der Unterschied zwischen Augsteins und Springers Weltanschauung kaum wahrnehmbar. Auch für Augstein besteht das Volk nur noch aus verblödeten BILD Lesern, daran will auch Augstein nicht rütteln. (Augstein: „Ob ein Land sich demokratisch nennen kann, dafür ist nicht Kriterium, ob die Mehrheit seiner Bürger für urteilsfähig gilt ..." Springer: „Das tägliche und überzeugende Votum der Leser für meine Zeitungen ...") Es ist nicht Springers Schuld allein, daß die Differenz zwischen rechts und links, zwischen SPD und CDU, zwischen Augstein und Springer auf ein Minimum zusammengeschnurrt ist.

Warum also Springer enteignen?

Weil jeder Versuch der Redemokratisierung dieses Landes, der Wiederherstellung von Volksherrschaft, der Bildung urteilsfähiger Bürger jetzt, wo Springer s o groß und stark ist, wie er ist, an Springer scheitert, scheitern muß. Und das nicht nur, weil er seine Macht — wie viele meinen — mißbraucht, sondern vor allem, weil er sie h a t.

Das Zeitungssterben in der Bundesrepublik und Westberlin ist bekanntlich nicht die Ursache der Konzentration im Hause Springer, sondern deren Folge. Größere Druckmaschinen, ein weiterreichendes Vertriebsnetz und der Vorsprung im Insertionsgeschäft geben den Großen gegenüber den Kleineren Wettbewerbsvorteile in die Hand, an denen die Kleinen kaputtgehen können. Die Gründung neuer unabhängiger Zeitungen und Zeitschriften außerhalb der Konzerne ist damit heute schon nahezu unmöglich geworden. Wenn Springer geltend macht, es handle sich bei der Konzentration von Zeitungen in seinem Haus um einen notwendigen Prozeß, vergleichbar dem Konzentrationsprozeß in der übrigen Wirtschaft, so übersieht er geflissentlich, daß die technischen Vorteile solcher Pressekonzentration auch ohne die Herstellung eines Meinungsmonopols in seinem Hause nutzbar gemacht werden können, mit den Worten des Stuttgarter Rundfunk- und Fernseh-Intendanten Bausch: „Es ist im besten Sinne des Wortes reaktionär, wenn das Grundrecht der freien Meinungsäußerung als Monopol für diejenigen beansprucht wird, deren privates Vermögen auf dem Besitz von Druckmaschinen beruht."

Es ist Springers überlegene wirtschaftliche Macht, die die deutsche Publizistik zunehmend abriegelt gegenüber kritischen, denkenden, oppositionellen Stimmen. Daß seine Zeitungen die Große Koalition einpeitschten, daß seine Zeitungen die Berliner Bevölkerung und nicht nur diese gegen die Studenten aufhetzten, daß seine Zeitungen größeren Einfluß haben auf die deutschen Arbeiter als deren Gewerkschaften, ist eine Binsenwahrheit, die nur deswegen kaum einen alarmiert, weil der Kontakt zwischen den wenigen, die das begriffen haben, und den anderen, den vielen, die das begreifen könnten, durch eben diese Springerpresse blockiert wird.

Politische Impulse, wie sie von den Studenten am Beispiel des Schah-Besuches ausgingen, am Beispiel der Berliner Gegenuniversität, der Vietnamdemonstrationen, der Proteste gegen die Polizei und den Berliner Bürgermeister Albertz, wie sie vom Kongreß N o t s t a n d d e r D e m o k r a t i e ausgingen und von den Notstandsbeschlüssen des Deutschen Gewerkschaftsbundes, erreichen bereits heute nur noch einen kleinen Teil der Öffentlichkeit, einen Ausschnitt der Bevölkerung, haben nur kleine Chancen überhaupt zur Kenntnis genommen zu werden, zur Diskussion gestellt zu werden. Wer einwendet, diese Impulse seien keine, wer einwendet, sie kämen nur von belanglosen Minderheiten (die im DGB vereinten Gewerkschaftsmitglieder sind die größte organisierte Mehrheit, die es überhaupt gibt), Studenten seien faul und die Notstandsgegner Spinner, muß sich die Frage gefallen lassen, wessen Zeitungen er liest.

Die Forderung, Springer zu enteignen, konkret: die Auflagenhöhe der in einem Konzern erscheinenden Zeitungen auf insgesamt 500 000 zu beschränken, die ausgegliederten Teile des Konzerns zur Neugründung von Zeitungen zu verwenden, zielt freilich auf einen Demokratiebegriff, den Augstein nicht im Sinn und Springer nicht im BILD hat: Er zielt darauf, Meinungs- und Pressefreiheit statt zur Manipulation der öffentlichen Meinung zur Aufhebung der Manipulation zu benutzen; statt Informationen zu lenken und zu blockieren, Informationen zu verbreiten; statt politische Meinung einzupeitschen, kritisches Bewußtsein auszubilden; statt das Volk einzuschläfern, es aufzuwecken; statt es sich verblöden und „rekeln" zu lassen, es zu emanzipieren.

Ein Einzelner — wie Springer — ist schlechterdings überfordert, dergleichen zu leisten, er wäre es auch dann, wenn seine Privatmeinungen — wie in der Antwort an Müller-Marein dargetan — weniger verblasen, pikiert, naiv und gedankenlos wären.

Das Bedürfnis, die Bundesrepublik zu redemokratisieren, ist seit Bildung der Großen Koalition stärker geworden. Der Springerkonzern steht dem im Wege, nicht er allein, aber er mit an erster Stelle. Die Forderung, Springer zu enteignen, ist bereits ein Symptom für ein neu entstehendes demokratisches Bewußtsein. Damit es sich ausbreiten kann, muß Springer enteignet werden.

Im Herbst 1967 wird die Eskalation des Vietnamkrieges
zum Katalysator für die Linke in der ganzen Welt. Von
San Francisco bis Westberlin protestieren Hunderttausende:

Vietnam und die Deutschen

Längst ist der Krieg in Vietnam kein konventioneller Krieg mehr. Auch kein begrenzter Krieg, kein lokaler Konflikt zwischen amerikanischen Truppen und Vietcong, kein Weltanschauungskrieg zwischen „Freiheit" und Kommunismus, auch nicht einfach ein Ausfluß amerikanischer „Containment-Politik" gegenüber China. Dieser Konflikt hat sich ausgeweitet zu einem Weltkrieg neuen Typs, der Konflikt ist bereits internationalisiert; die ihn propagandistisch zu verkleinern suchen, zu bagatellisieren, sind eben die, die ihn zu diesem Stand getrieben haben.

Der imperialistische Charakter dieses Krieges als eines Krieges zur Aufrechterhaltung der amerikanischen Vormachtstellung in der Welt, in Asien, Afrika, Europa und Südamerika wird bereits offen zugegeben. Johnson: „Einige Ratgeber benehmen sich, als ob Amerika eine kleine Nation mit wenigen Interessen sei und als ob die Ozeane doppelt so breit seien." (NZZ 9. 10.) „Ein kommunistischer Sieg in Südvietnam würde nicht nur ganz Südostasien, sondern auch *lebenswichtige Interessen der Vereinigten Staaten* bedrohen." (NZZ 1. 10.) Vizepräsident Humphrey: „Die Vereinigten Staaten haben Soldaten in Vietnam stehen, weil die eigene Sicherheit der Vereinigten Staaten auf dem Spiel steht. Der Feind muß wissen, daß wir niemals aufgeben und dort bleiben werden, bis *das Geschäft* erledigt ist." (NZZ 1. 10.) — Wer dem Krieg in Vietnam Zustimmung und Sympathie nicht verweigert, steht, ob er das will oder nicht, auf der Seite des amerikanischen Hegemoniestrebens in der Welt.

In Saigon wurden im September und Anfang Oktober vier Zeitungen verboten, zwei Tageszeitungen auf unbestimmte Zeit, die liberale Tageszeitung „Saigon Bao" für 30 Tage und eine Ausgabe der amerikanischen Zeitung News Week; sie wurden verboten wegen Beleidigung des Militärregimes und der Streitkräfte. In den USA wurden zur gleichen Zeit Hunderte von Anti-Vietnam-Demonstranten verhaftet. In Saigon, Washington und Berlin wurden Demonstranten mit Wasserwerfern, Gummiknüppeln und Bambusstöcken auseinandergetrieben. Die Gültigkeitserklärung der Wahlen in Südvietnam durch die Nationalversammlung wurde auf Anraten der Polizei in geheimer Abstimmung durchgeführt, nachdem bekannt geworden war, einige Abgeordnete hätten mit General Thieu diniert und dabei 50 Millionen Piaster kassiert. Die Berliner Zeitungen berichteten nach der großen Vietnamdemonstration am 21. Oktober ausführlich über den Dank des neuen Innensenators an die Polizei für gutes Verhalten während der Demonstration, ausführlich auch über die Zusammenstöße von kaum hundert Demonstranten am Abend auf dem Kurfürstendamm mit der Polizei, fast kein Wort aber über den Inhalt der Demonstration von über 10 000 Menschen und die Reden auf der Abschlußkundgebung. — Der Gummiknüppel der Polizei, Verhaftungen, Beschlagnahmungen oder freiwilliges Verschweigen in den Zeitungen — wodurch demokratischer Journalismus zu administrativer Polizeiberichterstattung herabgewürdigt wird — ersetzen in den Demokratien des „freien Westens" zunehmend ebenso wie in Saigon die freie Diskussion, die rationale Auseinandersetzung über den Inhalt der Meinungsverschiedenheiten. — Wer die Diskussion mit dem Gummiknüppel führt, wer die Berichterstattung über den Inhalt der Meinungsverschiedenheiten verweigert, wer der Bevölkerung die Tatsachen über den Charakter der amerikanischen Kriegführung in Vietnam vorenthält, so daß die Demonstranten in den Augen der Bevölkerung, der Bild-Zeitungsleser, zu Idioten werden müssen, macht aus der Demokratie einen Polizeistaat, aus Staatsbürgern Befehlsempfänger. Man kann heute schon sagen, daß die Gegner des amerikanischen Krieges in Vietnam nicht deshalb in der Bundesrepublik eine Minderheit sind, weil die Masse der Bevölkerung diesen Krieg befürwortet, sondern weil nur noch einigermaßen ausgebildete Leute, meist Intellektuelle, die Möglichkeit haben, sich ausführlich zu informieren, was bei der Bildungsstruktur der bundesdeutschen Bevölkerung allerdings nur von einer Minderheit geleistet werden kann.

Während General Westmoreland kürzlich erklärte: „Wir werden sie mit unseren ausgeklügelten Waffen, die sie sich nicht leisten können, so lange bearbeiten, bis sie nach Gnade winseln", während amerikanische Militärs in Vietnam die Freigabe von weiteren 107 Bombenzielen in Nordvietnam fordern, während der Bombenkrieg längst auf die Zivilbevölkerung Nordvietnams übergegriffen hat, werden, wie verlautet, Jagdbomber-Piloten der Bundeswehr in Vietnam ausgebildet, sollen noch in diesem Jahr 40 Hubschrauber der Bundesluftwaffe mit dem entsprechenden fliegerischen Personal in Vietnam eintreffen; sie sollen dort nicht nur ausgebildet werden, sondern auch selbst an Einsätzen zur Unterstützung der kämpfenden US-Truppe in Südvietnam beteiligt werden. Weit über hundert Millionen DM für diesen Krieg, Jagdbomberpiloten, Bundeswehr-Hubschrauber reihen die Bundesrepublik in die kriegführenden Staaten in Vietnam neben den USA, Australien, Neuseeland, Korea ein. Die Frage ist, ob die Opposition in den USA wie in der Bundesrepublik es sich unter diesen Umständen noch leisten kann, daß Johnson von ihr sagt, Meinungsverschiedenheiten dürften nicht mit mangelnder Loyalität, „einige Komitees" nicht mit dem Land, einige Reden nicht mit der offiziellen Politik der Regierung verwechselt werden, Unbehagen nicht mit Untreue, Beunruhigung nicht mit Ablehnung der Politik der Regierung. (NZZ 1. und 2. 10.) Die Frage ist, ob der Protest gegen diesen Krieg sich noch als demokratisches Alibi vereinnahmen lassen darf. Das Sterben von Frauen und Kindern, die Zerstörung von Krankenhäusern und Schulen, die Vernichtung von Ernten und lebenswichtigen Industrien — „bis sie nach Gnade winseln", „bis das Geschäft erledigt ist" — macht es notwendig, nach der Effizienz oppositioneller Aktionen zu fragen, nach der Effizienz polizeilich erlaubter Demonstrationen, von einer Polizei erlaubt, die das Instrument einer Regierung ist, die Bundeswehrhubschrauber nach Vietnam schickt und die es selbstverständlich nicht zulassen wird, daß diese Demonstrationen die Politik der Regierung tatsächlich stören, wenn nicht gar verhindern.

Wer begriffen hat, was in Vietnam los ist, fängt allmählich an, mit zusammengebissenen Zähnen und einem schlechten Gewissen herumzulaufen; fängt an zu begreifen, daß die eigene Ohnmacht, diesen Krieg zu stoppen, zur Komplizenschaft wird mit denen, die ihn führen; fängt an zu begreifen, daß die Bevölkerung, die diesen Krieg nicht versteht, weil sie nicht über ihn informiert wird, deren Emotionen gegen die Demonstranten gehetzt werden, mißbraucht wird, entwürdigt, erniedrigt.

In Berlin sind am 21. Oktober Flugblattraketen auf das Gelände der amerikanischen Soldaten geschossen worden, in denen die Soldaten aufgefordert werden, sich nicht nach Vietnam schicken zu lassen, statt dessen zu desertieren. Diese Methode der Agitation ist waghalsig, ihr haftet der Geruch der Illegalität an. Es sind Frauen und Kinder, Ernten und Industrien, es sind Menschen, deren Leben dadurch gerettet werden soll. Die den Mut haben, zu solchen Methoden oppositioneller Arbeit zu greifen, haben offenbar den Willen zur Effizienz. Darüber muß nachgedacht werden.

Nr. 11/1967

Ende 1967 erreicht die erste Wirtschaftskrise der Bundesrepublik ihren Höhepunkt. Die Arbeitslosenquote ist so hoch wie nie zuvor, Zechen werden stillgelegt, Sozialleistungen abgebaut. Ulrike Meinhof beschuldigt die Gewerkschaften, diese Situation nicht zur Aufklärung über Macht- und Besitzverhältnisse zu nutzen:

Arbeitnehmerflügel

Einem heißen Sommer an den Universitäten folgten ein hitziger Herbst und Winter in Politik und Wirtschaft: Urabstimmungen und Streiks in der Metall- und Chemie-Industrie, rote Fahnen an der Ruhr. Streit zwischen Gewerkschaften, Parteien und Regierung wegen der Notstandsgesetze, wegen Mitbestimmung, wegen der Rentner, Zank zwischen SPD-Führung und sozialdemokratischen Gewerkschaftern, Diskussion über einen SPD-Generalsekretär, Vorstoß der CDU zur Änderung des Betriebsverfassungsgesetzes, um auch kleinsten — z. B. konfessionellen — Gruppen Wahlchancen bei Betriebsrätewahlen zu verschaffen.

Der Politisierungsprozeß an den Universitäten und die Verschärfung sozialer Konflikte auf allen Ebenen, die wir derzeit erleben, haben höchstens die Ursache im Formierungsprozeß der bundesrepublikanischen Gesellschaft gemeinsam und den Anlaß in wirtschaftlicher Rezession und in der Bildung der Großen Koalition vor einem Jahr. Waren die Auftritte der Studenten offensiv, provokatorisch und teilweise von revolutionärer Theorie geleitet, begleitet auch von einer Identifikation mit revolutionären Bewegungen in der Dritten Welt, hauptsächlich Vietnam, so sind die Auseinandersetzungen der Gewerkschaften mit den Unternehmern, mit der SPD und mit der Regierung eher defensiv, wenn überhaupt von gesellschaftlichen Zielvorstellungen geleitet, dann von reformistischen: Erhaltung des sozialen Besitzstandes, Ausweitung der Mitbestimmung, Erhaltung von Koalitionsfreiheit und Streikrecht zum Beispiel. So kämpfen die Studenten gegen das Establishment, gegen die etablierten Parteien, gegen die Ordinarien, gegen die etablierten Institutionen, indes die Gewerkschaften um die Wiederherstellung ihrer abbröckelnden Repräsentanz im Establishment kämpfen. Machten die Studenten den Versuch, aus der gesellschaftlichen Integration auszubrechen, so entspringt die Unruhe auf dem Gewerkschaftsflügel der SPD eher dem Bedürfnis nach Wiederherstellung von Integration, insofern sich dieser Gewerkschaftsflügel in der SPD der Großen Koalition nicht mehr hinreichend repräsentiert fühlt. So haben die Studenten gelernt, den Polizeiknüppel als Manifestation einer Gewalt zu begreifen, die dem System, in dem sie leben, latent innewohnt, nicht als Schönheitsfehler, sondern als Säule des Systems, indes die linken Gewerkschafter in der SPD ihre verschlechterte Lage immer noch für eine Willkür des Systems halten, den Zusammenhang zwischen ihrer verschlechterten Lage und dieser freien Marktwirtschaft kaum durchschauen. Deshalb vermochten die studentischen Unruhen das Establishment durchaus zu beunruhigen, die sozialen Konflikte — außer an der Ruhr (wegen der roten Fahnen) — tun es kaum. Sie sind defensiv. In den Lohnkämpfen geht es um Löhne, bei der Mitbestimmung um die Mitbestimmung, bei den Notstandsgesetzen um die Erhaltung der Demokratie. Keine Konzeption ist erkennbar, wonach diese Demokratie nach Verhinderung der Notstandsgesetze demokratischer werden könnte, wonach das in den Lohnkämpfen gewonnene Selbstbewußtsein der Arbeiter für den Kampf um innerbetriebliche Mitbestimmung wenigstens eingesetzt werden könnte, wonach die Forderung nach Mitbestimmung den Schleier der Sozialpartnerschaft aufheben könnte. Keine Konzeption auch ist erkennbar, wonach der nächste Wahlkampf mit einem Arbeitnehmerflügel in der SPD ein Kampf um die Selbstbewußtwerdung der abhängigen Arbeitnehmerschaft werden könnte. Wehner kann sich zu dem Ergebnis seiner Entpolitisierungsarbeit in und an der SPD gratulieren. Gerstenmayer hat ihm schon gratuliert.

Die Probleme selbst freilich, die sich in diesen Auseinandersetzungen, die kaum politisch bewußt geführt werden, spiegeln, sind deshalb nicht unpolitisch, die Verschleierung ihres widersprüchlichen Charakters macht sie deshalb nicht schon lösbar, ein Arbeitnehmerflügel in der SPD hebt die Härten der Abhängigkeit des Arbeiters vom Unternehmer nicht auf, beseitigt nicht per se die Vernebelung des Denkens durch die Springerpresse. Nicht ob wir 1969 eine Partei haben werden, die es lohnt, in den Bundestag geschickt zu werden, ist gegenwärtig die Frage, sondern ob es möglich sein wird, den Leuten, die gegenwärtig ihre persönlichen Erfahrungen mit Partei-Autorität und Unternehmerwillkür machen, zu erklären, daß das keine privaten Erfahrungen sind, sondern daß sie gesellschaftliche Relevanz haben. Nicht ob der Unwille in SPD und Gewerkschaften in der SPD eine repräsentative Basis bekommen wird oder nicht ist entscheidend, sondern daß die Erfahrung begriffen wird, daß die Kommt-laßt-uns-allemiteinander - Eia - machen - Bundeskonferenz der SPD ein Schweigen war zum Krieg in Vietnam, zur Pressekonzentration bei Springer, zum Krankenkassenbeitrag der Rentner, zur Mitbestimmungsforderung der Gewerkschaften, zum Polizeiterror in Berlin, ein Beitrag war zur Entpolitisierung der traditionellen Linken, der Arbeiterschaft, zur Machtkonzentration bei Wehner, der CDU-Koalitionspartei.

Nicht durch die Kanalisierung oder Institutionalisierung des vorhandenen Unwillens in SPD und Gewerkschaften kann dieser Unwille politisch effektiv werden, nicht dadurch, daß in den nächsten Bundestag ein paar linke Leute einziehen. Das macht die Forderung, Springer zu enteignen, nicht machtvoller, davon kommt keine Schul- und Hochschulreform, dadurch kommt keine Anerkennung der DDR, keine neue Außenpolitik, keine bessere Sozialpolitik. Die Institutionalisierung der Unzufriedenheit schläfert die Leute eher ein, als daß sie sie mobilisiert, vermittelt ihnen das Gefühl, andere würden die Sache schon in Ordnung bringen, macht ein gutes Gewissen, entbindet von Selbsttätigkeit und eigener Verantwortung, macht erneut die Täuschung mächtig, Spielball zu sein sei unabänderlich, rechtfertigt für viele das Verharren im Privaten, verfestigt die Unwissenheit über die Funktionalisierung privaten Verhaltens für öffentliche Zwecke.

Nicht die Institutionalisierung der gegenwärtigen sozialen Konflikte kann das politisch relevante Ziel oppositioneller Arbeit sein, sondern nur ihre Politisierung. Daß das auch innerhalb der Gewerkschaften, sogar innerhalb der SPD, betrieben werden kann, ist sicher. Aber nicht, indem man um Punkte pokert, um Repräsentation, um Bundestagskandidaturen, sondern indem Aufklärung betrieben wird, daß die Gefahren des rechten Radikalismus nicht von einer aufgeblasenen NPD kommen, wie Wehner meint, sondern von der Springerhetze gegen politische Minderheiten, daß sich Straßenschlachten nicht linke und rechte Radikale liefern, sondern daß die Polizei, das Instrument der etablierten Macht, zu prügeln angefangen hat und darüber muß geredet werden, daß in Hanau der Direktor der Dunlop-Werke den Einsatz von Polizei gefordert hat, um Streikbrechern den Weg ins Werk freizuprügeln, daß dieser Direktor Schneider dabei den Bürgermeister von Hanau unter Druck zu setzen versuchte, als größter Steuerzahler der Stadt, um den Polizeieinsatz zu erzwingen (Frankfurter Rundschau, 16. 11. 67). Politisierung heißt Aufklärung, über die Machtverhältnisse, über Besitzverhältnisse, über Gewaltverhältnisse. Man kann die Auseinandersetzungen zwischen Gewerkschaften, SPD und Regierung für diesen Aufklärungszweck benutzen, aber nur, indem man sie nicht zum Selbstzweck werden läßt. Nr. 12/1967

Gegen-

Wenn aber dreihundert einen einzelnen ‚fertigmachen' — das ist, zu welchen erhabenen Zwecken es auch immer dienen mag, Terror."

„Damals (1933) wie heute wurde ein mystisch-biologischer Wert ‚jung' einem mystisch-biologischen Unwert ‚alt' entgegengestellt."

„Terror von links ist ... aber an überprovinziellen Maßstäben gemessen kein bißchen humaner als Terror von rechts."
So einfach macht sich das Rudolf Walter Leonhardt von der ZEIT (29. 12. 67), so leicht ist es, denen, die über die Entwicklung an den deutschen Hochschulen gegenwärtig eher unglücklich als glücklich sind, aus dem Herzen zu sprechen.
Da braucht man bloß die Forderung nach rationaler Diskussion in „welche erhabenen Zwecke auch immer" umzufälschen, denn erhabene Zwecke werden nun mal nicht durch vernünftige Diskussionen erzielt, schon ist ein Professor, der sich der Diskussion nicht stellt und dabei die Nerven verliert, „fertiggemacht" worden.
Da braucht man bloß den Protest gegen bestehende Herrschaftsverhältnisse und gegen eine Autorität, die schon Tausende von Studenten fertiggemacht hat, sei es, daß mühsam erarbeitete Seminararbeiten statt mit Argumenten mit Zensuren abgefertigt wurden, sei es, daß wißbegierige, aufklärungsbedürftige Studenten statt mit Wissen mit Ideologie, statt mit kritischen Methoden mit Glaubenssätzen abgefüttert wurden, da braucht man bloß den Protest gegen die Ordinarienautorität in einen Generationenkonflikt umzufälschen und eben diesen dann und ganz richtig „mystisch-biologisch" zu nennen, schon funktioniert die Gleichstellung von Braun und Rot, die Gleichstellung von Unterdrückung und dem Protest gegen Unterdrückung. Als hätte der Faschismus in Deutschland nicht die deutsche Arbeiterbewegung zerschlagen, sondern als hätten NS-Studenten nur alte Professoren attackiert, als wäre es nicht der Auf-

trag des Faschismus in Deutschland gewesen, die Chance von Sozialismus in Deutschland auf Jahrzehnte zu liquidieren, als wäre mystisch-biologisches Denken der Motor des Faschismus gewesen, nicht nur sein Instrument, sondern seine Grundlage.
Und da braucht man dann nur noch an „überprovinzielle Maßstäbe" zu appellieren, was sehr viel leichter ist, als zu sagen, was man darunter versteht, zumal sich ZEIT-Leser über den Vorwurf des Provinzialismus nicht zuletzt deswegen erhaben fühlen dürften, weil sie die ZEIT lesen — zumal der Spießer niemanden so verachtet wie den Spießer — schon ist Terror von links gleich Terror von rechts — so einfach ist das, jedenfalls in Deutschland, wo Faschismus immer noch für eine Rüpelei gehalten wird, eine Verirrung des deutschen Geistes, ein Mißgeschick der deutschen Geschichte, ein Schicksalsschlag ohne gesellschaftliche Ursachen und irgendwo vielleicht doch unter ferner liefen auch ein „erhabener Zweck" — nur mit den falschen Mitteln durchgesetzt?
Als bei der Hamburger Immatrikulationsfeier („Unter den Talaren Muff von tausend Jahren") im vergangenen November ein paar SDS-Studenten die Feier störten, als das allmählich einer Mehrheit der Studenten im Auditorium maximum zu viel wurde und sie eben diesen reaktionären Vortrag nicht länger unwidersprochen hinnehmen wollte, nicht schweigen wollte, wo die Arbeiterschaft beleidigt und der deutsche Imperialismus ge-

rechtfertigt wurde, da gab es einen Punkt, wo die Stimmung endgültig gegen Rektor und Professoren und Feierlichkeit und Immatrikulationsbrimborium umzuschlagen drohte und keiner sein eigenes Wort mehr verstand und kein Mikrophon dagegen ankam und die Feier zu platzen drohte. Da ging der AStA-Vorsitzende ans Mikrophon, der zuvor im Sinne der Studenten ein Abc der Mißstände an der Hamburger Universität vorgetragen hatte, dem man zuzuhören bereit war. Der sagte, wenn man mit dem neuen Rektor diskutieren wolle, solle man es hinterher tun, man solle ihn zuvor ausreden lassen denn so, mit Geschrei und mit Lärm, so ginge es ja auch nicht. Da redete der Rektor weiter, und die Stimmung gegen ihn blieb unterdrückt, man schwieg diszipliniert, wie sich das gehört. Aber als der Rektor fertig war, setzte sofort und mit großem Schwung das Orchester ein, die Professoren hielten ihren Auszug, einer rief den Studenten noch zu, sie gehörten alle ins KZ, und Thielicke rief ihnen zu, sie sollten aufpassen, daß sie nicht Fälle für den Psychoanalytiker würden. So wurde es ihnen gedankt, daß sie den Rektor hatten ausreden lassen. Ohnmächtig mußten sie es erleben, wie das Wort des AStA-Vorsitzenden vom Rektor mißbraucht wurde, indem dieser zwar die disziplinierte Ruhe nutzte, um auszureden, nicht aber den Mißbrauch des Studentenorchesters verhinderte, das einfach losspielte, so daß das Versprechen des AStA-Vorsitzenden, es würde hinterher diskutiert, uneingelöst blieb. So konnte in einem deutschen Auditorium maximum der Großen Koalition in Bonn alles Gute gewünscht werden, und wirtschaftswissenschaftliche Theorien konnten unwidersprochen vorgetragen werden, die alles andere als antifaschistisch waren, und der Toten des vergangenen Jahres konnte ohne Erwähnung von Benno Ohnesorg gedacht werden, und eine Studentenschaft war gezwungen worden, einen Rektor ausreden zu lassen und ihren Widerspruch dagegen zu unterdrücken, der die

-Gewalt

Waffe der Wissenschaft gegen die Gewerkschaften schmiedete und gegen die revolutionären Bewegungen in der Dritten Welt.

Daß diese Studentenschaft sich das nicht mehr bieten läßt, daß die Studenten jetzt entschlossen sind, reaktionäre Professoren nicht ausreden zu lassen und junge Semester infolgedessen nicht mehr ()tvolle Jahre verlieren, bis sie das alles durchschauen, sondern früher als frühere Generationen anfangen können, kritisch zu studieren, das macht die Universität nicht — wie R. W. Leonhardt meint — „als ein Zentrum der Forschung und Lehre funktionsunfähig", sondern überhaupt erst funktionsfähig. Die Studenten haben freilich durch bittere Erfahrungen — wie z. B. durch die Hamburger Immatrikulationsfeier — begriffen, daß sie das nicht leise und vornehm durchsetzen können, sondern nur lärmend und rigoros. Sie haben begriffen, daß die feierlichen Formen und die anständige Ordnung nicht schmerzlos und ungebrochen Platz für kritische Inhalte und demokratische Diskussionen einräumt, daß einigen Professoren einige bittere Erfahrungen nicht erspart werden können, wenn sie nicht anders mit sich reden lassen wollen.

Wenn einige Professoren dabei das Ge-()l haben, sie würden fertiggemacht, nur weil die Studenten sich nicht mehr fertigmachen und abfertigen lassen, dann müssen diese Professoren aufgefordert werden, endlich einmal über sich selbst nachzudenken. R. W. Leonhardt aber erweist ihnen keinen guten Dienst, wenn er sie auf die falsche Fährte von mystisch-biologischem Irrationalismus ablenkt, im Gegenteil: So verhärtet man antidemokratisches und antisozialistisches Ressentiment, so macht man jene Professoren noch hilfloser gegenüber den Studenten, die ohnehin auf die Forderung nach rationaler Diskussion mit irrationaler Angst reagieren, so verteufelt man die Studenten, die begründet und begreiflich die rationale Diskussion fordern, zu der sie selbst erfahrungsgemäß bereit sind. Eben das den Professoren klarzumachen, scheint aber gegenwärtig anders als durch Lärm und absolute Ungeduld nicht möglich zu sein. Das Terror nennen, heißt den Notwehrcharakter der studentischen Aktionen übersehen, wie man am Beispiel der Hamburger Immatrikulationsfeier sah, wie man es an zahllosen Veranstaltungen an deutschen Universitäten gegenwärtig erleben kann.

Nr. 2/1968

Im März 1968 fordert „Stern"-Chef Henri Nannen den Rücktritt von Bundespräsident Heinrich Lübke. Ulrike Meinhof hält es für unerheblich, ob die führenden „Schießbudenfiguren" ausgewechselt werden oder nicht und entlarvt die Wunschvorstellung vom sauberen Staat:

Demokratie spielen

Henri Nannen hat von der Kommune gelernt. Was denen die Farbbeutel, ist ihm sein Lieber Sternleser. Und wo er Lübkes Rücktritt dessen ersten Dienst an diesem Staat nennt, bleibt er weder hinsichtlich politischem Aussagewert noch Frechheit hinter Fritz Teufels Adresse an Klaus Schütz zurück: „Herr Schütz, Sie sind ein Weihnachtsmann." Das Gefühl, es hierzulande mit Politikern zu tun zu haben, die nur noch als Schießbudenfiguren ansprechbar sind, breitet sich aus, was sich die so Angesprochenen wohl selbst zuzuschreiben haben. Nur eben steht und fällt die Demokratie, von der plötzlich wieder die Rede ist, nicht mit Schießbudenfiguren, und ob Lübke bleibt oder geht, ist belanglos für die demokratische Zukunft der Bundesrepublik, wie auch belanglos ist für den neuen Faschismus, ob an seiner Spitze einer steht, der KZ's gebaut hat oder keine. Wie es eben inzwischen auch belanglos geworden ist, ob man es — wie wir und Robert Neumann, der die ganze Geschichte schon vor fast zwei Jahren in *konkret* ausgebreitet hat — schlimm findet, daß Lübke KZ's gebaut hat oder ob man es — wie Henri Nannen — nur schlimm findet, daß Lübke sich nicht daran erinnern will.

Wenn Lübke und die ganze etablierte Öffentlichkeit der Bundesrepublik vor drei Jahren, als die DDR mit den Dokumenten herauskam, wenigstens erschrocken gewesen wären, nicht über den Prestigeverlust, sondern über die Sache selbst, wenn denen allen wenigstens schlecht geworden wäre, wenn das für die wenigstens ein Gewissenskonflikt gewesen wäre oder so etwas, woran man ins Stottern kommen kann, dann hätte das vielleicht noch etwas ausgemacht für die politische Entwicklung hierzulande. Aber als Robert Neumann vor zwei Jahren in dieser Zeitung eine Reihe von „Persönlichkeiten" — lassen wir die Namen, die schmutzige Wäsche weg — bat, mit ihm nach Ostberlin zu fahren, um die Originaldokumente einzusehen, hatte jeder eine andere Begründung, um das abzulehnen. Als Robert Neumann sich vor zwei Jahren in Sachen Lübke die Finger wund schrieb, ging das ins Leere.

Heute ist der Fall Lübke kein Hebel mehr, politisch noch etwas zu bewirken, zu verhindern, zu verändern. Der Mann hat einfach ausgedient, er hat seine Funktionen erfüllt, als Präsident der Großen Koalition, als Lückenbüßer etc. pp., jetzt kann nichts mehr passieren, man kann mit ihm Demokratie, Pressefreiheit, Kritik, Opposition spielen, man kann ihm so übel mitspielen, wie man will, wäre der Mann nicht so unsensibel und einfältig, er müßte einem schon leid tun, wie er da von allen Seiten angeknufft wird.

Das Spiel, das gespielt wird, ist ganz schön durchsichtig. Sicherlich war es nicht das amerikanische Schriftgutachten, das den Fall skandalös gemacht hat, eher Henri Nannens Beschluß, das Schriftgutachten zu bezahlen und zu veröffentlichen, Henri Nannens Sehnsucht nach einem „sauberen Staat", nach einem Anti-Che, einem Anti-Ho Tschi-minh-Plakat, nach einer Selbstreinigung, einer wirksamen Gegenaktion gegen die außerparlamentarische Opposition, einer „sauberen" Konterrevolution. Die etablierte Öffentlichkeit, der es vor zwei Jahren noch ganz egal war, ob Lübke ein großer oder ein kleiner Nazi war, weil sie selbst aus Leuten besteht, die kein Interesse daran haben können, daß man sie fragt, ob sie große oder kleine Nazis waren, diese etablierte Öffentlichkeit hat gemerkt, daß sie der entstehenden Gegenöffentlichkeit etwas bieten muß, wenn sie nicht von ihr verdrängt werden will, daß sie wenigstens den Gestus von Opposition annehmen muß, wenn sie überhaupt noch von denen, die angefangen haben, politisch zu denken und zu arbeiten, beachtet werden will. Daß es nun ausgerechnet der Bundespräsident selbst ist, den man auf dem Altar dieser Schein-Demokratie schlachten will, um den Schein zu wahren, liegt natürlich in erster Linie an diesem Präsidenten selbst, weil er sich selbst so unübersehbar für dieses Spektakel anbietet; der außerparlamentarischen Opposition allerdings vermag der Fall durchaus Genugtuung zu verschaffen, daß es eben doch kein Geringerer ist als der Präsident. Und man wird darum bitten dürfen, daß der nächste der Kanzler sein möge, um nicht hinter dem einmal erreichten Niveau zurückzubleiben.

So mag denen, die den Fall Lübke jetzt betreiben, dieser ein „gefundenes Fressen" sein. Tatsächlich ist er nur ein Symptom, tatsächlich ist auch das ganze Drum und Dran nur symptomatisch für die Funktionsunfähigkeit dieser Demokratie, ihre Inhaltslosigkeit, ihre radikale Unglaubwürdigkeit.

Da steht gleichrangig neben dem Vorwurf, daß Lübke KZ's gebaut hat, der Vorwurf, daß seine Frau sich ihres hohen Alters schämt. Obwohl letzteres doch nur rührend ist und wenn da auch mal mit unlauteren Mitteln gearbeitet worden sein mag, so stehen doch kosmetische Operationen, ob nun im Gesicht oder im Personalausweis, in keinem Verhältnis zu den Konzentrationslagern, die Lübke gebaut hat und die Lücke im Zuge der Notstandsgesetze plant.

Da steht gleichrangig neben dem Vorwurf, daß Lübke mit KZ-Häftlingen gearbeitet hat und deswegen vielleicht nicht der geeignete Repräsentant eines Landes ist, das Wert darauf legt, den Zusammenhang zwischen Faschismus und Kapitalismus zu verschleiern, der Vorwurf, daß er sich öfters bei seinen Reden verhaspelt, was seinen Rücktritt aus Altersgründen nahelegt, aber doch kein politischer Einwand gegen ihn ist.

Da steht gleichrangig neben dem Vorwurf, daß Lübke ein Vertrauensmann der Gestapo war — sollte die Gestapo vielleicht mit Leuten KZ's gebaut haben, die ihr nicht vertrauenswürdig waren? —, der Vorwurf, daß er das alles zu vertuschen versucht hat. Obwohl die, die ihm das jetzt vorwerfen, vor zwei, drei Jahren keinen Finger gekrümmt haben, um der Vertuschung ein Ende zu machen, als es noch keine außerparlamentarische Opposition gab, der man etwas bieten mußte. Obwohl die Vertuschung doch wirklich in Wahrnehmung berechtigter Interessen geschah und es doch wohl ein Unterschied ist, ob einer ein Amt auf den Hund bringt oder Menschen.

Das Demokratie-Spiel, das Henri Nannen inszeniert hat, funktioniert nicht. Er kann den Staat, dessen Autoritäten — Höfer, Ahlers, Kiesinger, Lücke, Lübke und wie sie alle heißen — nun alle ins Schlittern geraten sind, nicht retten. Der lachende Dritte ist diesmal wirklich die außerparlamentarische Opposition.

Nr. 4/1968

*Am Gründonnerstag 1968 wird Rudi Dutschke in West-
berlin niedergeschossen. Über Ostern werden die Verlags-
häuser des Springer-Konzerns belagert, Fahrzeuge in Brand
gesteckt, die Auslieferung der BILD-Zeitung an einigen
Druckorten behindert. Ulrike Meinhof rechtfertigt die Aktionen:*

Vom Protest zum Widerstand

Protest ist, wenn ich sage, das und
das paßt mir nicht. Widerstand
ist, wenn ich dafür sorge, daß das,
was mir nicht paßt, nicht länger
geschieht. Protest ist, wenn ich sage, ich
mache nicht weiter mit. Widerstand ist,
wenn ich dafür sorge, daß alle andern
auch nicht mehr mitmachen." So ähnlich
— nicht wörtlich — konnte man es von
einem Schwarzen der Black Power Bewegung auf der Vietnamkonferenz im
Februar in Berlin hören.

Die Studenten proben keinen Aufstand,
sie üben Widerstand. Steine sind geflogen, die Fensterscheiben vom Springerhochhaus in Berlin sind zu Bruch gegangen, Autos haben gebrannt, Wasserwerfer
sind besetzt worden, eine BILD-Redak-
tion ist demoliert worden, Reifen sind
zerstochen worden, der Verkehr ist stillgelegt worden, Bauwagen wurden umge-
worfen, Polizeiketten durchbrochen —
Gewalt, physische Gewalt wurde ange-
wendet. Die Auslieferung der Springerpresse konnte trotzdem nicht verhindert
werden, die Ordnung im Straßenverkehr
war immer nur für Stunden unter-
brochen. Die Fensterscheiben wird die
Versicherung bezahlen. An Stelle der
ausgebrannten Lastautos werden neue
ausfahren, der Wasserwerferbestand der
Polizei wurde nicht verkleinert, an Gummiknüppeln wird es auch in Zukunft
nicht fehlen. Also wird das, was passiert
ist, sich wiederholen können: Die Springerpresse wird weiter hetzen können, und
Klaus Schütz wird auch in Zukunft dazu
auffordern können, „diesen Typen ins
Gesicht zu sehen" und die Schlußfolge-
rung nahelegen, ihnen reinzuschlagen —
was am 21. Februar bereits geschehen
ist —, schließlich zu schießen.

Die Grenze zwischen verbalem Protest
und physischem Widerstand ist bei den
Protesten gegen den Anschlag auf Rudi
Dutschke in den Osterfeiertagen erstmalig massenhaft, von vielen, nicht nur einzelnen, über Tage hin, nicht nur einmalig,
vielerorts, nicht nur in Berlin, tatsächlich,
nicht nur symbolisch — überschritten
worden. Nach dem 2. Juni wurden Sprin-
gerzeitungen nur verbrannt, jetzt wurde
die Blockierung ihrer Auslieferung versucht. Am 2. Juni flogen nur Tomaten
und Eier, jetzt flogen Steine. Im Februar
wurde nur ein mehr amüsanter und lusti-
ger Film über die Verfertigung von Mo-

lotowcocktails gezeigt, jetzt hat es tatsächlich gebrannt. Die Grenze zwischen
Protest und Widerstand wurde überschritten, dennoch nicht effektiv, dennoch
wird sich das, was passiert ist, wiederholen können; Machtverhältnisse sind
nicht verändert worden. Widerstand wurde geübt. Machtpositionen wurden nicht
besetzt. War das alles deshalb sinnlose,
ausufernde, terroristische, unpolitische,
ohnmächtige Gewalt?

Stellen wir fest: Diejenigen, die von
politischen Machtpositionen aus Stein-
würfe und Brandstiftung hier verurteilen, nicht aber die Hetze des Hauses
Springer, nicht die Bomben auf Vietnam,
nicht Terror in Persien, nicht Folter in
Südafrika, diejenigen, die die Enteignung
Springers tatsächlich betreiben könnten,
stattdessen Große Koalition machen, die
in den Massenmedien die Wahrheit über
BILD und BZ verbreiten könnten, stattdessen Halbwahrheiten über die Studenten verbreiten, deren Engagement für
Gewaltlosigkeit ist heuchlerisch, sie mes-
sen mit zweierlei Maß, sie wollen genau
das, was wir, die wir in diesen Tagen —
mit und ohne Steinen in unseren Ta-
schen — auf die Straße gingen, nicht
wollen: Politik als Schicksal, entmündigte
Massen, eine ohnmächtige, nichts und
niemanden störende Opposition, demokratische Sandkastenspiele, wenn es ernst
wird den Notstand. — Johnson, der Mar-
tin Luther King zum Nationalhelden erklärt, Kiesinger, der den Mordversuch
an Dutschke telegrafisch bedauert — sie
sind Repräsentanten der Gewalt, gegen
die King wie Dutschke angetreten sind,
der Gewalt des Systems, das Springer
hervorgebracht hat und den Vietnam-
Krieg, ihnen fehlt beides: Die politische
und die moralische Legitimation, gegen
den Widerstandswillen der Studenten
Einspruch zu erheben.

Stellen wir fest: Es ist dokumentiert
worden, daß hier nicht einfach einer über
den Haufen geschossen werden kann, daß
der Protest der Intellektuellen gegen die
Massenverblödung durch das Haus Springer ernst gemeint ist, daß er nicht nur für
den lieben Gott bestimmt ist und nicht
für später, um einmal sagen zu können,
man sei schon immer dagegen gewesen,
es ist dokumentiert worden, daß Sitte
& Anstand Fesseln sind, die durchbrochen werden können, wenn auf den so
Gefesselten eingedroschen und geschossen

wird. Es ist dokumentiert worden, daß es
in diesem Land noch Leute gibt, die Terror und Gewalt nicht nur verurteilen und
heimlich dagegen sind und auch mal was
riskieren und den Mund nicht halten
können und sich nicht bange machen lassen, sondern daß es Leute gibt, die bereit
und fähig sind, Widerstand zu leisten, so
daß begriffen werden kann, daß es so
nicht weiter geht. Es ist gezeigt worden,
daß Mordhetze und Mord die öffentliche
Ruhe und Ordnung stören, daß es eine
Öffentlichkeit gibt, die sich das nicht bieten läßt. Daß ein Menschenleben eine
andere Qualität ist als Fensterscheiben,
Springer-LKWs und Demonstranten-
Autos, die bei der Auslieferungsblockade
vor dem Springerhochhaus in Berlin von
der Polizei in Akten blanker Willkür um-
geworfen und beschädigt wurden. Daß es
eine Öffentlichkeit gibt, die entschlossen
ist, das Unerträgliche nicht unerträglich zu nennen, sondern dagegen einzu-
schreiten, Springer und seine Helfers-
helfer zu entwaffnen.

Nun, nachdem gezeigt worden ist, daß
andere Mittel als nur Demonstrationen,
Springer-Hearing, Protestveranstaltun-
gen zur Verfügung stehen, andere als
die, die versagt haben, weil sie den Anschlag auf Rudi Dutschke nicht verhindern konnten, nun, da die Fesseln von
Sitte & Anstand gesprengt worden sind,
kann und muß neu und von vorne über
Gewalt und Gegengewalt diskutiert werden. Gegengewalt, wie sie in diesen
Ostertagen praktiziert worden ist, ist
nicht geeignet, Sympathien zu wecken,
nicht, erschrockene Liberale auf die Seite
der Außerparlamentarischen Opposition
zu ziehen. Gegengewalt läuft Gefahr, zu
Gewalt zu werden, wo die Brutalität der
Polizei das Gesetz des Handelns bestimmt, wo ohnmächtige Wut überlegene
Rationalität ablöst, wo der paramilitä-
rische Einsatz der Polizei mit paramili-
tärischen Mitteln beantwortet wird. Das
Establishment aber, die „Herren an der
Spitze" — um mit Rudi zu reden —, in
den Parteien, Regierungen und Verbänden haben zu begreifen, daß es nur ein
Mittel gibt, „Ruhe & Ordnung" dauer-
haft herzustellen: Die Enteignung Springers. Der Spaß hat aufgehört. „Protest
ist, wenn ich sage, das und das paßt mir
nicht. Widerstand ist, wenn ich dafür
sorge, daß das, was mir nicht paßt, nicht
länger geschieht."

Nr. 5/1968

Im Juni 1968 veranstaltet die Neue Linke gegen die Notstandsgesetze einen Sternmarsch auf Bonn. Ulrike Meinhof hält den Marschierern vor, sie wollten „die politische Demokratie verteidigen, anstatt die gesellschaftlichen Mächte ... selbst anzugreifen":

Notstand – Klassenkampf

Was ist hier eigentlich los? Bonn erlebt seine größte Demonstration und die Notstandsopposition auch, aber die Frankfurter Allgemeine kann über den Sternmarsch auf Bonn triumphierend schreiben: „Bonn ist über den Ausgang des Sternmarsches erleichtert" – soweit die Schlagzeile auf der ersten Seite und dann im Leitartikel: „Die Abgeordneten sind keine ‚Volksboten‘, die für jeden Schritt ‚dem Wähler‘ permanent zur Rechenschaft stünden" („dem Wähler" – warum nicht gleich „dem sogenannten Wähler"?); „Die Abgeordneten sind verpflichtet, nach ihrem Gewissen zu handeln, nicht nach Auftrag einzelner und von Gruppen" (FAZ 13. 5.). – Bonn ist nicht ausgelüftet worden, Bonn ist nicht in die Knie gegangen. Zehn Jahre Opposition gegen die Notstandsgesetze, und die Abgeordneten sind immer noch niemandem als ihrem guten Gewissen verpflichtet, d. h. keine öffentliche Rechenschaft schuldig über Interessenvertretung und Hintermänner. Zehn Jahre Opposition gegen die Notstandsgesetze – und Bonn ist erleichtert, und wenn der Notstandsfahrplan nicht in letzter Minute durcheinanderkommt, dann sind die Notstandsgesetze verabschiedet, eh wir's uns versehen. Was ist hier eigentlich los?

Zehn Jahre Notstandsopposition, und es ist nicht klar geworden, nicht begriffen worden, daß dies nur formal ein Verfassungsstreit ist, nur formal von Juristen und Sachverständigen bestreitbar. Es ist kaum begriffen worden, daß die Notstandsgesetzgebung der Generalangriff der Gesellschaftsinhaber auf die politische Demokratie ist, der Generalangriff der Herrschenden auf die Beherrschten, der herrschenden Klasse gegen alle, die nicht Nutznießer des Systems sind.

Der Kampf gegen die Notstandsgesetze – aber was heißt hier schon Kampf, wo er doch bisher nur mit Schriftsätzen, harmlosen Veranstaltungen, verbalen Kraftakten geführt wurde – ist als Selbstzweck geführt worden, zum Zweck der Erhaltung des Grundgesetzes, zur Verteidigung der politischen Demokratie. Defensiv ist er geführt worden. Die Verteidigungslinien sind zwar in den letzten zehn Jahren mächtig verstärkt worden, zu den paar Wissenschaftlern und Journalisten sind die Gewerkschaften dazugekommen, die Studenten, die Schriftsteller, immer mehr Menschen – aber qualitativ hat die massenhafte Verbreiterung der Bewegung ihren Inhalt nicht verändert – selbst die Gewerkschaften verteidigen nichts als das Grundgesetz, als die politische Demokratie.

So konnte gleichzeitig mit der Bewegung gegen die Notstandsgesetze der Springerkonzern wachsen, und die Herren an der Ruhr konnten ihre Subventionen einstreichen und die Haus- und Grundbesitzer sich den Lücke-Plan machen lassen, kurz: gleichzeitig und von der Bewegung gegen die Notstandsgesetze ganz unbehindert wuchs auch die Macht der Gesellschaftsinhaber und nicht mal nur ihre wirtschaftliche Macht, auch ihre politische Macht, durch den Eintritt der SPD in die CDU-Regierung. Was sie jetzt beanspruchen, ist nichts als die parlamentarisch-politische Ratifikation ihrer gesellschaftlichen Macht. Man kann es ihnen fast nicht verdenken. Sie haben nie behauptet, es wäre Wählerwille, daß Notstandsgesetze gemacht würden.

Wir haben die politische Demokratie verteidigt, anstatt die gesellschaftlichen Mächte, die Unternehmerverbände samt ihren Dependancen in Staat und Gesellschaft selbst anzugreifen. Wir haben das Grundgesetz hochgehalten, anstatt dafür zu sorgen, daß die sozial-ökonomischen Voraussetzungen zur Erhaltung und Ausweitung dieser Demokratie geschaffen würden. Wir haben gegen die Notstandsgesetze argumentiert, anstatt gegen die Macht der Konzerne zu kämpfen, gegen die Ausdehnung des Springerkonzerns, wenigstens für eine radikale, umfassende Mitbestimmung.

Weil wir uns auf einen reinen Verfassungsstreit eingelassen haben, weil wir so getan haben, als wären unsere Gegner ihrem Gewissen verpflichtete Parlamentarier, nicht ihren Konzernen verpflichtete Masken und keine Sozialdemokraten, weil wir so getan haben, als hätten wir einen über allen Interessen stehenden, unparteiischen Staat, dessen Institutionen dem Gemeinwohl verpflichtet sind, weil wir die Notstandsgesetze nicht zum Gegenstand von Klassenkampf gemacht haben – deshalb ist Bonn erleichtert.

Weil es uns nicht gelungen ist, uns von der trockenen, abstrakten Materie eines Verfassungsstreites zu trennen und Klassenkampf zu machen, in dem jeder Einzelne am Hochofen, an der Walzstraße, am Band, im Büro, am Packtisch, am Schreibtisch, im Hörsaal, im Klassenzimmer und im Lehrerzimmer hätte begreifen und lernen können, daß das, was ihn bedrückt, die unkontrollierte Abhängigkeit von der Willkür von denen da oben ist, „die sowieso machen, was sie wollen". Weil wir die Verteidigung der politischen Demokratie nicht geführt haben als Kampf um die sozial-ökonomische Demokratie, nicht als Klassenkampf zur Schwächung der Gesellschaftsinhaber; weil wir den Kampf gegen die Notstandsgesetzgebung eben doch nur den Professoren überlassen haben, deren Sachverstand unentbehrlich, deren Macht gleich Null ist –; weil wir mit den Mitteln der Heilsarmee Verbrechensbekämpfung betrieben haben – deshalb ist Bonn erleichtert.

Das alles nur so den Gewerkschaften vorzuwerfen, hieße diese Kritik falsch adressieren. Gewerkschaften sind ihrer Geschichte und Struktur nach immer nur Defensivorganisationen gewesen. Arbeitskämpfe waren immer nur dazu da, die Ausbeutung zu kontrollieren, bestenfalls einzudämmen, anstatt sie abzuschaffen. So verteidigen sie jetzt ganz logisch und konsequent ihr Streikrecht im Grundgesetz, nicht einmal, um es zu benutzen, mehr um den sozialen Besitzstand zu halten. – Unsere Kritik gilt jenen Intellektuellen innerhalb und außerhalb der Gewerkschaften, die den Fleiß und das Wissen hätten aufbringen können, zumindest theoretisch den Kampf gegen die Notstandsgesetze in Klassenkampf zu transformieren, die den Gewerkschaften die Gebrauchsanweisung hätten erarbeiten können, wie man aus der Defensive hätte herauskommen können. Stattdessen haben sie den Gewerkschaften nur die Juristerei bei der Sache erachtet, haben Proteste organisieren geholfen, die Basis verbreitern, bis hin zu dem riesigen Sternmarsch auf Bonn, der Bonn erleichtert hat. Auf den strategischen Stellenwert des Kampfes sind sie kaum gekommen. Jetzt rufen wir nach dem Generalstreik. Was haben wir getan, um ihn vorbereiten zu helfen?

Wenn wir so weiter machen, ist es leeres Geschwätz gewesen, daß auch nach der Verabschiedung der Gesetze der Kampf weiter ginge. Welcher denn? Um die Verfassung? Welche? – Bonn hat ganz schön vor dem Sternmarsch gezittert. Das heißt, zahlenmäßig sind wir stark genug, um schon etwas auszurichten. Nun müssen wir es aber auch tun. Die Demokratisierung von Staat und Gesellschaft sind das Ziel. Der Kampf gegen die Notstandsgesetze ist ein Mittel unter anderen, dieses Ziel zu erreichen, d. h. die Diktatoren in Staat und Gesellschaft zu entmachten. Das schafft man aber nicht, wenn man sich nur gegen den Wechsel von der großen in die kleine Gefängniszelle wehrt und darüber vergißt, den Ausbruch vorzubereiten.

Nr. 6/1968

*Im Frühsommer 1968 führt die DDR die Paß- und Visa-
pflicht für Westdeutsche ein. Ulrike Meinhof wendet sich
dagegen und erklärt, daß Kritik an der DDR nicht mit
Antikommunismus gleichgesetzt werden dürfe:*

Visa-Zwang

Der Kanzler plant Gegenmaßnahmen, er will in Amerika vorstellig werden, man wird sich das nicht gefallen lassen, das wäre ja noch schöner. Was für Gegenmaßnahmen, ist zur Stunde noch nicht bekannt, man wird es denen schon geben, wie, wird sich noch zeigen. Nur, daß seit dem 13. August 1961 die ganze Aufregung keine Puste mehr hat. Wie oft auch der Kanzler zwischen Bonn und Berlin hin und her flattern mag — das nützt den Berlinern, die sich durch den Visa-Zwang der DDR gedemütigt und verunsichert fühlen, nichts; verblasene Sprüche sind kein Ersatz für Politik.

Daß es das gute Recht eines Staates ist — also auch der DDR —, Durchreisenden Durchreise-Visa abzuverlangen, ist selbstverständlich. Daß die Entrüstung der Herren in Bonn darüber, die nicht den geringsten Wert auf gute Beziehungen zu diesem Staat legen und kein Interesse daran haben, mit ihm über eine freundliche Behandlung Durchreisender zu verhandeln, daß diese Entrüstung keine moralische und kaum mehr eine Rechtsbasis hat, ist gleichfalls eine Binsenwahrheit.

Man fragt sich aber, welche politischen Zwecke die DDR mit dem Mittel des Visa-Zwangs erreichen, welche Tatsachen sie mit dieser Tatsache schaffen will. Was sie moralisierend die „Alleinvertretungsanmaßung" nennt, ist — moralisch — gewiß ein Skandal, rechtlich und völkerrechtlich nicht haltbar, vor allem aber auch ein Anachronismus, kein Hebel mehr, die DDR wieder abzuschaffen, kaum mehr ein Mittel der Selbstbehauptung der Bundesrepublik, wenngleich ein Mittel ihres — anachronistischen — Selbstverständnisses (jener Entwicklungsphase zuzurechnen, in der sich die Bundesrepublik als Provisorium verstand). Ihre Außen- und Innenpolitik werden längst nicht mehr durch den Fetisch der Alleinvertretung zusammengehalten, mehr durch Nato und Notstandsgesetze, durch ihre Interessen in der Dritten Welt und das durch die Notstandsgesetze geschaffene Instrumentarium, die innenpolitischen Kritiker in Schach zu halten.

Eben deshalb, weil der Alleinvertretungsanspruch der Bundesrepublik nur eine schmale materielle Basis hat — eine bundesrepublikanische Stimme in der UNO würde den amerikanischen Block nur um eine Stimme, auf die es nicht ankommt, vermehren; die Aufgabe der Hallsteindoktrin in den Ländern der Dritten Welt würde die stärkere US-amerikanische Präsenz in diesen Ländern nicht abbauen — eben deshalb, weil der Alleinvertretungsanspruch der Bundesrepublik ein Fetisch ist, dürfte er mit Zwangsmaßnahmen kaum greifbar sein.

Kann der Visa-Zwang den Alleinvertretungsfetisch nicht aufheben, wem dann will die DDR ihre Staatlichkeit mit diesem Mittel beweisen? Denen, die sich bei Fahrten durch die DDR ohnehin allen Kontrollen bereitwillig unterwerfen? Denen, die ihre Fahrtzeiten von Berlin nach München, Hamburg und Köln ohnehin unter Berücksichtigung des Aufenthaltes an den Grenzen berechnen? Diese Staatlichkeit steht doch wohl seit dem 13. August 1961 nicht im geringsten mehr in Frage.

Als Reaktion auf die Verabschiedung der Notstandsgesetze hat der Visa-Zwang schier gemeine Züge. Er trifft die gleichen Personen, die auch von den Notstandsgesetzen betroffen sind: Die Leute mit den niedrigen Einkommen, die mit Auto und Eisenbahn nach Westdeutschland und Berlin fahren, statt mit Flugzeug, Taxe und Mietwagen, in Urlaub, auf Besuch, zur Arbeit. Man kann mit solchen Maßnahmen den Kreis derer, die für die offizielle Anerkennung der DDR einzutreten interessiert sein mußten, nicht vergrößern; die Wut läßt sich kaum in Richtung Bonn kanalisieren, wo sie natürlich hingehört. Die Bundesrepublikaner und Westberliner dafür bestrafen zu wollen, daß sie die Verabschiedung der Notstandsgesetze nicht verhindert haben, ist nicht minder autoritär als die Notstandsgesetze selbst.

Braucht die DDR das Geld, das sie nun für die Visa einnimmt? Warum nicht? Aber außerhalb der DDR gibt es niemanden, der davon einen Nutzen hätte, dem dafür Einsicht abverlangt werden könnte. Und selbst wenn man den Bürgern der DDR das Geld einfach gönnt, weil sie es in den letzten zwanzig Jahren schwerer gehabt haben als die Bundesbürger, weil es da noch unbeglichene Kriegsfolgerechnungen gibt, selbst dann kommt man auf nicht mehr als auf Chrustschows Gulasch-Kommunismus, ein bürgerlich provinzieller Zweck, in nichts eine progressive Antwort auf die Probleme der Zeit: Notstand, Nato, imperialistische Gewalt in der Dritten Welt und in den Metropolen.

Die Linke in der Bundesrepublik und in Westberlin ist nicht antikommunistisch. Vor 10 Jahren noch, als die Staatlichkeit der DDR noch ungesichert war und Franz Josef Strauß in kleinem Kreis offen gestand, daß die Bundeswehr dazu da wäre, die DDR einzunehmen, daß das ihr strategischer Auftrag sei — damals konnte Kritik an der DDR noch als Antikommunismus vereinnahmt werden, für die Sicherung ihrer Staatlichkeit mit allen Mitteln gab es rationale Gründe. Sie hat die Funktion, die imperialistischen Auseinandersetzungen der Bundesrepublik an einer wichtigen Stelle zu blockieren. Der 13. August 1961 war gerechtfertigt. Es sieht aber so aus, als wäre die Außenpolitik der DDR in diesem Stadium ihrer Entwicklung stehengeblieben, so wie die kommunistischen Parteien in Westeuropa im Stadium der Sozialreformen und des Parlamentarismus stehengeblieben sind; Parlamentssitze und Sozialstaatlichkeit sind denen nicht mehr Mittel proletarischen Klassenkampfes, sondern Selbstzwecke. So sichert in Frankreich die kommunistische Partei und ihre Gewerkschaft den Fortbestand des Kapitalismus in Frankreich, so zementiert die DDR mit ihren Maßnahmen zur Demonstration ihrer Staatlichkeit den Status quo, zeigt damit, daß ihr ihre Staatlichkeit zum Selbstzweck geworden ist. Der Visa-Zwang, weder Machtverhältnisse noch Bewußtsein verändernd, erweist sich so als das, als was er empfunden wird: als Schikane.

Die DDR, von der man zunehmend erwarten muß, daß ihr über der eigenen Konsolidierung der sozialistische Internationalismus wieder einfällt, deren Aufgabe es wäre, die Linke in der Bundesrepublik und Westberlin zu unterstützen, z. B. indem sie ihren eigenen Staat demokratisiert und so ein Beispiel gäbe für einen demokratischen Sozialismus; sie schürt mit bürokratischer Schikane jenen Antikommunismus, der gegen sie nichts mehr ausrichten kann, um so mehr gegen die Linke in der Bundesrepublik und in Westberlin.

Das alles erspart es der Linken freilich nicht, ihr Verhältnis zur DDR und ihre Erwartungen an die DDR zu durchdenken, zu formulieren, zu diskutieren. Die sog. deutsche Frage müßte sehr wohl noch zum Gegenstand und Inhalt außerparlamentarischer Politik gemacht werden. Der Fall muß gesehen, durchdacht, notfalls verhindert werden, daß die DDR in Deutschland eines Tages für uns die Rolle spielt, die die KPF gegenwärtig in Frankreich spielt — die Rolle der Konterrevolution. Nr. 7/1968

Am 21. August 1968 marschieren Truppen des Warschauer
Pakts nach Prag. Ulrike Meinhof nimmt Partei für den
„Prager Frühling“:

Der Schock muß aufgearbeitet werden

Die Betroffenheit ist total. Bis zu den Studentenunruhen der letzten zwei Jahre war die europäische Linke pro-sowjetisch. Sie war es nicht kritiklos, nicht ohne Vorbehalte, aber doch eindeutig genug, um sich jederzeit von bürgerlicher Kritik an der Sowetunion absetzen zu können.

Ungarn 1956 hatte diese Kontinuität durchbrochen. Die kommunistischen Parteien Westeuropas unterlagen einer Zerreißprobe, aber noch die Reaktionen auf die Nah-Ost-Krise im Juni 1967 zeigten den Zusammenhalt einer sowjetisch orientierten Internationalen: wenngleich damals schon begriffen werden konnte – gerade damals, weil die Affektivität der Reaktionen stärker war als je auf den Vietnamkrieg – den sowjetisch-chinesischen Konflikt – daß Reaktion und Sozialismus nicht mehr auf das Begriffspaar von Pro- und antisowjetischer Politik gebracht werden können.

Am 21. August 1968 hat die europäische Linke ihre Solidarität, ihre Sympathie, ihre Dankbarkeit gegenüber der Sowjetunion als dem ersten sozialistischen Land, als dem Staat, der in Stalingrad den deutschen Faschismus besiegt hat, aufgegeben.

Das Deutsche Fernsehen konnte eine Umfrage bei den kommunistischen Parteien Westeuropas machen und bekam die Antworten, die es senden wollte: Entsetzen, Trauer, Verurteilung der sowjetischen Politik.

Bruchlos gingen in der Tagesschau die Proteste der Studenten in die Proteste der Bonner und Berliner Offiziellen über. Und der Bonn-Korrespondent des Deutschen Fernsehens konnte befriedigt melden: Polizei und Studenten hätten sich vor der Sowjetischen Botschaft gegenübergestanden und sich nichts getan. Die Proteste waren moralisch, sie waren ohnmächtig, sie sind integriert worden, sie konnten sich nicht artikulieren. Die Frage aber muß aufgeworfen werden, ob das, was in Prag zerstört worden ist – brutal und unsentimental – ob das nicht eine Idylle war.

Was man den Prager Frühling genannt hat, war die Befreiung von sowjetisch-stalinistischem Druck. Es hat dort für eine kurze Zeit Pressefreiheit gegeben und eigene Tabus sind gebrochen worden, das Tabu des Westhandels, das Anschlusses an kapitalistische Märkte, einer Kreditpolitik mit dem Westen. Da hat sich ein Pragmatismus ausgebreitet, der tatsächlich wohltuend gewirkt haben muß, versprach er doch die Verwirklichung unmittelbarer Bedürfnisse; des Bedürfnisses, offen seine Meinung sagen zu können, ob richtig oder falsch, gescheit oder nicht, endlich einmal nur so. Des Bedürfnisses nach besserer Versorgung mit Konsumgütern, nach unpolitischer, intelligenter Unterhaltung; des Bedürfnisses nach einem nationalen Selbstbewußtsein, nach Unabhängigkeit. Das Glücksgefühl, das sich in der Tschechoslowakei in diesen letzten Monaten ausgebreitet haben muß, gab ja nicht nur einem sturen Anti-Kommunismus recht, es gab vielmehr Aufschluß über die Unnachgiebigkeit des Drucks, unter dem man bis

dahin dort gelebt hatte; es gab freilich auch Aufschluß darüber, wie minimal die stalinistischen Politisierungsversuche durch Agitation und Propaganda verfangen hatten. Die Naivität, mit der man von einem demokratischen Sozialismus neuen Typs sprach, von Ausgleich mit den Kirchen, von antiimperialistischer Sicherheitspolitik, von einer Neuformulierung des Marxismus ohne inhaltlich und genau zu sagen, was gemeint ist – die Naivität, mit der man einen Demokratisierungsprozeß von oben nach unten durchführen zu können glaubte – auch diese Naivität dürfte das Produkt massenhafter Entpolitisierung stalinistischer Politik sein.

Kampflos glaubte man, einen Demokratisierungsprozeß durchführen zu können, kampflos hat man ihn aufgeben müssen. Das dürfte die Illusion sein, die die Tschechoslowaken hatten und die auch anderswo nicht aufgearbeitet worden ist: die Befreiung von sowjetischem Druck und das im Zuge dieser Befreiung entstandene Hochgefühl, gestützt auf einen gesunden Pragmatismus, das konnte man einfach machen ohne internationalen Kontext, ohne revolutionäre Bewegung, ohne schmerzliche Lernprozesse, ohne Theorie.

Die Frage muß aufgeworfen werden, ob zum Beispiel die Aufgabe der Führungsrolle der kommunistischen Partei in einem sozialistischen Land tatsächlich nur durch Auflockerung und Masseneintritte in die Partei vollzogen werden kann, und die Beteiligung der Massen an der Politik durch Unterschriftensammlungen und die Agitation durch Funk und Fernsehen. Ob ein tatsächlicher, antiimperialistischer, international haltbarer Demokratisierungsprozeß nicht auch neue Organisationsformen erfordert, eine neue Machtstruktur, eine Politisierung der Massen, die sich ausdrücken könnte in Rätestrukturen, in Selbstorganisationen der Massen. Die Frage muß aufgeworfen werden, ob die internationale Einsamkeit der CSSR an diesem Tag, die Trauer und Depression, die die Menschen dort ergriffen hat, nicht etwas damit zu tun hat, das sie ihre partielle Trennung von der Sowjetunion ohne Internationalität vollzogen hat, ohne ein Wort mehr als zuvor gegen den Krieg in Vietnam, ohne Engagement in der Dritten Welt – theoretisch – ihrerseits unsolidarisch.

Die Frage muß aufgeworfen werden, ob die Tschechoslowaken der Sowjetunion nicht in einer Richtung davongelaufen waren, die die Sowjetunion selber eingeschlagen hat, ob der sowjetische Eingriff nicht ein Akt der Selbsterkenntnis ist, ein Versuch, auch noch einmal der chinesischen Kritik zuvorzukommen bzw. zu entsprechen, die endgültige Spaltung des sozialistischen Lagers aufzuhalten.

Die Rationalität des sowjetischen Verhaltens ist schwer ausmachbar; daß es moralisch zu verurteilen ist, besagt wenig. Der Schock muß aufgearbeitet werden.

Nr. 10/1968

In einem weiteren Leitartikel über die ČSSR-Ereignisse bezieht Ulrike Meinhof eine antisowjetische Position:

CSSR-Folgeerscheinungen

Die Ereignisse vom 21. August 1968 haben die Welt nur oberflächlich erschüttert, die politische Landkarte wurde nicht verändert. EWG und COMECON, Nato- und Warschauer-Pakt-Staaten sind drei Wochen danach schon wieder zur Tagesordnung übergegangen. Daß es kein Blutbad gegeben hat, zeigte auch denen, die noch daran zweifelten, daß der Sozialismus in der Tschechoslowakei nicht in Gefahr war – kein Hilferuf an den Westen, keine Stimmen, die den Austritt aus dem Warschauer Pakt ernsthaft gefordert hätten, keine antisowjetischen Provokationen außer Unmut-, Trauer- und Protestäußerungen, kein blinder Haß gegen die Besatzer – die Konterrevolutionäre, gegen die man zu Felde gezogen war, sind nicht in Erscheinung getreten, doch wohl, weil es sie nicht gegeben hat, nicht nennenswert. Eine Veränderung weltpolitischer Kräfteverhältnisse wurde weder verhindert noch bewirkt. Hubert Humphreys Wahlkampfthema ist Vietnam, Kiesinger flog nach Teheran, um deutsch-persische gegen persisch-sowjetische Freundschaft auszuspielen, der gute alte Lübke macht Schlagzeilen mit seinem Zu-guter-Letzt-doch-noch-Rücktrittsangebot, Osthandel und Ostpolitik gehen weiter. Mit den Worten der Prawda vom 9. September: „Die Ereignisse in der CSSR berühren in keiner Weise die Interessen irgendeiner der Nato angehörenden Regierungen" (Frankfurter Rundschau vom 10. 9.) eine glaubwürdige, keine Schutz-Behauptung.

Eben dies ist der Sowjetunion vorzuwerfen und hat eben überhaupt nichts mit Antikommunismus zu tun, wie die Interventionsmächte bis hin zur deutschen KP es auslegen möchten, daß ihr Schlag gegen die Tschechoslowakei keinen Stellenwert hat in einer anti-imperialistischen Globalstrategie. Sie macht in Nigeria gemeinsame Sache mit den Engländern, sie unterstützt Ägypten kritiklos, um im Mittelmeer militärisch präsent sein zu können, und der Schah von Persien konnte der Bundesrepublik mit verstärktem Handel mit der Sowjetunion als Antwort auf die Studentenproteste gegen ihn drohen. (Zum Themenkatalog des Kanzlers in Teheran gehört die Einstellung der deutschen Nachrichtenmedien zum Iran, ist sie zu kritisch, springt die Sowjetunion in die Bresche.) Daß die sowjetische Intervention die Interessen der Nato gar nicht berührt, eben dies ist der Sowjetunion vorzuwerfen. Ihre Koexistenz-Politik, ideologischer Überbau zum Besitz der Atombombe, zu dem materiellen Bedürfnis, den Rüstungsetat einfrieren zu lassen, ist zur baren Sicherung von Demarkationslinien denaturiert, zur Konsolidierung von Einflußbereichen. Ihr historisches Verdienst, den deutschen Faschismus in Stalingrad besiegt zu haben und durch die Entwicklung eigener Nuklearwaffen eine Wiederholung von Hiroshima und Nagasaki verhindert zu haben, hat keine Fortsetzung in einer anti-imperialistischen Gegenwartspolitik gefunden. Die Entsolidarisierung der Kommunistischen Parteien Westeuropas und der Dritten Welt als Reaktion auf den 21. August 68 war von der Sowjetunion längst vorweggenommen worden.

Die Ereignisse berühren die Interessen der Nato-Regierungen nicht. Der hochgespülte, provozierte Antikommunismus berührt eher die Interessen der Linken in den Nato-Ländern, die mit den aggressiven Schuldgefühlen jener Deutschen fertig werden müssen, die Hitlers Einmarsch in die Tschechoslowakei nun antikommunistisch abreagieren, mit einem Franz Josef Strauß, der plötzlich wieder Außen- und Verteidigungspolitik großeuropäisch konzipiert (Günter Gaus: Zu Protokoll am 8. 9.), einem Kiesinger, der schön tut mit dem Schah.

Was in Prag abgewürgt worden ist, waren Wirtschaftsreformen, die nach 20 Jahren Sozialismus nach stalinistisch-sowjetischem Muster in sowjetischer Anhängigkeit zwingend notwendig geworden waren. Gewiß war der Demokratisierungsprozeß dabei mehr auf die Bereiche der Meinungsfreiheit beschränkt; mit dem Stalinismus wurde mehr publizistisch abgerechnet, indes die Wirtschaftsreform technokratisch geplant wurde. Eine Demokratisierung der Wirtschaft durch Mitbestimmung der Produzenten im Bereich von Arbeitsorganisation, Investitionen und Produktion stand kaum im Programm. Eine Politisierung der Massen im Bereich der Produktion, eine Ablösung bürokratischer Apparate durch Räte-Organisationen – das waren nicht die Inhalte der Prager Reformen. Daß sie es nicht waren, daß statt dessen Lou van Burgs Goldener Schuß die Tschechen begeistert haben soll, daß Reisen in die Bundesrepublik sie mehr interessiert zu haben scheinen als Solidarität mit dem Vietkong – waren das keine Übergangserscheinungen, so waren es doch Folgeerscheinungen von 20 Jahren Sozialismus nach sowjetischem Muster; Folgeerscheinungen einer sozialistischen Erziehung des Volkes mit dem Nürnberger Trichter statt Kulturrevolution.

Die Osterunruhen in der Bundesrepublik und Westberlin, der Mai in Frankreich, die Reformen in der CSSR, Studentenunruhen in Polen, Italien, den skandinavischen Ländern und den USA – es waren alles noch erst Reaktionen auf die Politik der etablierten Mächte, sie liefen ab ohne internationalen Zusammenhang, ohne viel gegenseitige Kritik, ohne Solidarisierung. Bei der Herstellung eines internationalen Zusammenhanges der antiautoritären Bewegungen wird die Rolle der Sowjetunion neu zu bestimmen sein. Das Tabu, das ihre Politik für die europäische Linke bisher darstellte, hat sie selbst gebrochen.

Nr. 11/1968

Auf dem SDS-Kongreß in Frankfurt im Herbst 1968 bewarfen Genossinnen die Genossen mit Tomaten:

Die Frauen im SDS oder In eigener Sache

Daß Tomaten und Eier sehr gut geeignet sind, Öffentlichkeit herzustellen, wo andernfalls die Sache totgeschwiegen worden wäre, ist seit dem Schahbesuch sattsam bekannt. Als Verstärker von Argumenten haben sie sich schon mehrfach als nützlich erwiesen. Aber die Studenten, die da den Schah besudelten, handelten doch nicht in eigener Sache, eher stellvertretend für die persischen Bauern, die sich zur Zeit nicht wehren können, und die Tomaten konnten nur Symbole sein für bessere Wurfgeschosse. Ob man das für gut hielt, war eine Frage des mühsam erworbenen Wissens, der eigenen Entscheidung, der selbstgewählten Identifikation. Die Welt von CIA und Schah wird mit Tomaten nicht verändert, worüber diese Leute noch nachdenken könnten, darüber haben sie schon nachgedacht.

Die Tomaten, die auf der Frankfurter Delegiertenkonferenz des SDS geflogen sind, hatten keinen Symbolcharakter. Die Männer, deren Anzüge (die Frauen wieder reinigen werden) bekleckert wurden, sollten gezwungen werden, über Sachen nachzudenken, über die sie noch nicht nachgedacht haben. Nicht ein Spektakel für eine alles verschweigende Presse sollte veranstaltet werden, sondern die waren gemeint, die sie an den Kopf gekriegt haben. Und die Frau, die die Tomaten warf, und die, die die Begründung dazu geliefert hatten, die redeten nicht aufgrund entlehnter, mühsam vermittelter Erfahrung, die sprachen und handelten, indem sie für unzählige Frauen sprachen, für sich selbst. Und es scherte sie einen Käse, ob das, was sie zu sagen hatten, das ganz große theoretische Niveau hatte, das sonst im SDS anzutreffen ist, und ob das alles haargenau hinhaut und ob auch der *Spiegel* ihnen zustimmen würde, wären sie doch erstickt, wenn sie nicht geplatzt wären. Ersticken doch täglich Millionen von Frauen an dem, was sie alles herunterschlucken, und essen Pillen dagegen – Contergan, wenn sie Pech haben – oder schlagen ihre Kinder, werfen mit Kochlöffeln nach ihren Ehemännern, motzen und machen vorher die Fenster, wenn sie einigermaßen gut erzogen sind, zu, damit keiner hört, was alle wissen: daß es so, wie es geht, nicht geht.

Der Konflikt, der in Frankfurt nach, ich weiß nicht wie vielen, Jahrzehnten wieder öffentlich geworden ist – wenn er es so dizidiert überhaupt schon jemals war –, ist kein erfundener, keiner, zu dem man sich so oder so verhalten kann, kein angelesener; den kennt, wer Familie hat, auswendig, nur daß hier erstmalig klargestellt wurde, daß diese Privatsache keine Privatsache ist.

Der *Stern*-Redakteur, der die Sache griffig abgefieselt hat – seit Jahren schwele im SDS die Auseinandersetzung über die Unterdrückung der weiblichen Mitglieder –, hat nur noch nicht gemerkt, daß gar nicht nur von der Unterdrückung der Frauen im SDS die Rede war, sondern sehr wohl von der Unterdrückung seiner eigenen Frau in seiner eigenen Familie durch ihn selbst. Der *konkret*-Redakteur, der die Sache mit den Tomaten als einen Zwischenfall unter anderen auf der DK erlebte, und diese Frauen, die ausdrücklich den autoritären Ruf nach dem Gesetzgeber ablehnen, als „Frauenrechtlerinnen" apostrophierte; auch der, wenngleich gemeint, hat sich noch nicht getroffen gefühlt, wohl weil er nicht getroffen wurde. Und Reimut Reiches Vorschlag für die Frauen, doch einfach den Geschlechtsverkehr zu verweigern, bestätigte Helke Sanders Vorwurf, daß die Männer den Konflikt noch ganz verdrängen, wollte auch er ihn doch in jene Privatsphäre zurückverweisen, aus der er eben erst durch Referat mit Tomaten ausgebrochen war.

Diese Frauen aus Berlin in Frankfurt wollen nicht mehr mitspielen, da ihnen die ganze Last der Erziehung der Kinder zufällt, sie aber keinen Einfluß darauf haben, woher, wohin, wozu die Kinder erzogen werden. Sie wollen sich nicht mehr dafür kränken lassen, daß sie um der Kindererziehung willen eine schlechte, gar keine oder eine abgebrochene Ausbildung haben oder ihren Beruf nicht ausüben können, was alles seine Spuren hinterläßt, für die sie in der Regel selbst wieder verantwortlich gemacht werden. Sie haben klargestellt, daß die Unvereinbarkeit von Kinderaufzucht und außerhäuslicher Arbeit nicht ihr persönliches Versagen ist, sondern die Sache der Gesellschaft, die diese Unvereinbarkeit gestiftet hat. Sie haben allerhand klargestellt. Als die Männer darauf nicht eingehen wollten, kriegten sie Tomaten an den Kopf. Sie haben nicht rumgejammert und sich nicht als Opfer dargestellt, die Mitleid beantragen und Verständnis und eine Geschirrspülmaschine und Gleichberechtigung und Papperlapapp. – Sie haben angefangen, die Privatsphäre, in der sie hauptsäch-

lich leben, deren Lasten ihre Lasten sind, zu analysieren; sie kamen darauf, daß die Männer in dieser Privatsphäre objektiv die Funktionäre der kapitalistischen Gesellschaft zur Unterdrückung der Frau sind, auch dann, wenn sie es subjektiv nicht sein wollen. Als die Männer darauf nicht eingehen konnten, kriegten sie Tomaten an den Kopf.

Nicht dem permanenten Ehekrach soll das Wort geredet werden, sondern der Öffentlichkeit des Krachs, da, wo Kommunikation und Verständigung herstellbar sind, zwischen denen, die im Affekt nach Wurfgegenständen greifen, damit Argumente mal zum Zuge kommen und nicht nur die Überlegenheit des Mannes aufgrund seiner gesellschaftlich überlegenen Stellung.

Wenn Frankfurt für die Frauen ein Erfolg war, dann eben deshalb, weil schon ein paar Sachen richtig beim Namen genannt wurden, weil das ziemlich ohne Ressentiment und Jämmerlichkeit gelang, weil die paar Frauen, die das in Frankfurt gemacht haben, organisatorisch schon etwas hinter sich haben und ein paar Monate (nicht Jahre, wie Bissinger meint) Frauenarbeit dazu, Erfahrungen mit Möglichkeiten und Schwierigkeiten.

Es kann jetzt nicht das Interesse der Frauen sein, daß der SDS sich die Frauenfrage zu eigen macht. Wenn er die Frauen unterstützt, gut, aber keine Bevormundung. Die Reaktion der Männer auf der DK und die auch der immer noch wohlwollenden Berichterstatter zeigte, daß noch erst ganze Güterzüge von Tomaten verfeuert werden müssen, bis da etwas dämmert. Die Konsequenz aus Frankfurt kann nur sein, daß mehr Frauen über ihre Probleme nachdenken, sich organisieren, ihre Sachen aufarbeiten und formulieren lernen und dabei von ihren Männern nichts anderes verlangen, als daß sie sie in dieser Sache in Ruhe lassen und ihre tomatenverkleckerten Hemden mal alleine waschen, vielleicht weil sie gerade Aktionsratssitzung zur Befreiung der Frau hat. Und er soll die blöden Bemerkungen über den komischen Namen des Vereins sein lassen, denn wozu der Verein gut ist, wird sich an der Arbeit herausstellen, die er zu leisten imstande ist. Daß ihm Berge von notwendiger und schwieriger Arbeit bevorstehen, daran besteht seit Frankfurt überhaupt kein Zweifel mehr Nr. 12/1968

Im Herbst 1968 legen Andreas Baader, Gudrun Ensslin *und andere in einem Frankfurter Kaufhaus Feuer. Ulrike Meinhof sympathisiert mit den Brandstiftern:*

Warenhausbrandstiftung

Gegen Brandstiftung im allgemeinen spricht, daß dabei Menschen gefährdet sein könnten, die nicht gefährdet werden sollen.

Gegen Warenhausbrandstiftung im besonderen spricht, daß dieser Angriff auf die kapitalistische Konsumwelt – und als solchen wollten ihn wohl die im Frankfurter Warenhausbrandprozeß Angeklagten verstanden wissen – eben diese Konsumwelt nicht aus den Angeln hebt, sie nicht einmal verletzt, das, was sie treibt, selbst treibt, denen, die daran verdienen, Verdienste ermöglicht. Das Prinzip, nach dem hierzulande produziert und konsumiert wird, das Prinzip des Profits und der Akkumulation von Kapital, wird durch einfache Warenvernichtung eher entsprochen, als daß es durchbrochen würde. Denn denen, die an der Produktion und dem Verkauf der in den Warenhäusern massenhaft angebotenen Güter verdienen, kann möglicherweise und gelegentlich kein größerer Gefallen getan werden als die kostenlose Vernichtung dieser Güter. Den Schaden – sprich Profit – zahlt die Versicherung. Dem Problem der Übersättigung auf dem Konsumgütermarkt inklusive stagnierender, weil nicht absetzbarer Produktion wäre damit mit einem Mittel abgeholfen, das sich so sehr nicht von den Mitteln unterscheidet, mit denen sich die Industrie bisher noch selbst zu helfen weiß. In Vance Packards Vision einer „Stadt der Zukunft" sind ohnehin schon „alle Gebäude aus einer besonderen Papiermasse, so daß sie jedes Frühjahr und jeden Herbst zur Zeit des großen Hausputzes abgerissen und neu gebaut werden können". Und „jede vierte Fabrik liegt an einem steilen Abhang, und das Ende ihrer Fließbänder läßt sich sowohl nach den vorderen wie nach den rückwärtigen Toren schwenken. Ist die Nachfrage flau, wird das Ende des

Fließbands zum rückwärtigen Tor geschwenkt, und der ganze Ausstoß an Kühlschränken oder anderen Erzeugnissen verschwindet in der Tiefe und wandert unmittelbar auf die Schrotthalde, ohne erst den Verbrauchsgütermarkt zu überschwemmen."[1]

Noch vollzieht sich die Vernichtung des gesellschaftlich produzierten Reichtums nicht auf so spektakuläre Weise wie Brandstiftung und Direktbelieferung von Schrotthalden. Noch versucht die Industrie, der Übersättigung des Gebrauchsgütermarktes beizukommen durch „alle zwei Jahre ein neues Modell"; durch die Verschwendung von Millionen auf eine Forschung, die weniger der Verbesserung der Produkte als ihrer Absetzbarkeit dient; durch den individuellen Mülleimer für sinnlose, nur teure, Profit ermöglichende Verpackungen (die Kosten für die Müllabfuhr trägt der Verbraucher); durch eine ebenso radikal verlogene wie kostspielige Werbung; Millionen an Arbeitszeit und -kraft und Geld werden vergeudet für den eingebauten Verschleiß („Obsoleszenz"), das geplante Todesdatum, so daß die Eisschränke, Rasierapparate, Damenstrümpfe, das Spielzeug, die Glühbirnen viel eher kaputtgehen, als bei dem für sie aufgewendeten Material und der in sie vertanen Zeit und Kraft notwendig wäre, um eine Nachfrage künstlich in Gang zu halten, um durch Produktion und Verbrauch Profitraten zu erzielen, die wieder privat investiert werden, nicht um gesellschaftliche Bedürfnisse zu befriedigen, sondern die Akkumulation von Kapital zu ermöglichen. (Was es im Kapitalismus gibt, gibt es im Warenhaus. Was es im Warenhaus nicht gibt, gibt es im Kapitalismus nur schlecht, nur unzulänglich, unzureichend: Krankenhäuser, Schulen, Kindergärten, Gesundheitswesen, etc. pp.) Immerhin, die

Vernichtung gesellschaftlich produzierten Reichtums durch Warenhausbrand unterscheidet sich qualitativ nicht von der systematischen Vernichtung gesellschaftlichen Reichtums durch Mode, Verpackung, Werbung, eingebauten Verschleiß. So gesehen, ist Warenhausbrandstiftung keine antikapitalistische Aktion, eher systemerhaltend, konterrevolutionär.

Das progressive Moment einer Warenhausbrandstiftung liegt nicht in der Vernichtung der Waren, es liegt in der Kriminalität der Tat, im Gesetzesbruch. Das Gesetz, das da gebrochen wird, schützt ja die Menschen nicht davor, daß ihre Arbeitszeit und -kraft, der von ihnen geschaffene Mehrwert vernichtet, verdorben, vergeudet wird, daß sie durch Werbung über ihre eigenen Produkte belogen, durch Arbeitsorganisation und Verheimlichung von allen Informationen über ihre Produkte getrennt werden, als Produzenten wie als Verbraucher denen unterworfen und ausgeliefert sind, die sich den Profit aneignen und nach eigenem Gusto investieren. Nach eigenem Gusto heißt nach der Logik des Profits also da, wo neuer, mehr Mehrwert angeeignet werden kann, nicht da, wo das Geld effektiv und von allen gebraucht wird: also z. B. im Erziehungswesen, im Gesundheitswesen, für öffentliche Verkehrsmittel, für Ruhe und reine Luft und Sexualaufklärung etc.

Das Gesetz, das da gebrochen wird durch Brandstiftung, schützt nicht die Menschen, sondern das Eigentum. Das Gesetz bestimmt, daß fremdes Eigentum nicht zerstört, nicht gefährdet, nicht beschädigt, nicht angezündet werden darf. Die da Schindluder treiben mit dem Eigentum, werden durch das Gesetz geschützt, nicht die, die Opfer dieses Schindludertreibens sind, nicht die, die den Reichtum schaffen durch Arbeit und Konsum, sondern die, die ihn sich gemäß der Gesetzgebung im kapitalistischen Staat rechtmäßig aneignen. Das Gesetz soll die, die das alles produzieren, von ihren Produkten fernhalten. Und so desparat es auch immer sein mag, ein Warenhaus anzuzünden, dies, daß die Brandstifter mit den Produkten tun, was sie wollen, das Gesetz brechen, das nur den sog. Eigentümern erlaubt, mit ihrem Eigentum zu machen, was sie wollen, das Gesetz brechen, das die Logik der Akkumulation schützt, nicht aber die Menschen vor dieser Logik und ihren barbarischen Folgen, dieser Gesetzesbruch ist das progressive Moment einer Warenhausbrandstiftung, muß als solches erkannt und anerkannt werden, wird dadurch nicht ausgelöscht, daß die damit zusammenhängende Gütervernichtung eher systemerhaltend ist, materiell also der antikapitalistischen Intention widerspricht.

Hat also eine Warenhausbrandstiftung dies progressive Moment, daß verbrechenschützende Gesetze dabei gebrochen werden, so bleibt zu fragen, ob es vermittelt werden kann, in Aufklärung umgesetzt werden kann. Was können – so bleibt zu fragen – die Leute mit einem Warenhausbrand anfangen? Sie können das Warenhaus plündern. Der Ghetto-Neger, der brennende Geschäfte plündert, erfährt, daß das System nicht zusammenbricht, wenn er sich kostenlos beschafft, was er dringend braucht, sich aber auf Grund seiner Armut und Arbeitslosigkeit nicht kaufen kann, er kann lernen, daß ein System faul ist, das ihm vorenthält, was er zum Leben braucht. Die Waren dagegen, die Frankfurter aus Frankfurter Kaufhäusern wegschleppen könnten, wären kaum die, die sie wirklich brauchen. (Ausgenommen Geschirrspülmaschinen, die in den Statistiken über Haushaltsgeräte in deutschen Haushalten noch kaum vorkommen, obwohl es fast 10 Millionen erwerbstätige Frauen in der Bundesrepublik gibt, viereinhalb Millionen davon sind verheiratet, sie müßten sie alle haben. Die sind aber nicht nur zum Kaufen zu teuer, sondern zum Wegschleppen auch zu schwer.) Bei einer Warenhausplünderung hierzulande würde nur der Bestand an Sachen in einigen Haushalten vergrößert, die ohnehin nur der Ersatzbefriedigung dienen, jener „private Mikrokosmos" würde perfektioniert, über den einsam zu herrschen den einzelnen über die Bedingungen hinwegtrösten soll, unter denen er als gesellschaftlicher Produzent zu arbeiten gezwungen ist (André Gorz)[2]. Jene kollektiven Bedürfnisse, die in reichen kapitalistischen Ländern eklatant unbefriedigt bleiben, würden davon nicht berührt, können durch Warenhausbrandstiftung nicht bewußt gemacht werden.

So bleibt, daß das, worum in Frankfurt prozessiert wird, eine Sache ist, für die Nachahmung – abgesehen noch von der ungeheuren Gefährdung für die Täter, wegen der Drohung schwerer Strafen – nicht empfohlen werden kann. Es bleibt aber auch, was Fritz Teufel auf der Delegiertenkonferenz des SDS gesagt hat: „Es ist immer noch besser, ein Warenhaus anzünden, als ein Warenhaus zu betreiben." Fritz Teufel kann manchmal wirklich sehr gut formulieren.

---

[1] Vance Packard, „Die große Verschwendung". Frankfurt 1960.
[2] André Gorz, „Zur Strategie der Arbeiterbewegung im Neo-Kapitalismus". Frankfurt 1967.

Am 28. September 1968 wird die Deutsche Kommunistische Partei (DKP) gegründet. Ulrike Meinhof kritisiert die „neuen" Kommunisten von links.

Sozialdemokratismus und DKP

Rudi Dutschke schreibt in seinem neuen, diesmal nirgendwo vorabgedruckten Vorwort zu den Briefen, die er nach dem Attentat bekam: „Jetzt in der Phase des scheinbaren Rückschlags des antiautoritären Lagers ... erscheint die DKP. Sie hat keine andere Funktion, als das Lagerbewußtsein zu schwächen, es zu demoralisieren und die Bewegung zu integrieren – in DKP, SPD usw."[1]) Die Gründer der DKP dagegen sind der Meinung, ihre Partei werde „das politische Leben in der Bundesrepublik bereichern und der Tätigkeit der sozialistischen und demokratischen Kräfte in unserem Lande Auftrieb geben".[2]) Ist man schon hier geneigt, zu sagen: entweder – oder, entweder politisches Leben bereichern oder ..., so kommt es bei näherem Hinsehen schlimmer.

Diese Partei beruft sich auf Rosa Luxemburg und Karl Liebknecht, auf Bebel und Thälmann – kritik- und unterschiedslos – und legt programmatische Erklärungen vor, die einen am ehesten an das Godesberger Programm der SPD erinnern. Wobei nicht der Mangel an revolutionären Phrasen, sondern das Übermaß an sozialdemokratischen auffällt. Sie will nicht nur das politische Leben bereichern, die „Demokratie erneuern", dem „Ansehen der Bundesrepublik im Ausland förderlich" sein, sie will auch „konstruktive vorwärtsweisende Lösungen" erarbeiten, die diesem Land mit seinen „reichen wirtschaftlichen Möglichkeiten und einer fleißigen, tüchtigen Bevölkerung" (woraus man wird schließen dürfen, daß es auch faule, untüchtige Völker gibt) den Weg zum Sozialismus weisen. Natürlich ist sie auch gegen den „schmutzigen Krieg der USA in Vietnam", den Hinweis darauf aber, daß die reichen wirtschaftlichen Möglichkeiten hierzulande etwas mit den

gen in der Dritten Welt zu tun haben, sucht man bereits vergeblich.

Außenpolitisch auf Augstein-Kurs (Anerkennung der DDR, der Oder-Neiße-Grenze, Abrüstung, europäisches Sicherheitssystem usw.) ist sie innenpolitisch der SPD kaum weiter voraus als deren Godesberger Programm, reformistisch, auch dann, wenn das Fernziel Sozialismus zwischendurch erwähnt wird. Zusammenhänge bleiben unklar. Mögen die Sorgen dieser Partei um ihre Legalität berechtigt sein, so ist ihr doch die Legalität zum Fetisch geworden, was da legal geworden ist, ist kommunistischer Sozialdemokratismus.

Hieß es im Godesberger Programm, „Gemeineigentum" sei „eine ... Form der öffentlichen Kontrolle, auf die kein moderner Staat verzichtet", so nennt die DKP die gewerkschaftliche Forderung nach Überführung von Schlüsselindustrien in öffentliches Eigentum: „aktuell und zeitgemäß". Fanden die Godesberger: „Demokratie verlangt Mitbestimmung der Arbeitnehmer in den Betrieben und in der ganzen Wirtschaft. Der Arbeitnehmer muß aus einem Wirtschaftsuntertanen zu einem Wirtschaftsbürger werden", so meint die DKP: „Im Mittelpunkt einer demokratischen Wirtschaftspolitik muß die Mitbestimmung der Arbeitenden in Betrieben, Unternehmen und Staat als erstem Schritt zur Einschränkung der Monopole stehen. Dies dient der sozialen Sicherung gegen Unternehmerwillkür." Wie die Godesberger für Vollbeschäftigung und Steigerung volkswirtschaftlicher Produktivität, so auch die DKP. Und wie noch die Godesberger SPD wußte, daß „die gesellschaftlichen Kräfte, die die kapitalistische Welt aufgebaut haben, vor den Aufgaben unserer Zeit versagen, die durch industrielle Revolution und Techni-

sierung entstanden sind, so weiß es auch die DKP nicht besser, als daß eben die spätkapitalistische Gesellschaftsordnung unfähig ist, die grundlegenden sozialen und menschlichen Probleme unserer Zeit, besonders die Fragen, die mit der Umwälzung in Wissenschaft und Technik verbunden sind, zum Wohle des Volkes zu lösen". Der Sozialismus, den beide meinen, kommt ziemlich aufs gleiche raus. SPD: „... eine Ordnung, die auf den Grundwerten des demokratischen Sozialismus aufbaut ... eine menschenwürdige Gesellschaft, frei von Not und Furcht, frei von Krieg und Unterdrückung ..."; DKP: „... eine Gesellschaftsordnung ohne Not und Ausbeutung, ohne Unsicherheit und Angst vor der Zukunft ..."

Renten, Löhne, Mieten, Jahresurlaub, Lohnfortzahlung, Rationalisierungsschutzverträge und die Sicherung der Existenz bäuerlicher, handwerklicher und anderer mittelständischer Betriebe – für diesen ganzen Katalog von potentiellen Wahlgeschenken verspricht diese Partei zu kämpfen, für diesen ganzen systemerhaltenden Gewerkschaftsplunder, mit dem den Arbeitern das Leben im Kapitalismus versüßt, nicht aber als menschenunwürdig und unerträglich zum Bewußtsein gebracht werden kann. Weiß die DKP – „die Partei des Kampfes um soziale Sicherheit und bessere Lebensverhältnisse" – nicht oder will sie nicht wissen, daß eben dies im Interesse des Kapitalismus liegt, daß das System eine solche Partei braucht, als ein Feigenblatt nicht nur, auch um die Unzufriedenheit, die sich verbreitet hat, in systemerhaltende Forderungen zu kanalisieren, damit keine systemsprengenden daraus entstehen? Rudi: „Die KPs in den Metropolen zeichnen sich gerade dadurch aus, daß sie die Auseinandersetzung nicht weitertreiben, sondern in die liberale Richtung... führen."

Weiß die DKP nicht, daß die Macht der Konzerne nicht durch politische „Alternativen" gebrochen wird, daß ein erhöhter Lebensstandard die Leute nur noch abhängiger macht von einer Konsumwelt, die sie in Atem und Illusionen gefesselt hält? Daß nicht technische Revolution ins Haus steht, sondern imperialistische Barbarei, daß der Kapitalismus nicht erst seit der Automation unfähig ist, die gesellschaftlichen Bedürfnisse der Menschen zu befriedigen, es vielmehr vor hundert Jahren schon war? Seit wann sind „Zeitgemäßheit" und „Aktualität" Wertbegriffe eines wissenschaftlichen Sozialismus?

Diese Partei wirft der APO ihre Isolierung von den Massen vor und verbindet diesen Vorwurf mit der Behauptung, die APO beharre auf prinzipiellem Antiparlamentarismus und Antiinstitutionalismus.[3] Das heißt, diese Partei beteiligt sich auch noch an der Diffamierung der APO gegenüber eben den Massen, von denen isoliert zu sein, sie ihr vorwirft. Rudi Dutschke: „Heute würden Permanenzrevolutionäre, nicht Wortschwätzer (die Revolutionsdiskussion ist inzwischen von uns als Ersatz für die praktische Arbeit entlarvt worden), die in den Fabriken, in den landwirtschaftlichen Großbetrieben, in der Bundeswehr, in der staatlichen Bürokratie systematisch den Laden durcheinanderbringen, von allen Lohnabhängigen vollkommen akzeptiert werden... Den ‚Laden in Unordnung bringen' heißt nur, die Lohnabhängigen und andere mehr unterstützen, bei ihnen lernen, neue revolutionäre Fraktionen herauszubrechen. Die Permanenzrevolutionäre können immer wieder hinausgeworfen werden, immer wieder in neue Institutionen eindringen: Das ist der lange Marsch durch die Institutionen." Was heißt hier Antiinstitutionalismus?

Der Zeitpunkt ist absehbar, zu dem bürgerliche Institutionen, wie z. B. Gerichte, den Antiautoritären vorbehalten werden, sie hätten nicht einmal die Zustimmung der deutschen Kommunisten. So wie im Frankfurter Warenhausbrandprozeß in der Urteilsbegründung Bezug genommen werden konnte auf die Distanzierungen des SDS von der Tat im April, um die Härte des Urteils zu rechtfertigen. Diese Partei, so wie sie sich bisher vorgestellt hat, übernimmt die Funktionen der SPD in den fünfziger Jahren: Oppositionsspiele. Nirumand hat sie mal „Die Hure des Systems" genannt.

---

[1] Briefe an Rudi D. mit einem Vorwort von Rudi Dutschke, Voltaire Verlag, Berlin. Alle Dutschke-Zitate sind diesem Vorwort entnommen.

[2] Vgl. Erklärung zur Neukonstituierung einer kommunistischen Partei; Ziele und Aufgaben der DKP — aus dem Referat von Kurt Bachmann; Aufruf der DKP-Konferenz, die beiden letzteren abgedruckt in Bonner Korrespondenz vom 31. 10. 1968.

[3] Vgl. Extra-Dienst vom 9. 11. über den Gründungskongreß eines Aktionsbündnisses zur Bundestagswahl 1969 in Dortmund.

Nr. 15/1968

Das Zweite Deutsche Fernsehen nimmt die Reihe „Aktenzeichen XY ungelöst" von Eduard Zimmermann ins Programm. Ulrike Meinhof analysiert die verheerenden Folgen dieser Sendung:

Aktenzeichen XY aufgelöst

In erster Linie ist die Fernsehunterhaltungssendung „Aktenzeichen XY ungelöst" ein großangelegter, phantastischer Massenbetrug. Da gehen also einmal im Monat am Freitagabend ein paar Millionen deutsche und österreichische Fernsehzuschauer auf Verbrecherjagd, helfen der Polizei, Leute zu finden, gegen die ein Haftbefehl vorliegt; werden mit den erschrecklichen Taten wirklicher, lebender Ganoven bekanntgemacht, sind Augenzeuge, wie Hinweise eingehen; harren tapfer vor dem Bildschirm aus, nicht nur von acht bis neun, warten auch bis halb elf auf die ersten Fernsehergebnisse, auf letzte Hinweise von Eduard Zimmermann, um dem – „wie wir alle wissen" (Zimmermann) – ansteigenden Verbrechertum Einhalt zu gebieten. Der Betrug ist ein doppelter: Erstens wird den Leuten das Gefühl vermittelt – deshalb, behauptet Zimmermann, sei die Sendung so beliebt –, hier geschehe wirklich etwas, hier werde nicht nur geredet, sondern auch wirklich gehandelt. Zweitens werden die Leute glauben gemacht, sie hätten an diesem Geschehen aktiven Anteil, weil sie mitmachen dürfen und weil das, was geschieht, ihr ureigenes, persönliches Interesse sei: Der Ganove, den wir heute gemeinsam zu fassen kriegen, kann dich und mich morgen nicht mehr über's Ohr hauen. Der Betrug besteht darin, daß nichts geschieht und daß der Betrüger und der Mörder und der Dieb, der mir da namentlich vorgeführt wird, mit an Sicherheit grenzender Wahrscheinlichkeit nicht der sein wird, der mich morgen oder übermorgen reinlegt. Von den 45 durch die Fernsehsendung gesuchten Personen sind im Verlauf eines Jahres 30 gefaßt worden. 30 von zig Tausenden, die frei herumlaufen. Von wirksamer Verbrechensbekämpfung, im Sinne der Sendung, dürfte nicht im geringsten die Rede sein. Die Mitver-

antwortung, die den Zuschauern suggeriert wird, ist rein quantitativ barer Unsinn – die zwei, dererwegen Millionen von Zuschauern am 13. Dezember gebeten wurden, bis halb elf aufzubleiben, sind nur 2 von Tausenden – was soll der Unsinn? Wieso fallen die Leute auf den Zauber rein?

Die Sendung ist gut gemacht. Sie hat Unterhaltungscharakter auf Kriminiveau. Es ist ja auch die Unterhaltungsabteilung des Zweiten Deutschen Fernsehens, die sie für die Bundesrepublik und Österreich ausstrahlt.

Und möglicherweise sind mehr Leute unter den Zuschauern, als man – ärgerlich über die Sendung – annehmen möchte, die auf den Betrug gar nicht reinfallen, sondern sich nur amüsieren.

Immerhin – gehen wir von Eduard Zimmermanns Selbstverständnis aus, von dem, was er in der 10., der Jubiläumssendung, zu seiner Rechtfertigung preisgab, was er will, was die objektive Funktion dieser Sendung ihrem Selbstverständnis nach ist. Hier würde gehandelt, hier würde endlich etwas getan, hieß es, und weiter: Wenn es uns nicht gelänge, das ansteigende Verbrechertum zu bremsen, dann bestünde die Gefahr, daß wieder ein starker Mann – wie gehabt; und schließlich sollte man an die Opfer denken, die Bestohlenen, die Geschändeten, auch sie seien Menschen.

Es wird nicht gehandelt, und die Selbsttätigkeit der Zuschauermassen findet in Wirklichkeit nicht statt. Die von der Sendung ausgehende Suggestion aber dürfte dem Bedürfnis vieler entgegenkommen, aus der Rolle des Befehlsempfängers im Beruf und des Konsumenten in seinem Privatleben einmal herauszukommen, aus der permanenten Ohnmacht, Spielball zu sein, nicht Subjekt des eigenen Lebens, sondern Objekt fremder Interessen. Das

Gefühl, einflußlos zu sein, daß die oben ja doch machen, was sie wollen, das Gefühl der Isolation in der eigenen Wohnstube, das Bedürfnis, mit der Faust auf den Tisch zu hauen – dem allen kommt die Sendung entgegen, deshalb wird der Betrug ertragen, weil er einem Bedürfnis nach Selbsttätigkeit entspricht, dem Bedürfnis, keine Null, kein Rädchen im Getriebe, sondern einzelner, ein als einzelner Angesprochener zu sein, auf den es als einzelnen ankommt.

Die Deutschen haben – wie wir wissen – von Politik die Nase voll, sie können sich politisches Engagement weitgehend nur noch als nationalsozialistisches vorstellen, womit sie reingefallen sind. Nun kommt der Herr Zimmermann und sagt ihnen, sie müßten bei der Verbrechensbekämpfung helfen, sonst käme ein neuer Hitler und täte es für sie. Demnach war Hitler also ein Verbrechensbekämpfer, dabei ist er über das Ziel hinausgeschossen, gewiß, weshalb wir dem nächsten zuvorkommen sollten, selbst Sauberkeit im Staat herstellen, jeder sein eigener starker Mann, selbst groß. Womit das Gefühl der Größe, das Hitler den Deutschen gab, herübergerettet wäre. Womit auch die Anhänglichkeit der Deutschen an ihren Führer eine späte Rechtfertigkeit erfährt, womit die Bereitschaft der Deutschen, sich politisch zu engagieren, wieder geweckt werden könnte, die historische Kontinuität wieder hergestellt – den Deutschen Gelegenheit gegeben wäre, sich von den Demütigungen der Nachkriegszeit zu erholen.

Die Opfer schließlich, die bestohlen, die geschändeten, seien auch Menschen, behauptet Zimmermann. Eine merkwürdige Behauptung angesichts der Tatsache, daß das noch nie einer bestritten hat. Um so merkwürdiger im Zusammenhang mit der Drohung mit dem starken

Mann, von dessen Opfern hier doch gar nicht die Rede ist. Hier werden doch nicht NS-Verbrecher gesucht, KZ-Wächter, Kammergerichtsräte beim Volksgerichtshof, wie dieser Rehse, der kürzlich in Berlin freigesprochen wurde. Zimmermann schlägt seinen Zuschauern vor, sich mit den Opfern von betrügerischen Pferdehändlern, von Mädchenschändern, von Brillantenräubern, Titelfälschern, Automatenknackern zu identifizieren. Wie macht man das – wenn man nicht ein gerüttelt Maß an Selbstmitleid parat hat? Selbstmitleid zum Beispiel wegen erlittener, unbegriffener Demütigungen wegen der nationalsozialistischen Vergangenheit, wegen verlorener Ostgebiete, Entnazifizierung etc. Woher sonst nimmt dieser Zimmermann die Unverfrorenheit, im Anschluß an die Rede vom starken Mann nicht von den Opfern des Nationalsozialismus zu reden, sondern von den Opfern alltäglicher Kriminalität – wenn nicht in Anspielung auf das vorhandene, latente Selbstmitleid der Deutschen, einem Produkt ihrer unbegriffenen Geschichte?

Wir wissen – von Freud, Reich, Mitscherlich u. a. –, daß wir Deutschen mehr Schwierigkeiten als andere mit unseren unterdrückten Aggressionen haben, weil wir die, die wir hassen müßten, die unsere Aggressionen unterdrücken und unterdrückt haben – Vorgesetzte, Eltern, die da oben –, nicht hassen dürfen. Wir haben die Juden gehaßt und die Kommunisten. Die Juden geht nicht mehr, die Kommunisten – scheint es – zieht nicht mehr, die Studenten – das verbietet derzeit noch der demokratische Überbau. Zimmermann schlägt uns die Kriminellen vor. Er erklärt sie zum Sündenbock der deutschen Geschichte – deshalb kam Hitler –, er macht sie zum Sündenbock

unserer Gegenwart, an dem sich politisches Unbehagen – damit kein neuer Hitler kommt – entladen kann. Mitscherlich: „Sündenböcke werden in Fremdgruppen gesucht; die Unvertrautheit mit ihnen wird aber aktiv konserviert (man will nichts von ihnen wissen), damit sie von den Gruppen widerspruchsfrei und schuldfrei . . . benutzt werden können." [1] Was wissen Herr Zimmermann und seine Zuschauer über die Ursachen von Kriminalität? Was wissen Herr Zimmermann und seine Zuschauer über die katastrophalen Zustände im deutschen Strafvollzug? Vermutlich nichts. Deshalb kann man sie verteufeln, diese kleinen und großen Gesetzesbrecher, deren Taten allesamt Bagatellen sind, verglichen mit den Verbrechen des Nationalsozialismus. Deshalb kann man sie zu Haßobjekten machen und sich darüber hinwegsetzen, daß einer, der einmal einem Millionenpublikum von Fernsehzuschauern zur Beute hingeworfen worden ist, sich schwerlich davon wird erholen können, auch dann nicht, wenn sein Verfahren gelaufen, seine Strafe abgesessen ist.

Die Fernsehsendung Aktenzeichen XY ungelöst ist ein riesiger Betrug an den Zuschauern, der nicht durchschaut wird, weil er einer ganzen Reihe echter Bedürfnisse entgegenkommt. Sie dürfte nicht zuletzt eine Testsendung sein, vermittels derer feststellbar ist, inwieweit Kriminelle sich als Haßobjekte in Deutschland und Österreich eignen und inwieweit Deutsche und Österreicher auf diese faschistische Manier mobilisierbar und gleichzeitig kontrollierbar sind. Zimmermann behauptet, die Deutschen wären kein Volk von Denunzianten und Kopfjägern. Es wäre schön, wenn er recht behielte.

[1] Alexander und Margarete Mitscherlich: Die Unfähigkeit zu trauern – Grundlagen kollektiven Verhaltens, München 1968, S. 98/99.

Ulrike Meinhof beschreibt ihre eigene Rolle als Kolumnistin der linken Zeitschrift KONKRET:

Kolumnismus

Kolumnisten haben Entlastungsfunktionen: Sie dürfen schreiben, wie und was sie wollen. So wird der Eindruck erweckt, in dieser Zeitung dürfte geschrieben werden, wie und was die Schreiber wollen.

Die Kolumne dürfte vom Leitartikel der Tageszeitungen abstammen. Aber während in den Tageszeitungen die Leitartikel von den Redakteuren geschrieben werden, wenigstens hauptsächlich von den Redakteuren, also den gleichen Leuten, die auch die Dreckarbeit machen und – tendenziell – den Inhalt der Zeitung bestimmen; während es außerdem die Tageszeitungen mit einem täglichen Wust von Nachrichten zu tun haben, so daß nur in Meinungsartikeln die Meinung der Redaktion zum Vorschein kommen kann (daß in deutschen Tageszeitungen Nachricht und Meinung selten streng getrennt werden, ist ein Kapitel für sich); während sich also in Tageszeitungen Leitartikel und redaktioneller Teil ergänzen, sind Kolumnisten redaktionelle Außenseiter. Kolumnisten haben auf den übrigen Inhalt des Blattes keinen Einfluß, die Redaktion hat keinen Einfluß auf sie. Sie werden relativ gut bezahlt, ihre Namen werden fett gedruckt. Kolumnen sind Luxusartikel, Kolumnisten sind Stars, in ihrer Badewanne sind sie Kapitän.

Zweierlei erwartet der Geldgeber von seinem Kolumnisten. Daß er sich ein eigenes Publikum erschreibt, möglichst eins, das ohne ihn die Zeitung nicht kaufen würde. Das ist der Profitfaktor. Ein Kolumnist, der das nicht leistet, wird über kurz oder lang gefeuert. Hinzu kommt der Prestige-Faktor. Seine eingezäunte Unabhängigkeit gibt der Zeitung den Geruch von Unabhängigkeit. Seine Extravaganz gibt ihr den Geruch von Extravaganz. Sein gelegentlicher Mut zu unpopulären Ansichten gibt ihr den Geruch von Mut zu unpopulären Ansichten. Indem sich der Verleger die Originalität, den Nonkonformismus und Eigensinn des Kolumnisten etwas kosten läßt, läßt er sich den schönen Schein etwas kosten, nicht nur um des Profits willen seine Zeitung zu machen, im Sinne jener klassischen Definition, daß die Zeitung eine Unternehmung sei, „welche Anzeigenraum als Ware produziert, die durch einen redaktionellen Teil absetzbar wird". Wenn dann aufgrund eines Kolumnistenbeitrags gelegentlich auch noch Anzeigenaufträge verlorengehen, wird das als materieller Beweis für den Nonkonformismus der Zeitung erlebt.

Die Kehrseite der Kolumnisten-Freiheit ist die Unfreiheit der Redaktion. Da müssen Artikel „durchgeschrieben" sein, müssen verkäuflich sein, müssen Leserbedürfnisse platt befriedigt werden. Bei konkret nennt man das: Sex-Appeal, Horror-Appeal, Crime-Appeal, Oppositions-Appeal, Human-Touch. Da wird auf Termine gearbeitet: In einer Woche ein Kommune-Artikel, von heute auf morgen über die Gerichtsverfahren, die in Teheran anstehen, mal schnell Wilhelm Reich zusammengekürzt, Mao-Zitate für Sex-Fotos montiert, ein paar Worte mit Biermann gewechselt. Ein guter Journalist ist auf Zack, schafft das, schafft alles, schreibt, auch wenn er nichts hat, schreibt, auch wenn er noch nicht fertig nachgedacht hat, schreibt, auch ohne die notwendigen Bücher vorher gelesen zu haben. Ein guter Journalist macht seinen Gegenstand zum Objekt, macht mit dem Objekt, was er will, die Leute, die entsetzt sind über das, was sie nachher über sich selbst lesen, haben eben keine Ahnung vom Journalismus, verdammt, es mußte alles so schnell gehen. Da sind die linken Studenten einfach zum Kotzen: Die halten keine Termine, die können sich nicht kurz fassen, nicht ausmehren, immer dies Wenn und Aber, quatsch nicht so viel, mach zu, die Setzerei wartet, die Druckerei wartet, die Grossisten warten. Der Kolumnist ist doch auch pünktlich. Daß der Kolumnist das auch mal gelernt hat, daß er mal die Gelegenheit hatte in seinem Leben, sich frei zu schreiben, daß der auch mal gestottert hat und Termine hat platzen lassen, überhaupt nur so nicht verbuttert worden ist, davon kein Wort. Davon kein Wort, daß der Kolumnist der beste Untertan des Verlegers ist, der Geld bringt, Prestige und regelmäßig so tut, als könnte man alle Themen der Welt auf immer der gleichen Länge abhandeln und pünktlich und überhaupt. Kolumnisten sind die Neger im State Department, die Frauen in der Bundesregierung, Feigenblatt, Alibi, Ausrede.

Der Kolumnist ist dem autoritären Zugriff der Redaktion entzogen. Die Form der Kolumne ist autoritär genug, da kann nicht viel passieren.

Der Kolumnist ist ein von der Verlagsleitung ernannter Führer seiner Leser. Schlamm soll die ganz Rechten an die WamS binden, ich die ganz Linken an konkret, Haffners Funktion beim Stern dürfte so ähnlich sein, irgendwo dazwischen. Der Kolumnist kann seinen Platz nicht seinen Lesern zur Verfügung stellen. Wenn er einen weiß, der es viel besser machen würde, als er selbst, darf er ihn nicht bitten, an seiner Stelle zu schreiben. Das würde die Leser frustrieren, die sich nun einmal an den einen gewöhnt haben.

Kolumnismus ist Personalisierung. Die linke Position z. B., erarbeitet von vielen, wichtig geworden durch den Schritt von der Theorie zur Praxis im Sommer 67 und Winter 67/68, wird im Kolumnismus wieder zur Position Einzelner, Vereinzelter runtergespielt, auf den originellen, extravaganten, nonkonformistischen Einzelnen

93

reduziert, der integrierbar, weil als einzelner ganz ohnmächtig ist. Als im Frühjahr 68 einige erfahrene Leute des anti-autoritären Lagers ein paar Seiten von konkret für sich haben wollten – so wie ich meine Seite und Haffner seine und Wallraff seine –, als die aber kollektiv auftraten, als kollektive Schreiber, als kollektive Verhandlungspartner (Nirumand, H. M. Enzensberger, Peter Schneider, Gaston Salvatore, Eckard Siepmann und andere, erfahrene linke Autoren), scheiterte das Projekt – konkret wollte nicht mehrere Seiten an mehrere Leute abgeben, wollte mit jedem einzeln arbeiten, mit jedem einzeln verhandeln, einzeln ist jeder einzelne ohnmächtig, der Verleger ihm gegenüber mächtig – die Macht des Eigentümers bleibt nur so unangetastet, die Loyalität zwischen Autor und Zeitung gesichert, d. h. die Autoren von der Zeitung abhängig, nicht umgekehrt. Sendezeit für die APO im Sender Freies Berlin – konkret ist dafür; Demokratisierung der BZ- und Bild-Redaktionen – konkret ist einverstanden; 10 Seiten für die APO in konkret – das geht zu weit.

Eingezäunte Spielwiesenfreiheit für den Kolumnisten, auf Leserbedürfnisse spekulierender redaktioneller Teil, Lesermitbestimmung in Form von Leserabstimmung am Kiosk à la Springer, das sind natürlich nicht die schäbigen Erfindungen der Verleger, das ist nur marktkonformes Verhalten, Anpassung an die Mechanismen des Marktes. Der Vorwurf richtet sich gegen die Verinnerlichung der Marktgesetze bei den Verlegern, die Verinnerlichung des verlegerischen Profit-Interesses in den Redaktionen. Wir wollen keine Heiligen, wir verlangen nur, daß Widerstand geleistet wird und die Unterwerfung unter die Gesetze des Marktes nicht als freier Journalismus ausgegeben wird und die Kunst, Termine zu halten, nicht mit der Kunst,

die Wahrheit unter die Leute zu bringen, verwechselt wird, und Redaktionsdemokratie nicht Sand im Getriebe ist und Kolumnistenfreiheit als das erkannt wird, was sie ist: Ein Prestige-, ein Profitfaktor, ein Leserbetrug, ein Selbstbetrug, Personenkult. Man muß Kolumnist sein, um Kolumnistenfreiheit als Kehrseite redaktioneller Unfreiheit beschreiben zu dürfen. Damit aus der Theorie keine Praxis wird, leistet man sich Kolumnisten, ohnmächtige Einzelne, Außenseiter, Stars.

Auf drei Spalten kann man nicht alles sagen, muß man vergröbern, Mißverständnisse in Kauf nehmen, Einseitigkeiten. Wie, wenn diese Zeitung sich tatsächlich einmal zur Diskussion stellte, der landauf landab grassierenden Kritik ihre Spalten öffnete, unredigiert und unängstlich. Opportunismus ist, wenn man die Verhältnisse, die man theoretisch zu bekämpfen vorgibt, praktisch nur reproduziert; wenn man sich zum angeblichen Zweck der Veränderung der Verhältnisse systemstabilisierender Mittel bedient; wenn man gegen Redaktionsdemokratie und APO-Kontrolle die Gesetze des Marktes, d. h. des Profits, ausspielt; wenn man die antiautoritäre Position in die autoritäre Form der Kolumne verdrängt. konkret ist weniger eine linke als eine opportunistische Zeitung.

Nr. 2/1969

94

Klaus Rainer Röhl

Antwort auf „Kolumnismus"

Ulrike Marie Meinhof ist die ständige Kolumnistin von „konkret". Kolumnisten sind selbständig. Oft distanzieren sich Zeitschriften von ihren Kolumnisten mit kleinen Vorspännen wie „Herr X. sagt hier seine unabhängige Meinung. Sie gibt keineswegs immer die Ansicht der Redaktion wieder ... usw."

Wir distanzieren uns von Ulrike Meinhof nicht. Wir identifizieren uns mit ihren oft ungewöhnlichen, aber fast immer einleuchtenden Gedankengängen.

Ulrike aber hat in dieser Ausgabe das Bedürfnis verspürt, sich von unserer Zeitschrift zu distanzieren, etwa: „die Redaktion sagt hier ihre Meinung. Sie gibt keineswegs immer die Meinung der Kolumnistin wieder." Gut. Über „konkret" gibt es in der Linken soviel Meinungen, wie es in der Linken überhaupt Meinungen gibt. Insofern bringt sie die Kritik eines Teils der Leser zum Ausdruck. Da sie aber auch eine Reihe von ebenfalls weitverbreiteten Irrtümern ausspricht, gibt sie uns Gelegenheit zu einer Korrektur.

Kolumnisten sind, wie Ulrike fast widerwillig bemerkt, unabhängig. Ihre Artikel werden nicht redigiert. Darum haben sie auch das Recht, unredigiert zu irren. Bei einem normalen Autor würden wir redigiert haben „*Mal schnell Wilhelm Reich zusammengekürzt*" – das war *mal schnell* nicht Wilhelm Reich (von dem wir noch nie einen Text brachten), sondern Reimut Reiche.

Der ernstere Vorwurf ist der, daß wir 14tägig erscheinen und „da wird auf Termine gearbeitet". Ich finde das Beispiel *„von heute auf morgen ein Artikel über die Gerichtsverfahren, die in Teheran anstehen"* schlecht gewählt.

Als die drei persischen Studenten *von heute auf morgen* in die Redaktion kamen, um in letzter Minute etwas für ihre von Todesurteilen bedrohten Landsleute zu tun (bei *Spiegel* und *stern* waren sie schon vergeblich gewesen), war es Sonntag abend. Montag sollte gedruckt werden. Da haben wir *schnell mal eben* den Artikel aus der schon fertigen Form genommen, haben, *verdammt, es mußte alles so schnell gehen,* einen Artikel über die Todesurteile in Teheran geschrieben und die Adresse der Persischen Botschaft dazu gesetzt und viele Anrufe dort hervorgerufen und vielleicht ein bißchen dazu beigetragen, daß die Todesurteile nicht vollstreckt wurden: *Ein guter Journalist ist auf Zack, schafft das, schafft alles.*

So hat alles seine zwei Seiten.

Ulrike schreibt: Die Kehrseite der Kolumnistenfreiheit ist die Unfreiheit der Redaktion. Gegen diesen Vorwurf, Unfreie, Hilfswillige, redigierte Befehlsempfänger zu sein, muß ich alle Redakteure und freien Mitarbeiter in Schutz nehmen. Alle, von Haffner bis Robert Neumann, von Reimut Reiche bis Peter Rühmkorf, Wallraff oder Oskar Negt, Rudi Dutschke und Cohn-Bendit bis zum jüngsten

Volontär genießen bei uns die gleiche Freiheit. Nur: die Artikel unserer Volontäre und Jungredakteure werden redigiert. Sie müssen oder sollten tatsächlich, ich gesteh' es zu meiner Schande, *durchgeschrieben* sein, *müssen verkäuflich sein,* gut lesbar sein, *Leserbedürfnisse befriedigen.*

Wenn ich recht verstehe, wirft Ulrike uns vor, kein *Kursbuch* zu sein. Sie hat Recht. konkret ist kein Kursbuch. konkret ist eine linksstehende Publikumszeitung mit einer Auflage von z. Z. 230 000 Stück pro Heft, die sich auch an Leser wendet, die Kursbuch und Neue Kritik, Marcuse und Marx nicht lesen und dennoch zur Apo zu zählen sind oder zu ihr stoßen werden. Wenn diese Leser später Marcuse und Che Guevara, das Kursbuch und die Neue Kritik lesen werden, dann werden sie es durch konkret kennengelernt haben. Arbeitsteilung nennt man das.

Ulrike wirft uns vor, daß unsere (drei) Redakteure, die zwischen Beate Klarsfeld in Paris und den Kommunarden in Berlin, zwischen den Slums von London und dem Erziehungsheim von Voccawind hin- und hersausen und dann noch ihre Artikel pünktlich abliefern müssen, zu wenige sind, überlastet sind und nicht dazu kommen, ihre Artikel gründlich auszurecherchieren und alle Literatur dazu zu lesen und auch die richtigen Bilder dazu zu beschaffen, daß uns mit anderen Worten das Archiv des *Spiegel,* der Reporterstamm des *stern* und der Mitarbeiterstab der *Zeit* fehlen.

Da hat sie recht. Wir haben uns in den letzten Monaten bemüht, den Stamm der freien Mitarbeiter zu vergrößern, wir werden ein Archiv aufbauen, und wir suchen neue Redakteure. Nur weiß Ulrike auch, daß es schwer ist, Mitarbeiter und neue Redakteure zu gewinnen, und daß es uns wenig nützt, für hohe Gehälter Routinejournalisten aus den Establishmentzeitungen anzuwerben. Sondern daß wir konkret-Journalisten erst heranbilden müssen, begabte linke Studenten, aufgeschlossene junge Intellektuelle, aber die, weiß Ulrike Meinhof, *halten keine Termine, die können sich nicht kurz fassen, nicht ausmehren, und die Setzerei wartet, die Druckerei wartet, die Grossisten warten.* Die müssen also lernen, wie die Kolumnistin kurz und verständlich zu schreiben und auch noch pünktlich abzuliefern.

Wir bekennen freimütig: das Heft muß pünktlich erscheinen, es muß gut umbrochen sein, verständlich und interessant geschrieben sein, gut bebildert sein, mit Titelbild und Vorspännen aufgemacht sein, möglichst viele Themen enthalten: es muß gut verkäuflich sein. Denn wo soll sonst das Geld herkommen für die Verbreiterung der Redaktion, den Aufbau eines Archivs, den Fernschreiber, die Fotokopiergeräte und Tonbänder, die

Flugreisen und Lizenzen für Cohn-Bendit-Abdrucke?

Ach, Ulrike verlangt etwas Schönes, Begeisterndes, aber Unmögliches: Die Reinheit der Lehre und die Akribie der Forschung, die Aktualität des *Spiegel* und die Sorgfältigkeit des *Kursbuchs,* keine nackten Mädchen auf dem Titelbild und keine Zugeständnisse an den Markt, aber mehr Geld für die Redaktion und pünktliche Honorarüberweisungen. Ich bin sicher: wäre eine solche linke Zeitung möglich, es gäbe sie schon, und Ulrike wäre ihre Mitarbeiterin. Aber konkrete Utopie ist eines und Realitätstüchtigkeit ein anderes. Wir leben sicher nicht in der besten aller denkbaren Welten, und konkret ist nicht die beste denkbare Zeitschrift der Apo. konkret ist nur die einzige Zeitschrift der Apo.

Und deshalb ist der Vergleich mit dem Sender Freies Berlin falsch. *Sendezeit für die Apo im SFB – konkret ist dafür, 10 Seiten für die Apo in konkret – das* ist zu wenig.

konkret ist nicht der Rias, die BZ oder der Sender Freies Berlin. *konkret* ist, wie der Gegner am besten weiß, selbst ein Teil der Apo.

Die Zeitschrift muß verbessert werden, vergrößert werden, sie muß gründlicher arbeiten, aber noch lockerer geschrieben sein, noch interessanter sein für Leser und doch die Interessen der Leser vertreten. konkret muß mehr Leute

erreichen und mehr Leute bewußt machen. Es muß sehr bald wöchentlich erscheinen und seine Auflage verdoppeln. Und wir müssen unsere Anstrengungen verdoppeln.

Ulrikes Kritik wird uns dabei helfen. Und ihre Kolumnen, die weiter in konkret erscheinen.

Wo auch sonst?

*Im Wahljahr 1969 appelliert der DGB an die Wähler, nur
Parteien zu wählen, die erklärtermaßen für Mitbestimmung
einträten. Ulrike Meinhof erklärt die DGB-Politik für
„konterrevolutionär":*

Mitbestimmung

Die Mitbestimmung ist ein Wechselbalg.
Das Betriebsrätegesetz von 1920 stand in
unmittelbarer Nachfolge der Rätebewe-
gung von 1918/19 – Überbleibsel einer nie-
dergeschlagenen Revolution. Die Montan-
mitbestimmung von 1951 wurde unter
schweren Streikdrohungen im Bundestag
durchgesetzt, das Fossil einer demokratischen Erneuerung, die im übrigen nicht
stattgefunden hat. Die Mitbestimmungsdiskussion 1968/69, die auch im bevorste-
henden Wahlkampf eine Rolle spielen
wird, wird von Arbeitgeberseite als Folge
der Studentenrevolte hier und der Auf-
stände in Frankreich diagnostiziert. „Aber
auch gescheiterte Revolten haben ihre
Wirkungen. Sie führen dazu, daß der
Herrschaftsapparat selbst von den Gedanken, die ihm präsentiert wurden, auch
wenn er sie für widersprüchlich und sogar
gefährlich hält, einiges in sein Programm
aufnimmt, um die Forderungen zu be-
schwichtigen und von neuen Aktionen ab-
zuhalten."[1] Mitbestimmung, ob auf Be-
triebs- oder Unternehmensebene, war nie
das Produkt erfolgreicher, war immer das
Produkt in die Defensive gedrängter
Arbeitermacht.

Die Tatsache, daß die Arbeitgeberverbände die Mitbestimmungsforderung der
Gewerkschaften ablehnen, qualifiziert
diese noch nicht als ein Moment von sozia-
listischem Klassenkampf. Der Einwand,
daß mit der Mitbestimmungsforderung
per se die bestehenden Eigentumsverhält-
nisse anerkannt werden, disqualifiziert sie
aber auch noch nicht für eine sozialistische
Klassenkampfstrategie. Die Frage ist, ob
die Mitbestimmungsforderung – nach den
Erfahrungen mit der Montanmitbestim-
mung, auf die sie sich stützt, und nach den
Modellen, die sie anbietet – ein brauchbares
Instrument ist, „die Macht der Konzerne
einzudämmen" (DKP), Arbeitermacht aufzubauen.

Die Forderung der Gewerkschaften zielt
auf Integration. Ludwig Rosenberg: „Denn
nur wenn es gelingt, den Arbeitnehmer so
in Wirtschaft und Gesellschaft zu integrieren, daß er wirklich Teil von beiden ist . . .
wird das Abgleiten in totalitäre Formen –
gleich welcher Art – verhindert werden."[2]

Die beiden großen, hauptsächlich an der
Mitbestimmung interessierten Gewerkschaften – IG Chemie und IG Metall –
haben klipp und klar erklärt, daß sie die
Mitbestimmung nicht erstreiken werden,
nicht zum Gegenstand von Arbeitskämpfen
machen wollen. Im Gegenteil, eines ihrer
Argumente für die Mitbestimmung ist
dies, daß durch sie kostspielige Arbeitskämpfe verhindert werden können. Mitbestimmung zielt nicht auf Mobilisierung
der Basis, eher auf Demobilisierung. Sie
dient nicht der Politisierung der Belegschaften, sie soll nicht ein Instrument zur
Willensbildung und -durchsetzung für die
Belegschaften, die Arbeiterschaft, sein,
eher eine Institution, in der sich Management und Gewerkschaftsbürokratie ohne
Öffentlichkeit, auch ohne die Öffentlichkeit der Gewerkschafts- und Belegschafts-
mitglieder, verständigen und einigen können.

Die Erfahrungen mit der Montanmitbe-
stimmung haben gezeigt, daß in diesen Bereichen weniger als in anderen gestreikt
worden ist, daß dort die sozialen Leistungen
besser sind als in anderen Bereichen, daß
schließlich der Einfluß und die Macht eines
Arbeitsdirektors im Vorstand sich nicht
von der Basis her rekrutiert, weder identisch ist mit der Macht und dem Einfluß
der hinter ihm stehenden Gewerkschaft
noch der zu seinem Unternehmensbereich
gehörenden Belegschaften, sondern hauptsächlich von der Stärke und Beschaffen-
heit seiner eigenen Persönlichkeit abhängt.
Daß es starke Arbeitsdirektoren gibt, die
sogar im Investitions- und Produktions-

sektor Einfluß haben, hebt die Tatsache
nicht auf, daß diese Positionen perspektiv-
los sind, nicht ausbaubar, nicht Vorposten
von Arbeitermacht, sondern institutionali-
sierte Sackgassenpositionen. Selbst da, wo
Arbeitsdirektoren Sozialleistungen auf
Kosten von Profitraten durchsetzen, bleiben damit die Gesetze von kapitalistischer
Produktion und Konsumption unangetastet, bleiben die Gesetze des kapitalistischen Marktes beherrschend. Einfluß im
Investitionssektor kann das Gesetz nicht
brechen, das im Interesse der Akkumulation von Kapital investiert wird, nicht im
Interesse anderer gesellschaftlicher Bedürfnisse als Produktion und Konsumption. Mögen die Arbeitsdirektoren ihrer
persönlichen Biographie nach Arbeitnehmervertreter sein, ihre Funktion in den
Vorständen der Unternehmen macht sie zu
Unternehmern. So werden durch die Mitbestimmung Gewerkschaftern und Arbei-
tervertretern neuartige Aufstiegschancen
angeboten; das System, das sie ihnen anbietet, bleibt unangetastet.

Auch nach dem neuen Mitbestimmungs-
entwurf des DGB sollen die Arbeitnehmervertreter im Aufsichtsrat sich selbst, nicht
den Belegschaften verantwortlich sein. Sie
sollen teils von den Gewerkschaften dele-
giert, teils von den Betriebsräteversamm-
lungen gewählt werden. Die gleichzeitigen
Bestrebungen, das Betriebsverfassungsgesetz zu ändern, zielen dabei nicht darauf
ab, die Betriebsräte aus ihrer Zwitterstel-
lung zwischen Belegschaft und Unternehmensleitung zu befreien, d. h. Kontrolle
und Rückendeckung durch die Belegschaften zu verbessern. So können die Arbeitnehmervertreter im Aufsichtsrat nicht
stärker sein als die Betriebsräte. Ein pari-
tätisch besetzter Aufsichtsrat kann keine
neue Qualität im Verhältnis Belegschaften
– Unternehmensleitung herstellen, die
Friedenspflicht[3], an die die Betriebsräte ge-

bunden sind, bindet auch sie vermittels ihrer Wahl durch die Betriebsräteversammlung. Mag die Mitbestimmung den Gewerkschaftsbürokratien eine neue Einflußsphäre sichern – eine neue Qualität von Arbeitermacht ist sie nicht, kann sie nicht sein, soll sie nicht sein. Tatsächlich soll die Mitbestimmung, so wird sie auch von den Gewerkschaften und Parteien vertreten, die Macht der Unternehmensleitungen stabilisieren, soll potentiell revolutionäre Kräfte stärker als bisher an das herrschende System binden, eine sozialistische Alternative praktisch und propagandistisch noch aussichtsloser machen. Zumal der Zeitpunkt absehbar ist, wo nicht nur an den Universitäten, sondern auch in den Betrieben eine Generation maßgeblich sein wird, deren Loyalität nicht mehr allein durch Lohnerhöhungen und Konsum gesichert werden kann, die ihre eigene Lebenslage und ihren Lebensstandard nicht mehr mit den Einkommen der Vorkriegszeit und dem Hunger der Nachkriegszeit vergleichen wird, deren Loyalität mit anderen Mitteln gesichert werden muß.

Insofern ist das Mitbestimmungsprogramm der Gewerkschaften weniger eine Forderung als das Angebot an die Herrschenden, sich der Loyalität der in den Gewerkschaften organisierten Arbeiterschaft institutionell zu versichern. Mitbestimmung ist das Angebot der Gewerkschaften an die Arbeitgeber, an der Verinnerlichung der Interessen des Kapitals in der Arbeiterschaft mitzuwirken, an der Verschleierung ihrer Klassenlage. Die Attacken der Arbeitgeberseite haben dabei den Gewerkschaften die Gelegenheit gegeben, gelegentlich kraftmeierisch und mit-der-Faust-auf-dem-Tisch aufzutreten. Die Gebärde von Klassenkampf ersetzt aber nicht ihren Inhalt, hebt den konterrevolutionären Charakter der Mitbestimmungsforderung und der Mitbestimmungsdiskussion nicht auf.

Anmerkungen:

[1] Walter Petwaidic-Fredericia: Der Irrweg der Mitbestimmung, Seewald Verlag, Stuttgart, 1968, S. 36

[2] Kundgebung Mitbestimmung der IG Chemie-Papier-Keramik am 6. 10. 1965

[3] Betriebsverfassungsgesetz Paragraph Nr. 49, 2: „Arbeitgeber und Betriebsrat haben alles zu unterlassen, was geeignet ist, die Arbeit und den Frieden des Betriebs zu gefährden . . .“

Nr. 3/1969

Noch einmal weist Ulrike Meinhof auf den Zusammenhang
zwischen Kapitalismus und Unterdrückung der Familie hin:

Alle reden vom Wetter

... wir nicht. Das kam unverhofft, aber nicht aus heiterem Himmel. Der Iran ist wirklich eines der bestfunktionierenden Entwicklungsländer, der Schah einer der bestfunktionierenden Despoten in der dritten Welt, das persische Öl fest in seinen Händen und in den Händen amerikanischer, englischer, französischer Ölgesellschaften, die persische Opposition in den Kerkern der Geheimpolizei — seit dem Sturz Mossadeghs hatte es lange keine Klagen mehr gegeben. Als Nirumands Persienbuch auf den deutschen Buchmarkt kam, war das Desinteresse allgemein — was soll schon mit Persien los sein, der Schah ein Beau, die Frau hatte gerade eine Schlankheitskur gemacht, na und? Und dann kam dieser unselige Polizei-Staatsbesuch. Da ging eine Fassade zu Bruch. In Berlin knüppelte die Polizei, wie sie es lange nicht mehr getan hatte. In Hamburg leitete der Innensenator Ruhnau die Vorbeugehaft ein. Jubel-Perser gingen, von der Polizei ungehindert, auf deutsche und persische Studenten los. Die Wahrheit über das Terror-Regime des Schahs wurde weltöffentlich, gleichzeitig formierte sich hier eine außerparlamentarische Opposition.

Die Erkenntnis der Interessengleichheit zwischen westdeutschem Kapital und dem iranischen Terror-Regime wurde den Studenten buchstäblich eingeprügelt, eingeprügelt wurde ihnen die Einsicht in die Notwendigkeit der Zusammenarbeit zwischen der Opposition hier — in den Metropolen — und der Opposition in den Ländern der dritten Welt. Bahman Nirumand hatte diesem Erkenntnisprozeß durch sein Buch den Stoff geliefert. Durch seine Arbeit in der Konföderation iranischer Studenten und in der deutschen Studentenbewegung repräsentiert er wie kaum ein anderer gegenwärtig den Prozeß der Internationalisierung der antiimperialistischen Bewegungen. Der Versuch, ihn durch die Ablehnung einer Aufenthaltsgenehmigung hier loszuwerden, ist der Versuch, in den Prozeß der Internationalisierung der sozialistischen Bewegung einzugreifen, ihn aufzuhalten, wenn nicht zu zerschlagen. Mag sein, daß die, die ihn ausweisen wollen, die Rolle eines einzelnen überschätzen — die Absicht ist klar erkennbar, zumal Nirumand zweifellos ein wichtiger einzelner für die Konföderation und die APO ist.

Die Machenschaften liegen zudem auf der Hand, deren Resultat Nirumands Ausweisung ist. Der Hauptgeschäftsführer des Bundesverbandes der Industrie, Prof. Stein (CDU), hatte nach dem Lücke-Besuch im September 1967 einen Bericht vorgelegt, in dem er dringend darum bat, die Verstimmung des Schahs über die Unruhen hier nicht zu unterschätzen, in dem er auf die Gefahr hinwies, daß der Schah — gekränkt, wie er nun einmal

war — seine Handelsbeziehungen zu Ostblockstaaten intensivieren werde, wenn es nicht gelänge, ihm Genugtuung zu verschaffen. Und was sollte Kiesingers Versprechen in Teheran 1968 bezüglich einer sachlichen Iran-Berichterstattung in den deutschen Massenmedien anderes bedeuten, als daß der Aufklärungsarbeit der Konföderation iranischer Studenten entgegengetreten werde. Mit der Ausweisung Nirumands wird diese Zusage zumindest teilweise eingelöst. — Die deutsche Wirtschaft hat den Drohungen des Schahs, Bonn dem Druck der deutschen Wirtschaft nachgegeben. Peinlich, wie das alles auf der Hand liegt. Peinlich, wie sich diese Politiker zu Handlungsgehilfen des Schahs, zu Vollstreckungsbeamten von Profitinteressen machen lassen, wie sie nicht einmal das Format haben, die Widersprüche in ihrem System zu kaschieren: Den Widerspruch zwischen den Interessen des deutschen Kapitals im Iran und der Taktik des politischen Establishments, den SDS innerhalb der deutschen Studentenschaft zu isolieren durch Reformangebote; die Radikalen von den sogenannten Gutwilligen zu trennen. Die Ausweisung Nirumands droht gerade jene massenhafte Solidarisierung und Politisierung zu provozieren, die man vermeiden möchte. Ein Widerspruch, der der Linken nützt, weil eine intelligente Senatspolitik Nirumand jetzt die Aufenthaltsgenehmigung nachschmeißen müßte, die wir für ihn haben wollen.

Der Fall Nirumand hat eine humanitäre Seite, die protestierend hinzuweisen noch unpolitisch ist, nur als moralischer Appell verstanden werden kann, weder Lernprozesse initiieren kann, noch das System verletzen: daß Nirumand mit einer deutschen Frau verheiratet ist und seine Tochter Mariam im vergangenen Herbst in Berlin eingeschult wurde; daß diese Familie, die zusammenbleiben will, durch die Verweigerung einer Aufenthaltsgenehmigung zerstört oder zur Flüchtlingsfamilie würde, daß Frau und Kind aus ihren Lebensbereichen herausgerissen würden. Warum kann sich hier der Protest nur gegen ein unzumutbares „Schicksal" richten, warum ist er politisch irrelevant, mobilisiert nichts, außer Tränendrüsen?

Weil die Frauen in dieser Gesellschaft nicht erst ausgewiesen werden müssen, um politisch lahmgelegt zu werden. Ihre gesellschaftliche Arbeit als Erzieherinnen ihrer Kinder spielt sich in der Isolation ihres Privatlebens ab, wenngleich nicht gemäß ihren eigenen Bedürfnissen und denen der Kinder, sondern gemäß den herrschenden Normen einer Leistungsgesellschaft — spätestens die Schule verlangt ihnen das ab —, aber privat und isoliert. Die Erfahrungen, die sie dabei machen, behalten sie für sich, ihre Schwierigkeiten werden nicht öffentlich. Ihre Kinder, für die sie unentbehrlich sind, können sie

bei einer Ausweisung mitnehmen, ihre Erfahrungen und Schwierigkeiten auch. Als Arbeiterinnen — so wie Frauenarbeit beschaffen ist — sind sie im übrigen austauschbar, als Konsumentinnen ebenfalls. Als unersetzliche, nicht austauschbare Person sind Frauen in dieser Gesellschaft nicht wahrnehmbar. Das wäre anders, wenn es schon funktionierende Frauen-Organisationen auf der Linken gäbe, diese könnten und würden wohl auch darauf hinweisen, daß der unpolitische Charakter des Protestes wegen der Frau von Bahman Nirumand selbst ein Moment der Unterdrückung der Frauen ist, auf der Nichtanerkennung ihrer Bedürfnisse beruht, darauf, daß es für sie besonders schwer ist, ihre privaten Belastungen als gesellschaftliche zu begreifen und gesellschaftlich zu organisieren. Es ist unpolitisch, wegen der Frau zu protestieren, weil Frauensachen humanitäre, menschliche Sachen sind — da, reden doch wieder alle vom Wetter; was da als unpolitisch empfunden wird, ist die noch ganz und gar nicht begriffene, die noch nahezu total verinnerlichte Unterdrückung der Frauen.

Für eine Schulpädagogik, die Kinder zu Stoff-Konsumenten macht, sind die Kinder austauschbar. Wäre Mariam Nirumand in einem antiautoritären Kindergarten — sie ist schon zu alt für die gegenwärtig laufenden Projekte —, dann würde durch ihre Ausweisung die Gruppenstruktur ihrer Kindergruppe zerstört. Kinder und Eltern hätten ein vitales Interesse daran, ihre Ausweisung zu verhindern, die Zerstörung ihrer gesellschaftlich relevanten Arbeit in der Kindergarten zu verhindern — es wäre ein politisch relevanter Protest. Lebten Nirumands in einer Großfamilie, wie das neulich an skandinavischen Beispielen im Fernsehen demonstriert wurde, wäre der Protest wegen der Frau und des Kindes nicht mehr unpolitisch, weil die Biographie von ihr und dem Kind nicht mehr ihre bare Privatangelegenheit wäre.

Wir haben den Zusammenhang zwischen Konsum- und Polizei-Terror hier und den Interessen des deutschen Kapitals an der Ausbeutung des persischen Volkes begriffen. Den Zusammenhang zwischen den Profitinteressen des deutschen Kapitals und der Unterdrückung der Frauen und Kinder haben wir noch kaum erkannt. Dann erst, wenn der Protest wegen der Frau und des Kindes nicht mehr an Schicksal und Gleichberechtigung appelliert, sondern die Klassenstruktur der kapitalistischen Gesellschaft angreift, zu deren strukturellen Merkmalen die Unterdrückung von Frauen und Kindern gehört, dann wird auch kein Senat es mehr wagen, Bahman Nirumand die Aufenthaltsgenehmigung zu verweigern. Wir müssen aufhören, in bezug auf Frauen und Kinder vom Wetter zu reden. Nr. 4/1969

Im Herbst 1968 wird Richard Nixon *zum 37. Präsidenten der USA gewählt. Ulrike Meinhof sagt eine Verschärfung der weltpolitischen Konflikte voraus:*

Nixon

Der amerikanische Imperialismus produziert keine glanzvollen Figuren mehr. Nixon macht keinen Firlefanz – wie Kennedy, keine Kraftmeierei wie Johnson. Er selbst ein Bürokrat, ein alternder He-Man, mit dem kein „Staat" zu machen ist, vertritt er die Prioritäten des amerikanischen Imperialismus nach Lage der Dinge „illusionslos", ohne Umschweife. Er kommt nach Europa, um die atlantische Gemeinschaft zu festigen, sich der europäischen Bündnis- und Handelspartner zu versichern. Dann will er sich mit den Sowjetführern treffen und verständigen über den Atomsperrvertrag, über Einschränkungen des Anti-Raketen-Programms, über Einsparungen also im amerikanischen Budget, um schließlich Luft und den Rücken frei zu kriegen für die Auseinandersetzungen in Südostasien, in Lateinamerika, in Afrika. Er macht das begeisterungslos. Der Bürokrat beansprucht weder für sich noch nach außen, daß seine Pflichterfüllung auch noch Spaß macht. Sein Programm steht fest – er hat sowieso keine Bewegungsfreiheit.

Der Vietnam-Krieg wird beendet werden. Die daraus resultierenden Probleme für die amerikanische Wirtschaft scheinen lösbar. Man wird dann rund eine Million zusätzliche Arbeitsuchende haben, die Rüstungsindustrie wird aber ziemlich unvermindert weitergehen, das in Vietnam zerstörte Material muß ergänzt und ersetzt werden, die Flugzeugindustrie kann ein bißchen auf Weltraumflug umschalten, die Entwicklungshilfe-Programme möchte man sowieso mehr als bisher auf die Europäer abwälzen. – Die Aufrechterhaltung der amerikanischen Vormachtstellung in der Welt wird sich mehr noch als bisher auf Waffengewalt stützen müssen. Wenn auch der Vietnam-Krieg den amerikanischen Imperialismus ökonomisch nicht geschwächt hat, so dürfte sein Ausgang doch die revolutionären Bewegungen überall in der Welt ermutigt haben. – Nixon bereitet die USA auf ein, zwei, viele Vietnam vor – dazu braucht er ein starkes, selbständiges

Europa, dazu braucht er Frieden mit der Sowjetunion, dazu braucht er kein Charisma und keine Begeisterungsstürme. Dazu braucht er im eigenen Land ein verschärftes Taft-Heartley-Gesetz, dazu braucht er mehr Polizeigewalt gegenüber den Bundesstaaten, dazu braucht er einen Vize, für den Farbige „Nigger" und „Japse" sind.

In seiner Inaugural-Rede hat er das alles ganz schlicht und unvermittelt zum Ausdruck gebracht, ohne viel Täuschungsmanöver à la Neue Grenzen und Große Gesellschaft. Bomben auf Vietnam, das nennt er da einfach Frieden stiften, und den amerikanischen Imperialismus setzt er einfach mit „der Menschheit" gleich, so wie alle herrschenden Klassen ihren Untergang bisher mit dem Weltuntergang gleichsetzten, und dann stottert er auch gar nicht mehr, sondern formuliert schlicht: „Die größte Ehre, die die Geschichte vergeben kann, ist der Titel eines Friedensstifters. Diese Ehre winkt nun Amerika. . . . spätere Generationen werden von uns, den jetzt Lebenden, sagen, . . . daß wir dazu beigetragen haben, die Welt für die Menschheit sicher zu machen. Dies ist unsere Aufforderung zur Größe." Und denen, die daran zweifeln, predigt er „Güte, Anständigkeit, Liebe und Freundlichkeit", denn „die Größe kommt in einfachem Gewand".

Er hat zu Herzen gehend gesprochen, dieser Nixon, und in Berlin wird er sicher auch nicht sowas Dummes sagen, wie „Ich bin ein Berliner", sondern eher sowas Dummes, wie in seiner Antrittsrede: „Wir werden bemüht sein, auf neue Weise zuzuhören – den Stimmen des stillen Schmerzes, den Stimmen, die wortlos reden, den Stimmen des Herzens, den verletzten Stimmen, den ängstlichen Stimmen, den Stimmen, die die Hoffnung aufgegeben haben, noch gehört zu werden. Wir wollen uns bemühen, die Draußenstehenden hereinzuholen. Den Zurückgebliebenen wollen wir helfen, wieder aufzuschließen." Ein ungebrochener Kleinbürger, sentimental bis zum Geht-nicht-mehr, sicher

einer, der sich BILD-Lesern verständlich machen kann, den keine Überlegungen verunsichern würden – er würde sie nicht verstehen.

Er kommt nach Berlin, um die Berliner einmal mehr mit Freiheitsphraseologie darüber hinwegzutäuschen, daß sie nichts sind als ein Spielball imperialistischer Politik. Um dem Antikommunismus Auftrieb zu geben, um das Prestige der Bürokraten in Bonn und Berlin ein bißchen aufzuwerten, um ihnen wohl auch Mut zu machen im Umgang mit der sozialistischen Linken – immerhin sind Vorbeugehaft und Waffengebrauch aus Anlaß seines Besuches geplant. Und es sollen Gespräche im Gang sein, wonach die amerikanische Besatzungsmacht am Tag des Nixon-Besuches von ihrem Recht Gebrauch machen könnte, die Unterstellung der Bereitschaftspolizei unter ihren Befehl zu fordern. Dies und die Absicht, Berliner Arbeitermassen zu Nixons Empfang auf die Straße zu schikken, nicht nur zum Jubeln und Spalier-Stehen, auch um demonstrierende Linke zusammenzuschlagen – das dürfte auf den Versuch hinauslaufen, mit der außerparlamentarischen Opposition kurzen Prozeß zu machen, Ruhe und Ordnung wieder herzustellen, und zwar endgültig, nun nicht mehr „mit allen Mitteln des Rechtsstaates", sondern nur noch „mit allen Mitteln". Die Pekingrundschau schrieb über Nixons Antrittsrede einfach: Es ist schon zum Totlachen, wenn man einen Wolf zum Schaf sagen hört: „Laß uns zusammen etwas unternehmen." Während er es verschlingt.

Die Präsidentschaft Nixons ist eine Präsidentschaft der verschärften Konflikte. Daß die Linke in der Bundesrepublik und Westberlin es nicht verhindern konnte, daß er hierher kommt, ist ein Zeichen ihrer Schwäche; daß der Berliner Senat sich nicht mehr anders zu helfen weiß, als ihn nach Berlin zu bitten, zeigt aber auch die Stärke der Linken. Sie sollte sich nur auch in Zukunft nicht das Gesetz des Handelns von der anderen Seite aufzwingen lassen.

Im März 1969 wird Gustav Heinemann *erster sozialdemokratischer Präsident der Bundesrepublik. Was SPD und FDP für einen „Machtwechsel" hielten, bedeutete für Ulrike Meinhof politisch nicht viel mehr als der „Seltenheitswert einer Briefmarke":*

Gustav, Gustav

Von einem „Machtwechsel" kann keine Rede sein. Seine Wahl ist das Zufallsprodukt von Parteien-Rancune, ebenso zufällig hätte Schröder Präsident werden können.

Die bundesrepublikanische Oberschicht, für die sozialdemokratisch immer noch identisch mit „Rot" ist, wird die Erfahrung machen, daß man auch dann noch unter sich ist, wenn ein Sozialdemokrat die Brücke, das Schiff, das neue Haus einweiht – ach, Gott, werden die Rotarier sagen, er ist wirklich sehr nett –, und das stimmt sogar.

Die Integrität der Person Heinemann ist einfach sympathisch, auch wenn sie politisch nicht viel mehr bedeutet als der Seltenheitswert einer Briefmarke. Das macht den Unterschied, daß man in Zukunft beim Frühstück Politiker-Zitate lesen kann, die nicht nur verblasen und sentimental sind, nichts als Verlautbarungen, Sprüche, Statements, Dementis, statt dessen welche, bei denen sich der Sprecher selbst was gedacht und ausgedacht hat. Halt kein Repräsentant des deutschen Bildungsnotstands, kein alter Nazi, kein verkannter Dichter, kein eigentlicher – ein schöner alter Sessel, keine Ledergarnitur –, das macht einfach Spaß, atmosphärisch gewissermaßen. Nur bedeutet es nichts.

Dabei ist es nebensächlich, daß auch seiner Person am Zeug geflickt werden kann, sie hat ihren Preis, diese persönliche Integrität. Heinemann hat das, was er politisch für richtig hielt – und das hatte seinerzeit auch seinen progressiven Sinn –, zwar stets zur Kenntnis gegeben, sogar persönliche Konsequenzen hat er gezogen, gekämpft hat er nicht, durchgesetzt wenig. Er äußerte Zweifel an den Notstandsgesetzen, aber als es zum Schwur kam, hat er zugestimmt. So betrieb er seine GVP nur so lange, als er damit populär war, dann ging er in den Vorstand der SPD, seine Mitstreiter ließ er hängen. So schlug er nach dem Anschlag auf Rudi Dutschke – Ostern 68 – eine Amnestie für alle vor und begnügte sich dann schnell mit ein bißchen Strafrechtsreform, so daß die Kommunisten

frei wurden und Plätze frei für die Urteilsvollstreckung von Studentenprozessen. So ritt er zusammen mit Thomas Dehler 1958 eine glanzvolle Attacke gegen Adenauers Deutschlandpolitik und trat später in die große Koalition ein. So stellt er heute die Glaubwürdigkeit seiner Person einem Staat zur Verfügung, der – gemessen an Heinemanns Demokratiebegriff – absolut unglaubwürdig ist. Er ist ebenso integer wie integriert.

Kann man zugleich klug, anständig und Bundespräsident sein? In dem alten Witz über die Nazis schlossen jedenfalls immer zwei dieser Eigenschaften die dritte aus.

Die Frage bleibt, ob er mehr sein wird als ein Aushängeschild und welche Funktion Aushängeschilder haben.

Mehr wird er nicht sein. Er hat nie gekämpft, warum sollte er es jetzt plötzlich tun. Er wird ab und an sagen, was er für richtig hält, das wird Anstoß erregen, dann wird er – wie eben erst – sagen, das sei doch nichts Besonderes, Kiesinger habe neulich dasselbe gesagt, er wird nicht ausscheren. Indem er die Wahl annahm, nahm er zudem die Beschränkungen des Amtes an, er hat versprochen, sich daran zu halten. Wenn Strauß Kanzler wird, wird man um seine Zustimmung zittern. Er wird zögern, sie zögernd geben. Für andere Erwartungen liegt kein Grund vor.

Bleibt das Aushängeschild. Obwohl der Faschisierungsprozeß in der Bundesrepublik und Westberlin munter voranschreitet, wird Heinemanns Wahl im In- und Ausland als Sieg der Demokratie, der Demokraten gefeiert. Obwohl die Beschränkung von Grundrechten allerorts geplant und durchgeführt wird – die Vorbeugehaft steht z. B. ins Haus –, wird die Abwahl des Justizministers Heinemann, der die Vorbeugehaft ablehnt, als ein Schuß vor den Bug der Faschisierer erlebt. Obwohl Heinemanns Wähler dieselben sind, die den Polizeiterror gegen die Linke verschärfen, freuen sich die Opfer des Polizeiterrors über seine Wahl und setzen Hoffnungen auf ihn. So dient seine Person der Verschleierung dessen, was sich tatsächlich abspielt, weckt Illusionen,

falsche Hoffnungen, lähmt, täuscht. Er verschafft den Faschisierern Vertrauenskredit im Ausland, gräbt den linken Kritikern der Bundesrepublik im In- und Ausland das Wasser ab, isoliert die Linke von ihren Sympathisanten, drängt sie noch mehr in die Defensive, liefert sie aus.

Er streut Sand in die Augen, weil seine rechtsstaatliche Redlichkeit im Widerspruch steht zur tatsächlichen Entwicklung, sein Begriff von Rechtsstaatlichkeit von der Wirklichkeit längst überholt, überrollt ist. Das zu verschleiern, dazu wird er gebraucht, deshalb wurde er gewählt. Das aber ist zugleich und immer noch auch die Schwäche des Systems, daß es den Schein von Rechtsstaatlichkeit nicht aufgeben kann; was da Sand in die Augen ist, ist auch Sand im Getriebe. Deshalb sind Strauß und Konsorten so sauer.

So wie die Rede vom Staatsbürger in Uniform die Funktion der Bundeswehr verschleiert, zugleich aber auch ihre Instrumentalisierung als Staat im Staat und Bürgerkriegsarmee verzögert hat, so dürfte auch Heinemanns Präsidentschaft den Faschisierungsprozeß in der Bundesrepublik und Westberlin gleichzeitig verschleiern und retardieren. Nicht, daß er als Person eingreifen wird, wohl aber, daß in dem von ihm gelieferten Schein von Rechtsstaatlichkeit ein Spielraum offen sein wird, der benutzt werden kann. Die falschen Erwartungen, die er weckt, können zum Anspruch umfunktioniert werden.

Welche der Doppelfunktionen des Aushängeschildes Heinemann – die verschleiernde oder die retardierende – mehr wiegt, kann nicht logisch, kann nur in der politischen Praxis entschieden werden. Die Linken hätten Heinemann nicht gewählt. Nun aber, da er Bundespräsident wird, sollte mit den spezifischen Bedingungen dieser Bundespräsidentschaft gerechnet werden. Die Schwächen des Systems sind ausnutzbar. Der Unterschied zwischen Schröder und Heinemann ist leider immer noch der Rede wert.   Nr. 7/1969

Renate Riemeck

Wahres über Ulrike

Ulrike Meinhof, die *Konkret*-Kolumnistin Ulrike Meinhof, die Symbolfigur der B&M-Gruppe: zehn Jahre Öffentlichkeitsarbeit, zwei Jahre Untergrund in der Bundesrepublik.

In und durch *Konkret* ist Ulrike Meinhof bekannt geworden. Dort hat sie sich den Namen gemacht, an den sich alle hängen konnten, die aus der blutig-abenteuerlichen Affäre der sogenannten „Baader-Befreiung" ein Politikum machen wollten. Ihr Name markiert den Kristallisationspunkt für Emotionen jeder Art: Mitgefühl und verständnisvolle Teilnahme, Sensationslust und unreflektierte Bewunderung, Haß und Panik und blinde Angst.

Konkret hat nun eine Auswahl aus den politischen Artikeln getroffen, die Ulrike Meinhof im Laufe eines Jahrzehnts in dieser Zeitschrift veröffentlichte. Der Dokumentationsband ermöglicht den Einblick in ihre journalistisch-politische Entwicklung – und in die Entwicklung von Staat und Gesellschaft der Bonner Demokratie. Der Zweck ist offensichtlich. Man merkt die Absicht und ist nicht verstimmt: Publizistischer Hysterie kann man nur durch die Versachlichung der Auseinandersetzung entgegenwirken. Man muß die Voraussetzungen kennen, von denen Ulrike Meinhof ausgegangen ist. Baader ist in diesem Zusammenhang uninteressant, wenngleich seine Brandstiftung in einem Frankfurter Warenhaus als Mahnzeichen für Vietnam und das unverhältnismäßig harte Urteil des Gerichts in seinem Strafprozeß Symptome für die Krankheit der Gesellschaft sind. Aber Baader allein wäre zu unbedeutend, zu wenig profiliert, zu nebensächlich, um das Firmenschild für eine Gruppe politischer Desparados abzugeben, geschweige denn für den Glauben an die Existenz einer wachsenden Armee von „Stadtguerillas", die die Grundlagen der Bundesrepublik erschüttern könnte. Es mußte schon der Name Meinhof sein, damit die „Gruppe" als Gruppe figurieren und zum „Staatsfeind Nr. 1" erklärt werden konnte.

Das meiste, was über Ulrike gesagt und geschrieben wird, stimmt nicht. Sie ist weder die Chefin einer „Bande" noch ein politisches Genie oder eine „verzweifelte Theoretikerin", wie Heinrich Böll sie genannt hat. Sie ist keine Revolverheldin, aber auch bei weitem keine zweite Rosa Luxemburg. Sie ist ein Mensch, der Ängste und Skrupel kennt, klug genug, um Heldentum als Flucht nach vorn zu begreifen. Sie kann lachen und weinen, möchte für Gerechtigkeit sorgen, ist hilfsbereit und läßt sich ausnutzen wie ein dummer Tor. Sie ist freundschaftsfähig, und sie kann schreiben. Aber wenn sie schreibt, hat sie zuvor geredet, diskutiert, Meinungen ausgetauscht. Und dann formuliert sie das Fazit. Theoretiker sind aus anderem Holz geschnitzt.

Ulrike Meinhof ist nicht mehr ganz jung; es ist falsch, sie der Generation zuzurechen, die die Studentenbewegung von 1967/68 zustandgebracht hat. Sie ist eine Frau Ende dreißig, geschieden, Mutter von zwei Töchtern, gesundheitlich labil, hat Vergangenheit, aber kaum noch eine politische Zukunft. Sie könnte in einem fernen Land ihre Memoiren schreiben. Aber „Gnade" kann sie nicht erwarten, ihre Freunde haben sie zu tief ins Unheil geritten. Ihr Leben böte übrigens durchaus Stoff zu einem Roman. Einzelheiten ihrer Biographie dienen aber nicht der Sache, um die es hier geht. Diese Sache ist politisch und betrifft die Person nur am Rande.

Ihr politisches Engagement war moralisch bedingt. Sie trat nicht an, um die gesellschaftlichen Verhältnisse zu verändern oder den Umsturz zu predigen. Sie hatte als Studentin den Appell der 18 Göttinger Professoren gegen die Atomaufrüstung der Bundesrepublik zur Kenntnis genommen und die Stimme Albert Schweitzers gehört. Das holte sie aus dem elfenbeinernen Turm literarisch-wissenschaftlicher Interessen. Man durfte nicht geschehen lassen, was geschehen könnte. „Kampf dem Atomtod", Bewegung gegen die atomare Rüstungspolitik der Adenauer-Regierung, Gewerkschafts-Proteste, spontane Massenkundgebungen in der ganzen Bundesrepublik – im Hintergrund die Opfer von Hiroshima. Ulrike hatte ein Gewissen. Sie erschrak vor der Brutalität militärischer Argumentation, sie erkannte abrupt, daß es nicht ausreicht, wie Antigone zu sagen: „Nicht mitzuhassen, mitzulieben bin ich da." Sie legt ihren Proust und ihren Kafka beiseite und betritt die politische Arena. An der Universität Münster schloß sie sich 1958 einer studentischen Aktionsgruppe an und leistete Aufklärungsarbeit für die Anti-Atombewegung. Sie entdeckte Gleichgesinnte im (alten) SDS, verfaßte und verteilte Flugblätter und fand den Anschluß an *Konkret* (dessen Herausgeber sie später heiratete).

Sie las politische Bücher, lernte den Wert von Team-Arbeit schätzen und spielte eine führende Rolle bei der Organisation des berühmten Anti-Atomkongresses von Berlin 1959. Nach dem Abflauen der Protestbewegung begann sie Artikel für *Konkret* zu schreiben. Das Wort stand ihr zu Gebot. Vielleicht ist es die Geschlechterfolge schwäbischer und pommerscher Pfarrer, die aus ihr spricht, Generationen von evangelischen Theologen, geübt in der Kunst der Rede.

Bei *Konkret* fand Ulrike den Boden für die Entwicklung ihres Talentes, gemeinsame Überlegungen im richtigen Augenblick ins treffende Wort umzusetzen. Sie lernte das Analysieren und die Ratio vor gefühlsbedingte Urteile zu stellen. Auf dem Höhepunkt des kalten Krieges, als fanatisierte Gymnasiasten und

Studenten „lieber tot als rot" brüllten, ergriffen *Konkret* und Ulrike Partei für den Frieden, für die Koexistenz und für eine neue Politik. Das hieß: Frontstellung gegen das Adenauer-System und seine Herrschaftsstrukturen, Kampf gegen die Ambitionen von Franz-Josef Strauß, Widerstand gegen die antikommunistische Hexenjagd, Signalisierung der Gefahren der Bonner Notstandspläne, Aufhellung von verschleierten Machtverhältnissen.

Dieser Dokumentationsband legt Zeugnis davon ab. Ulrike Meinhof zog mit und für *Konkret* die Trennungslinie zwischen den progressiven Kräften und der Reaktion in der BRD, sie beschrieb die Folgen der verfehlten „Deutschlandpolitik" von CDU und CSU, rieb sich an dem Versagen der SPD gegenüber dem Adenauer-Regime, warnte vor der zunehmenden Militarisierung des Denkens und vor der von Bonn angestrebten Hegemonialstellung in Europa. Und immer wieder: Notstands-Diskussion als Ansatzpunkt für die Verteidigung der Demokratie. Ein langwieriger, ermüdender Kampf um die Verbreiterung der Basis. Jahr für Jahr vergeht; Ulrike gibt nicht auf; sie schreibt ihre Kolumnen: Braune Justiz, Ministerial-Affären und -Skandale, Erhard und seine „formierte Gesellschaft", der Notstand „kommt auf leisen Sohlen", NS-Verbrecher laufen frei herum, Linke werden gefeuert …

Und dabei soll man geduldig bleiben. Aufpassen, daß die Zeitschrift nicht verboten wird. Einen Prozeß riskieren – oder sich arrangieren? Ulrike zögert 1964. Vielleicht ist die SPD doch noch eine Hoffnung? Vielleicht. Aber dann drücken CDU und CSU wieder auf die Verabschiedung ihrer Notstandsgesetze, und die Standhaftigkeit der Sozialdemokraten gegenüber der Verfassungsänderung gerät ins Wanken. Die Sperrminorität wird fraglich. *Konkret* analysiert die Lage, und Ulrike Meinhof kann schon 1965 – drei Jahre im voraus – die Große Koalition prognostizieren. Wie viele Linke baute sie auf das Zustandekommen einer Außerparlamentarischen Opposition. Sie hat die Anti-Atombewegung noch in Erinnerung. Aber ein neues Element ist sichtbar geworden. 1958 appellierten 44 Professoren an die Gewerkschaften; von der akademischen Jugend war damals – das hatte *Konkret* erfahren – keine durchschlagende Unterstützung gekommen. Jetzt, sieben Jahre später, kann Ulrike die Gewerkschaften, die Studenten *und* die Presse aufrufen, gegen die Notstandsplanung vorzugehen. Es ist schon fast vergessen, aber es muß realisiert werden, daß nur das Nein der Gewerkschaften zu den Notstandsgesetzen die SPD davon zurückhielt, 1965 vor dem Höcherl-Entwurf (der noch schlimmer war als der spätere

und letzte) zu kapitulieren. Die Wahlen standen vor der Tür. Die SPD mußte Rücksicht auf ihre Wähler nehmen.

Der Kampf ging weiter. Aber es darf nicht übersehen werden, daß, trotz der optimistischen Einschätzung der Studenten durch Ulrike Meinhof, es damals noch keine spontane Solidarisierung der Studenten mit den Gewerkschaften gab. Die Politisierung der akademischen Jugend, um die *Konkret* sich bemühte, war ein langsamer Prozeß. Man merkt es an den Themen, die Ulrike damals für ihre Kolumnen wählte.

Dann aber geschah es, plötzlich, überraschend, unerwartet. Der Anstoß kam von außen: von Vietnam. Es wiederholte sich, was Ulrike neun Jahre vorher zum Erwachen des politischen Bewußtseins verholfen hatte. Moralischer Protest gegen die Inhumanität der Herrschenden stand am Anfang, und dann erst kam die politisch-gesellschaftliche Konsequenz.

Der schmutzige Krieg der Amerikaner in Vietnam bewirkte, was bis 1966 kaum vorstellbar war: die zunehmende Auflehnung der Schüler und Studenten gegen eine Gesellschaftsordnung, in der *dieser Krieg* möglich war. Folgerichtig entwickelte sich aus den Protesten für Vietnam die Kritik an den Herrschaftsstrukturen im eigenen Land. Der SDS hatte seine große Stunde.

Was tut Ulrike Meinhof? *Konkret* ist längst keine Studentenzeitschrift mehr, sondern ein Massenblatt, das man an jedem Kiosk kaufen kann. Ulrike hat inzwischen angefangen, Hörfunksendungen zu machen. Sie hat versucht, politisch „heiße Eisen" anzupacken, z. B. eine Reportage über den SS-General Wolf. Aber es war vieles herausgestrichen worden, was ihr wichtig war. Sie spezialisierte sich auf soziale Fragen: Frauen, Kinder, Rentner, Fließbandarbeit, Akkordsystem, Schulen, Krankenhäuser. Alles im Hörfunk. Da durfte man kritisch sein, Mißstände anprangern, Forderungen stellen, es ging ja nicht aufs Ganze, die Institutionen riskierten nicht zuviel. Was sie wirklich dachte, durfte und konnte sie in *Konkret* sagen.

So etwa war ihre Situation, als sich die Studentenbewegung spontan entwickelte. Sie stand daneben, nicht drin. Über *Konkret* gewann sie den publizistischen Zugang zu den Wortführern der „Neuen Linken". Sie war interessiert und auch engagiert. Aber sie war kein Bestandteil dieser Bewegung.

Dann wendet sich das Blatt. Die SPD rettet CDU und CSU vor dem Eingeständnis einer bankrotten Politik und ermöglicht die Bildung der Großen Koalition. Im Dezember 1966 und Januar 1967 sagt Ulrike in *Konkret,* was man davon halten soll. Die Notstandsdiskussion läuft wieder an. Im Frühjahr 1967 liegt der 3. Entwurf vor, der von einer Regierung eingebracht wird, in der SPD-Minister sitzen und von „Liberalisierung" der Notstandsparagraphen reden. Und die Gewerkschaftsführung tritt auf der Stelle. Die Kolumnen von Ulrike werden schärfer, bitterer. Aber noch weiß sie, daß im politischen Kampf disziplinierte Vernunft und Augenmaß bei der Wahl der Mittel nötig sind. Sie erteilt dem „privaten Exhibitionismus" der „Pudding-Kommunarden" eine Absage (Mai 1967). Doch sie läßt sich von dem Neuen mitreißen, das nach der Demonstration gegen den Schah-Besuch und der Erschießung des Studenten Ohnesorg um sich greift: Der plötzliche Solidarisierungsprozeß innerhalb der Studentenschaft schlägt Sicherungen durch, auch bei Ulrike.

Man muß sich die Atmosphäre der Jahre 67/68 vergegenwärtigen, um zu verstehen, was geschah. Die Studenten, meist Söhne und Töchter des wohlsituierten neudeutschen Wohlstandsbürgertums, machen ihrem Unmut Luft über die Lüge, die Eitelkeit, den Leistungszwang, die soziale Ungerechtigkeit, die Manipulation der öffentlichen Meinung, das leere Gerede von Freiheit, die veraltete autoritäre Hochschulverfassung usw. usf. In Endlosdiskussionen wird dem Staat und der Gesellschaft das Sündenregister aufgemacht, werden Begriffe weitergereicht, mit denen die Banken und Konzerne, die Bosse und Generäle, das System des Kapitalismus, die Nutznießer der Profit- und Konsumgesellschaft getroffen werden sollen. Den „lohnabhängigen Massen", die sich von der „repressiven Gewalt" und dem Druck der „etablierten Mächte" befreien sollen, bleibt das schillernde Vokabular fremd, ebenso wie die als amerikanischer Import übernommenen Methoden des studentischen Protests (go-in, teach-in, sit-in) an den Universitäten. Marcuse, Horkheimer, Adorno, Habermas u. a. stehen freiwillig und unfreiwillig Pate bei der Aufnahme der bundesdeutschen Studentenrebellen in die weltweite Gemeinschaft der „Neuen Linken". Soziologie, Psychologie, Wilhelm Reich und der „frühe" Marx sind en vogue. Allem Traditionellen wird der Kampf angesagt, die Lust am Theoretisieren und Definieren kennt keine Grenzen. Der Wandel der gesellschaftlichen Verhältnisse muß erzwungen werden, aber der Weg dahin bringt die Debattierenden immer wieder auseinander. Es gibt kein programmatisch klares Ziel, nur die gemeinsame Ablehnung des Bestehenden und die Aktion, die von dem Glauben an die Unwiderstehlichkeit einer daherstürmenden Idee getragen wird: Das Alte ist schlecht. Es muß verschwinden. Die Bewegung kommt ins Rollen. Zunehmende Schärfe des politischen Kampfes steigert die Emotionen, schließt die objektive Wertung der Geschehnisse aus.

Ulrike Meinhof, mitteilungsbedürftig, redefreudig, umgänglich und bereit, ihre Erfahrungen auszuweiten, findet neue Ansatzpunkte, neue Freunde, geht aus sich heraus und spiegelt wider, was aus den Endlosdiskussionen zu summieren ist. Bei den halbprogressiven oder liberalen Hamburger „Etablierten" gilt sie als Renommierlinke für Parties im Garten und Haus, in Kreisen der Studenten als potentielle Verbündete, die Kontakt zu den „Massen" hat (weil sie für den Funk in Arbeiterwohnungen geht und mit Arbeitern spricht). Die Widersprüchlichkeit ihrer Existenz ist ihr bewußt. Sie verachtet die Oberflächlichkeit des Parketts, auf dem sich zu bewegen sie gelernt hat (im langen Abendkleid, wenn nötig), und mag die Leute eigentlich auch ganz gern.

Sie übt Kritik an dem „Revolutionsgerede", aber dann zieht sie Blue jeans an und läuft mit den Protestlern auf die Straße. Irgendwo schlägt ihr immer das Gewissen, genau gesagt: ein tief verstecktes christliches Gewissen. Sie weiß, daß sie nicht so lebt, wie sie leben sollte. Sie kompensiert ihre Skrupel durch soziale Aktivitäten, geht der Ausbeutung der Arbeiterinnen nach, stellt Recherchen über Heimkinder an, will den skandalösen Verhältnissen in Fürsorgeanstalten auf die Spur kommen, sammelt Material, notiert Fakten. Es widert sie alles an. Sie erträgt nicht, was sie sieht. Sie wird zornig und erbittert. „Von Revolution reden heißt, es ernst meinen", schreibt sie 1968 (in „Revolution gegen den Staat?", hg. v. H. Dollinger, S. 208). Revolution sei „ein tabubrechendes Stichwort", das „den Weg aus dem schlechten Gewissen in die Resignation abschneidet".

Sie will also nicht resignieren. Aber wer soll die Revolution machen? Sie träumt von einer Zeit, „wenn ganze Massen von Menschen über den Packtisch im Kaufhaus hinweg und am Fließband und in der Straßenbahn und in der Badeanstalt und beim Bier und durch die dünnen Wände ihrer Hoch- und Reihenhauskaninchenstallwohnungen hindurch sich darüber einig sein werden, daß der Arbeitsunfall und die Ratenzahlung und das nerventötende Kindergeschrei und das einschläfernde Fernsehprogramm und die Angst vor der Schwangerschaft und dem Alter und der Schule und dem Chef und der Zukunft und der Frau und dem Mann nicht ihre zufälligen persönlichen Sachen sind, die nicht so zu sein brauchen, wie sie sind – dann, wenn Massen von Menschen das begriffen haben werden und sich darüber zu unterhalten und zu verständigen anfangen werden, werden sie auch Lust kriegen, die Initiative zu ergreifen und . . ." Ja, was werden sie dann tun? *Sie werden den Schriftstellern und Intellektuellen sagen, daß ihre „Bücher langweilig und ihre Meinungen uninteressant" sind, und dann „werden sie Revolution machen".* Glaubst du das wirklich, Ulrike? Hast du es geglaubt? Eine „Theoretikerin" spricht nicht so. Denn was hier gepredigt wird, ist sozial-ethisch-utopische Ekstase, konturlose Vision von der kommenden Zeit, ausuferndes Schwärmertum, revolutionärer Romantizismus.

Ulrike Meinhof hat den Boden unter den Füßen verloren. Ihre suggestive Zukunftsvorstellung gleicht der Bewußtseinsstufe von Jugendlichen, die in solcher Weise von der Zukunft reden dürfen, weil die Gegenwart ihnen noch überspringbar erscheint und die Vergangenheit unbefangen und arglos verschmäht werden kann. Ulrike hätte wissen müssen, wovon sie sprach. Sie hatte es nicht nötig, in der Verkleidung des vagabundierenden Weltverbesserers ihre alte Liebe zu Hermann Hesses Landstreicher „Knulp" wiederaufleben zu lassen. Sie war nicht mehr siebzehn, und sie hatte doch schon einmal sehr genau begriffen, daß revolutionäres Bewußtsein nur dann erreicht wird, wenn ihm rationale Gründe und klare Ziele zugrundegelegt worden sind.

Spätestens seit 1967 lebte Ulrike zweispurig. Sie war entschlossen, mit ihren neuen Freunden die Reise nach Utopia anzutreten, aber gleichzeitig wollte sie ihren beiden Kindern eine behütete bürgerliche Existenz in einem Blankeneser Haus mit Garten sichern. Sie wollte Konkret als Sprachrohr behalten, und sich gleichzeitig von den Sachzwängen der Redaktion abheben.

Es kommt zu persönlichen Krisen und sachlichen Konflikten. Sie trennt sich von ihrem Mann und zieht 1968 mit ihren Kindern nach Westberlin, dorthin, wo das Pflaster am heißesten ist. Hier erlebt sie das Scheitern der Anti-Notstandskampagne, das Mißlingen der Pariser Mai-Unruhen, die CSSR-Krise, die Vorgänge an der Freien Universität, immer wieder das brutale Vorgehen der Polizei.

Sie bleibt weiterhin Konkret-Kolumnistin, aber gerät schon in den Sog nihilistischer und anarchistischer Zirkel. Schon im Mai '68 fordert sie („Vom Protest zum Widerstand", S. 81) dazu auf, noch einmal und ganz von vorne über Gewalt und Gegengewalt zu diskutieren und postuliert: „Widerstand ist, wenn ich dafür sorge, daß das, was mir (!) nicht paßt, nicht länger geschieht." Sie merkt nicht, daß sie auf den Weg zum individuellen Nihilismus geraten ist, daß sie nur bestätigt, was der russische Philosoph Rosanow schon am Anfang dieses Jahrhunderts schrieb: „Im Nihilismus schrie das sich verteidigende Ich auf." Und: Nihilismus ist „die Befreiung des persönlichen Ich von den Wirren und Bindungen, wie es teilweise die Gepflogenheiten der Gesellschaft, aber auch die Religion und die Familie verlangte. Er fordert die Freiheit der Vereinsamung, Freiheit als Natürlichkeit und Kreatürlichkeit, Freiheit als eine physiologische und psychologische Wahrheit."

Die tiefe Enttäuschung über die politischen Realitäten nach dem Mai '68 lähmte die Studentenbewegung, die sich bald in die verschiedensten Gruppen und Grüppchen auflöste. Bei Ulrike verstärkte sich von nun an eine Art trotziger Hoffnungslosigkeit und verführte sie zu Fehlurteilen. So resümiert sie im Juni '68 in Konkret die Erfahrung aus der Endphase des Kampfes gegen die Notstandsgesetze, indem sie behauptet, es sei falsch gewesen, nur die politische Demokratie zu verteidigen und nicht „die gesellschaftlichen Mächte" anzugreifen. Das Ganze sei ein „verbaler Kraftakt" geblieben. Zahlenmäßig hätte man bei dem Sternmarsch auf Bonn etwas ausrichten können. (Was nur?) Sie hatte den Maßstab verloren.

„Freiheit als Natürlichkeit und Kreatürlichkeit, Freiheit als physiologische und psychologische Wahrheit", der nihilistische Bodensatz blieb für manche die letzte Möglichkeit für die Revolutionierung des Bewußtseins: die Auffangstellung für den Angriff auf die „gesellschaftlichen Mächte". Weil aber verschwommene Vorstellungen kein politisches Programm sind und Konzepte, die im Nebel verschwinden, keine koordinierende Kraft haben, verebbte der Aufruhr.

Die ordinäre Alltäglichkeit nahm wieder ihren Lauf. Ulrike fuhr zum Prozeß gegen den Frankfurter Kaufhausbrandstifter Baader und seine Freundin Ensslin und berichtete darüber in Konkret (Nov. '68), sympathisierend mit den Angeklagten, aber nicht ohne Kritik. Sie ahnte nicht, daß die Begegnung mit diesen beiden, an der Selbstzufriedenheit der Gesellschaft gescheiterten Menschen von entscheidender Bedeutung für ihr eigenes Schicksal werden sollte. Sie setzte sich für die Verurteilten ein, wie sie das stets tat, wenn sie andere in Not, in Gefahr oder im Elend wußte. Sie sollte ihnen bald wieder begegnen. Zunächst aber kehrte sie nach Westberlin zurück, arbeitete an dem Drehbuch für einen Fernsehfilm („Bambule"), der nie gesendet werden sollte, befaßte sich mit antiautoritären „Kinderläden", Fürsorgezöglingen, Hilfsschulproblemen, sammelte Informationen in Betrieben, Fabriken, Hafenanlagen. Die Lage der Frauen und der Lehrlinge stimulierte ihre Auffassung von der revolutionären Rolle, die gerade diesem Teil der werktätigen Bevölkerung zufallen müsse. Sektiererisch-versponnen konstatierte sie, daß „wir" noch kaum „den Zusammenhang zwischen Profit-Interessen des deutschen Kapitals und der Unterdrückung der Frauen und Kinder" erkannt hätten (Konkret Nr. 4/1969). Sie bleibt sich treu: humanitärer Impuls, blitzhafter methodischer Ansatz, spontaner Einfall – aus.

So war sie keinesfalls das, wofür sie später von der Springer-

Presse, von Nachrichtenagenturen und -magazinen ausgegeben wurde: die „ideologische" Zentralfigur einer revolutionären Truppe. Ideologie ist mehr als die intellektuelle Annäherung an emotionell einleuchtende Tatbestände.

Ulrike hatte sich 1968 überfordert oder ist überfordert worden. Es war zu viel für sie: ein neues Leben in Westberlin, die Kinder, der Haushalt, die Freunde, die Übernahme revolutionärer Taktiken aus der Dritten Welt, Mao und Ho und Che und der Sprung aus der Welt vorgeformter Realitäten in das Reich unverbindlicher Freiheiten. Isoliert, uniformiert über die Situation und gedrängt vom Aktionswillen fragwürdiger Freunde und Bekannter, bricht sie 1969 auf, um wenigstens an einer Stelle die „Lockerung des Herrschaftszwanges" durchzusetzen: bei *Konkret*. Der Sturm auf die Redaktion, spektakulär und indiskutabel in der Wahl der Mittel, mißlingt. Sie erreicht das Gegenteil von dem, was sie wollte (oder richtiger: wozu sie sich überreden ließ): sie hat sich selbst und die Gruppe, die den Krawall in Hamburg organisierte, isoliert.

Im Fernsehen nach den Motiven des Unternehmens befragt, macht sie einen traurigen, beinahe erbarmungswürdigen Eindruck. Sie sagt nur wenig und überläßt den „Mittätern" die Schau. Als ich sie einige Wochen später und zum letzten Mal sah, bedauerte sie selbstkritisch das Hamburger Fiasko und sprach von einem Eigentor. Die Zusammenarbeit mit *Konkret* war beendet.

Was danach passierte, ist hinreichend bekannt. Ulrike war kompaßlos geworden, lebte in der konzeptionslosen Hoffnung auf irgendeine große Krise und bewegte sich in Konventikeln, die durch Aufruhraktionen kritisches Bewußtsein erzeugen wollten. Ulrikes Überzeugung, daß man „aufklären" und das ertötende Schweigen, nicht aber das Gesetz brechen müsse, war ihr mehr und mehr verloren gegangen. In ihrem Kommentar zum Baader-Prozeß (*Konkret*, Nov. '68) finden sich die ersten Spuren für die Bereitschaft zum Gesetzesbruch, den sie dann vollzog, als sie sich in die Affäre der „Baader-Befreiung" verwickeln ließ.

Sie hat diesen Coup nicht inszeniert und die Konsequenzen der Aktion nicht durchdacht. Herausgefordert durch die Kälte und Ungerührtheit des Strafvollzugs in einer glatt funktionierenden Gesellschaft, meinte sie, die erforderliche Statistenrolle spielen zu müssen, damit Baader aus dem Gefängnis herausgeholt werden kann. Sie wollte nicht schießen und kein Blut vergießen. Sie war erschrocken, als es geschah. Woher man das wissen kann? In „Das Konzept Stadtguerilla" hat sie ein Jahr später geschrieben: „Die Frage, ob die Gefangenenbefreiung auch dann gemacht worden wäre, wenn wir gewußt hätten, daß ein Linke (Angestellter des Westberliner Instituts für soziale Fragen) dabei angeschossen wird – sie ist uns oft genug gestellt worden –, kann nur mit Nein beantwortet werden." Aber Linke wurde angeschossen und kam nur durch Zufall mit dem Leben davon. Und Ulrike Meinhof sprang mit Baader aus dem Fenster, um der Polizei zu entgehen und den Folgen der kriminellen Tat. Sie hätte sich damals sofort stellen und die Motive der Aktion vor aller Öffentlichkeit darstellen müssen. Sie tat es nicht, sie konnte es nicht tun. Sie war so wenig vorbereitet auf die möglichen Folgen des später als Heldentat von Stadtguerillas proklamierten Handstreichs, daß sie, als geschossen wurde, nur noch ein unmittelbares Ziel kannte: sie wollte ihre Kinder in Sicherheit bringen. Deshalb ist sie gesprungen, deshalb ergriff sie die Flucht. Sie hatte es versäumt, für mehr als 3 Tage für die Kinder Vorsorge zu treffen, so falsch hatte sie eingeschätzt, was eigentlich auf dem Spiel stand. Sie ging in den Untergrund, weil die andern auch in den Untergrund gingen, und weil der Steckbrief „Mordverdacht" ihr den Rückweg verbaute.

Ein „Konzept" hatten die „Stadtguerillas" nicht, als sie Baader herausholten. Das Konzept ist eine nachträgliche Konstruktion, eine Art von Rechtfertigungsschrift, nicht frei von geistigem Hochmut, und mit moralischen Einsprengseln versehen, die – dessen kann man gewiß sein – von Ulrike stammen. Sie ist fest verklammert in das Geschick der B&M-Gruppe. Sie wird sie nicht verlassen, denn sie wird lieber untergehen wollen, als etwas tun, was ihr als Verrat erschiene. Ulrike Meinhof – sie ist vom Zorn über die Unzulänglichkeiten der Welt in die Wirklichkeitsflucht getrieben worden. Das Unerreichbare blieb unerreichbar. Sie wird das wissen.

Wir sollten wissen, wie sie war und wie sie das wurde, was sie heute ist. Diese Faksimile-Sammlung ist dabei ein wichtiges Instrumentarium.

Personenregister

Sachregister

*(Die halbfett gedruckten Zeilen sind zugleich
die Überschriften
der jeweiligen Artikel Ulrike Meinhofs)*

Abkürzungsverzeichnis

AEG — Allgemeine Elektrizitätsgesellschaft
ApO — Außerparlamentarische Opposition
ARD — Arbeitsgemeinschaft der Rundfunkanstalten Deutschlands
AStA — Allgemeiner Studentenausschuß
CIA — Central Intelligence Agency
COMECON — Council for Economic Aid / Rat für gegenseitige Wirtschaftshilfe (RGW)
DFU — Deutsche Friedensunion
DGB — Deutscher Gewerkschaftsbund
DKP — Deutsche Kommunistische Partei
EFTA — European Free Trade Association (Europäische Freihandelszone)
EKD — Evangelische Kirche Deutschlands
EURATOM — Europäische Atomgemeinschaft
EVG — Europäische Verteidigungsgemeinschaft
EWG — Europäische Wirtschaftsgemeinschaft
GG — Grundgesetz der Bundesrepublik Deutschland
GVP — Gesamtdeutsche Volkspartei
IAEO — Internationale Atom-Energie-Kommission

IGM — Industriegewerkschaft Metall
KPD — Kommunistische Partei Deutschlands (1956 verboten)
LDP — Liberaldemokratische Partei (BRD)
LDPD — Liberaldemokratische Partei Deutschlands (DDR)
MLF — Multilateral Forces
ND — Neues Deutschland
NDR — Norddeutscher Rundfunk
NPD — Nationaldemokratische Partei Deutschlands
NSDAP — Nationalsozialistische deutsche Arbeiterpartei
NZZ — Neue Zürcher Zeitung
ÖTV — Gewerkschaft Öffentliche Dienste, Transport und Verkehr
SEATO — South East Asia Treaty Organization
SDS — Sozialistischer deutscher Studentenverband
SED — Sozialistische Einheitspartei Deutschlands
SJD — Sozialistische Jugend Deutschlands, die Falken
WEU — Westeuropäische Union
ZK — Zentralkomitee

INHALT